Une cité sous les alizés
**Mogador
des origines à 1939**

Hamza Ben Driss Ottmani a obtenu en 1997
le Prix René Caillié
décerné par la Société de Géograghie Humaine de Paris

Hamza Ben Driss Ottmani

Une cité sous les alizés
Mogador
des origines à 1939

Préface de Jean-Louis Miège

A la mémoire de feu mon père El Maalem Driss qui nous a quittés si brusquement, et dont le souvenir restera à jamais présent dans la cité des alizés.

Préface

Essaouira aussi méconnue que célèbre attendait son historien. Monsieur Hamza Ottmani comble une lacune. Ayant pu, avant sa publication, lire son livre *Une cité sous les alizés,* j'ai eu le plaisir de découvrir une œuvre dont les qualités de fond et de forme ont retenu, sans une lassitude, mon attention.

Prenant l'histoire du site depuis les origines jusqu'en 1939, il allie deux mérites assez rarement réunis ; une solide érudition nourrie, sinon aux archives, du moins aux meilleures recherches, une connaissance intime de son sujet. Il sait montrer dans sa diversité, comme dans son unité profonde, le destin unique d'un lieu qui d'Amogdoul à Mogador, puis à Essaouira fut toujours balayé par les grands vents de l'histoire. A la lisière du monde antique, pôle de résistance aux envahisseurs portugais, port de grande course, elle fut enfin cité de vaste commerce, étendu du désert au nord de l'Atlantique, des Amériques au Proche-Orient.

Autant que ces rôles, Mogador méritait que l'on vantât son particularisme humain. Durant deux siècles, depuis sa refondation par Sidi Mohamed Ben Abdallah, elle unit les habitants venus des horizons les plus divers, fit coexister musulmans, juifs et chrétiens, créa un esprit qui survécut à sa récente marginalisation.

Aussi bien la cité est non seulement porteuse d'un riche patrimoine, mais d'un avenir d'humanisme et de symbioses.

A ses mérites de chercheur, Monsieur Ottmani ajoute ceux de l'écrivain né. Son style est à la fois solide et frémissant d'un lyrisme que lui inspire son amour pour "sa" ville. Il sait transmettre à ses lecteurs à la fois sa science et ses sentiments.

Il ne saurait y avoir de meilleure introduction à la connaissance d'Essaouira, et par suite de soumission à ses charmes. Monsieur Ottmani invite non seulement à la connaître, mais à la mieux connaître. Son livre deviendra indispensable et inspirera le lecteur, enrichira le voyageur comme il sera irremplaçable pour les futurs chercheurs.

Jean-Louis Miège

Avant-propos

Ce livre n'est pas né d'un simple désir d'écrire.

Entreprendre la tâche d'écrire l'histoire d'une ville, aussi récente soit elle, n'est pas chose aisée. Cela suppose nombre de préalables : avoir à sa disposition une documentation aussi variée que sérieuse, avoir lu de nombreux ouvrages traitant directement ou indirectement quelques aspects très particuliers du domaine sur lequel on veut écrire, avoir des sources d'informations autres que livresques et surtout, enfin, avoir l'idée et le courage d'entreprendre un travail de cette envergure avec la foi de l'intellectuel désintéressé.

Si au fil des années les premières conditions sont au fur et à mesure remplies, la dernière, celle qui nécessite de rassembler tout son courage et de "se jeter à l'eau", est la plus difficile à satisfaire. Il a fallu attendre les premières retrouvailles entre Souiris dans le cadre de l'"Association pour la sauvegarde, la promotion et le développement d'Essaouira", les longues discussions à propos de la ville des alizés, son avenir, son devenir, son passé, pour que l'idée d'entreprendre la tâche d'écrire l'histoire de cette cité avec une approche critique naisse enfin. Depuis, cette idée ne m'a plus quitté, plus encore, elle s'est consolidée grâce aux encouragements de certains de mes amis, notamment souiris.

Ce livre que j'ai intitulé :

« *Une cité sous les alizés : Mogador, des origines à 1939* » ne vient pas combler un vide total et absolu. L'histoire d'Essaouira a été plusieurs fois écrite soit globalement, soit partiellement, soit enfin d'une façon disparate.

André Jodin a écrit deux superbes ouvrages sur le site dans l'Antiquité. L'un, *Mogador comptoir phénicien du Maroc atlantique*, est consacré à la colonisation punique ; l'autre, *les Etablissements du roi Juba II aux Iles purpuraires* décrit ce qui reste de l'activité industrielle de teinturerie installée par le roi maurétanien Juba II (25 av. J.-C. - 23 apr. J.-C.) dans l'île.

Mohamed Ben Saïd As-Siddiqi et Ahmed Ben Al Hadj Ar Ragragui ont écrit chacun une chronique de la vie dans la cité depuis sa fondation, en insistant surtout sur l'histoire des hommes plus que sur celle des faits.

Daniel J. Schroeter a, quant à lui, écrit l'histoire du commerce et des commerçants de Mogador entre 1844 et 1886 dans un ouvrage de grande valeur intitulé : *Merchants of Essaouira. Urban society and imperialism in Southwestern Morocco, 1844 -1886.*

Manuel Castellanos a réservé un chapitre entier de son ouvrage *Historia de Marruecos* à la vie dans la cité au XVIIIe et XIXe siècles.

Jean-Louis Miège a traité de l'activité économique de Mogador, au même titre que les autres ports du Maroc, tout au long de son ouvrage *le Maroc et l'Europe (1830 -1894).*

Le document publié en 1994 par l'Université Ibnou Zohr d'Agadir, suite aux journées d'études des 26-27 et 28 octobre 1990 et intitulé *Essaouira, mémoire et empreintes du présent* constitue un ouvrage d'une grande valeur scientifique, groupant des conférences d'éminentes personnalités du monde universitaire se rapportant à certains aspects de l'histoire ancienne et contemporaine d'Essaouira.

L'Association pour la sauvegarde, la promotion et le développement d'Essouira publia en juillet 1992 un document intitulé « Actes des journées d'études des 27 et 28 juillet 1992 ». Fruit d'un travail concerté de spécialistes, cet ouvrage d'une extrême importance, est d'une toute autre nature. Il fait le point de la situation socio-économique de la ville et de la province d'Essaouira en 1992 et propose une stratégie pour un développement harmonieux de cette région du Maroc. Ce document restera encore pendant longtemps le livre de chevet et l'ouvrage de référence pour toutes les personnes qui voudraient réellement œuvrer pour le décollage économique d'Essaouira.

Et ma petite liste est loin d'être exhaustive, comme on peut s'en rendre compte en consultant la bibliographie annexée à la fin du livre.

Avant-propos

Le présent ouvrage tente de consigner l'histoire, non seulement de la ville depuis sa fondation, mais aussi celle du site de Mogador depuis l'Antiquité. L'histoire des hommes y est certes rappelée avec le plus de précision possible, mais l'analyse critique des faits et des situations économiques, sociales et politiques trouve la place qui lui revient dans cet ouvrage qui se veut ainsi critique et le plus complet possible.

Je voudrais maintenant donner des réponses à deux questions que le lecteur ne manquera pas de se poser lorsqu'il va commencer à parcourir cet ouvrage.

– Tout d'abord, pourquoi avoir conservé tout au long du livre le nom ancien de Mogador pour désigner la ville appelée aujourd'hui Essaouira ?

Certes le nom de Essaouira, ou encore Souirah, a toujours été le nom arabe de la cité objet de notre étude. "Tassourt" est le nom berbère consacré par l'usage. Toutefois "Mogador" était le nom sous lequel le port était connu sur le plan international. Par ailleurs, et bien avant la fondation de la ville, le site était appelé "Mogador" par les Européens, "Amogdoul" par les géographes arabes, ces deux noms dérivant de "Mogdoul" nom du Saint local protecteur de la ville.

Le nom d'Essaouira ne devint officiel qu'à partir de 1957. Or la période étudiée dans le présent ouvrage s'arrête à 1939 : le livre traite donc de l'histoire de Mogador, celle d'Essaouira reste encore à faire.

– La deuxième question : pourquoi avoir arrêté l'histoire de la cité à 1939 ?

Cette dernière date correspond, comme on le sait, à l'année de déclenchement de la Deuxième Guerre Mondiale qui bouleversa le monde et de ce fait même, l'ancien visage de Mogador allait être complètement altéré sur les plans économique, social et politique. Là aussi la ville de Mogador de l'Après-Guerre mérite à elle seule toute une étude.

Par ailleurs, le fait d'arrêter l'histoire de Mogador, que je me propose de présenter au lecteur, à 1939, permet au narrateur d'avoir assez de recul, et lui donne la possibilité de juger les faits sans risque de déplaire ou de froisser les susceptibilités car les auteurs et acteurs de ces événements ne sont plus généralement de ce Monde.

1939 ne constitue toutefois pas une année butoir pour notre étude, une certaine souplesse dans la narration, et la contrainte imposée par la continuité des faits, nous ont obligé parfois à dépasser cette date.

Je pense ainsi avoir donné des explications et des justifications suffisamment claires et convaincantes pour que je sois absout par mes lecteurs.

Pour ce qui concerne la translittération des mots arabes ou berbères en caractères latins, j'ai utilisé volontairement une forme simplifiée, consacrée par l'usage, ayant le plus souvent recours à une transcription que l'habitude nous a fait adopter. Aucun signe diacritique n'est utilisé, cela n'empêchera d'ailleurs pas le lecteur de lire et de prononcer à peu près correctement tous les noms propres qui apparaissent dans ce livre.

En mettant au point ce travail, j'ai veillé à en rendre le style général agréable à la lecture. J'ai évité le ton froid et neutre de l'historien et celui nettement partisan du journaliste, pour adopter un style personnel, où le recours volontaire à l'humour n'est pas écarté.

N'étant ni historien, ni journaliste, j'ai donc profité de ma situation pour prendre toute liberté et écrire avec comme seul souci celui de rapporter la réalité et de l'analyser tout en distrayant le lecteur.

Je voudrais préciser que l'objectif final de cet ouvrage n'est pas seulement de consigner et d'analyser des événements et des faits historiques afférents à la ville et au site de Mogador pour la seule satisfaction du lecteur. Le but que je me suis fixé pour ce livre, c'est d'en faire une ouverture pour tous ceux qui veulent écrire sur cette ville et sur sa région, enrichir encore plus ce qui a été rapporté dans cet ouvrage, redresser ce qui y est erroné et rappeler ce qui y a été omis.

Si un tel objectif est un jour atteint, et je le souhaite de tout mon cœur, ce sera une grande victoire non seulement pour tous les Souiris mais aussi pour toutes les personnes désireuses de connaître l'évolution historique de la ville des alizés.

En conclusion, je voudrais remercier les personnes qui, par leur aide, le travail que je présente est devenu possible et notamment mes amis Si Mohamed El Alj, directeur général de l'Office national des chemins de fer et Si Mohamed Baroudi, directeur central au ministère de l'Education nationale. Mes remerciements vont également à Si Mustapha Grana, architecte à Marrakech, souiri de cœur, de nom, de renom et d'ascendance qui n'a cessé de me prodiguer ses encouragements. Le présent ouvrage lui doit l'exécution des plans des mosquées de Ben Youssef, El casbah et

El Baouakhir qui se trouvent au chapitre V, travail ingrat et ardu qu'il a su diriger avec précision et maîtrise. Ma reconnaissance va également à mon voisin et ami, Moulay Ahmed Boudda, scientifique de talent et brillant homme de culture qui a su, à un certain moment, orienter efficacement mes recherches. Cet ouvrage lui doit les photographies des pièces de monnaie alaouites frappées à Mogador, prélevées sur sa collection personnelle et qui se trouvent au chapitre VII. Mon ami de toujours Si Omar Eddaïra, député au parlement et président du Conseil communal de Tafadna, m'a guidé dans mes recherches concernant l'histoire, aussi bien ancienne que récente, de la région de Haha. Qu'il reçoive ici le témoignage de mon amitié et de ma reconnaissance. Grâce à l'aide et à la perspicacité de mon frère Si Abdelkrim Ottmani, j'ai pu obtenir, auprès de Si Abdelhaï et Si Mohamed Oqba d'Essaouira, d'importantes précisions qui m'ont permis de finaliser les chapitres XIII et XIV. Que ces personnes reçoivent ici mes sincères remerciements. Mon père, feu El Maalem Driss, qui nous a quittés si brusquement, m'a fourni d'importants renseignements concernant la vie dans la cité et sa région au début du XXe siècle. Cet ouvrage est dédié à sa mémoire.

Enfin, ce travail n'aurait jamais pris corps sans la collaboration d'autres amis qui ont pris sur leur temps pour m'aider à le parfaire et sans les encouragements de ma femme Aouatif et de mes filles Hind et Ayda. Qu'ils trouvent ici l'expression de ma reconnaissance.

Introduction
Les conditions naturelles

Avant d'étudier les origines, la fondation et les transformations successives de la ville de Mogador jusqu'au milieu du XXe siècle, il y a lieu d'analyser les conditions naturelles, du site et de sa région, qui auraient pu faciliter ou au contraire entraver le développement de la cité.

1. La position

Dans le Maroc unifié, Mogador, connue depuis 1957 exclusivement sous le nom officiel d'Essaouira, occupe une position centrale sur la côte atlantique du Maroc.

La ville est située à 350 km au sud de la métropole économique de Casablanca, à 175 km à l'ouest de Marrakech et à 820 km au nord de Laâyoun. C'est le chef-lieu d'une province de 6 335 kilomètres carrés et 436 000 habitants, en 1990, répartis en majorité sur les territoires de Haha et de Chiadma, la population urbaine de la province étant de 71 000 habitants seulement. Dans cette entité territoriale, la ville est située précisément à 31° 38' de latitude N. et 9° 47' de longitude O., soit à la même latitude à peu près, que Benghazi, Jérusalem, Shanghai, Charleston en Caroline du Sud et San Diego en Californie. L'altitude du lieu est d'environ 7,14 m au-dessus du niveau de la mer.

2. Le site

La cité, et notamment sa partie intra-muros, est bâtie sur une presqu'île rocheuse – constituée par des grès tertiaires – qui s'avance dans l'océan en une suite d'îlots éparpillés sur le littoral et qui font le bonheur des pêcheurs à la ligne. La rade est abritée par la grande île – composée en fait de trois parties insulaires – qui domine une plage magnifique qui étend ses sables fins jusqu'au Cap Sim.

André Jodin interprète la forme générale du site côtier en affirmant que le minuscule archipel a été formé par le détachement du continent, durant l'époque quaternaire et sous l'effet de l'érosion maritime, de "plusieurs tables gréseuses" dont l'une a été rattachée il y a quelques siècles au littoral par les apports alluvionnaires de l'Oued Qsob et forme l'assise sur laquelle a été construite la ville ancienne (1).

Tout autour de la ville, dans un rayon variant entre 7 et 15 kilomètres, une zone dunaire étalait ses blondes ondulations qui menaçaient la cité d'asphyxie. Aujourd'hui l'aire dunaire est stabilisée grâce aux travaux de reboisement accomplis durant toute la première moitié du XXe siècle. La ville se trouve ainsi entourée d'une ceinture verte magnifique (2).

En dehors de la zone dunaire, « les environs de Mogador sont presque invariablement formés par des grès tertiaires qui affleurent au bord de la mer et à la pointe de Tagriouilt (3) ». Le paysage champêtre est assez pierreux avec çà et là des champs, entourés de murets de pierres, réservés à la culture des céréales, des oliveraies, des aires de broussailles et des zones de forêts, peu denses où poussent l'arganier et le thuya.

A trois kilomètres de la muraille Sud de la cité coule l'Oued Qsob, dans un lit plat et rocailleux et que les crues soudaines d'hiver peuvent, en un clin d'œil, remplir d'une eau rougeâtre et tumultueuse, charriant branches, troncs d'arbres et carcasses de bétail.

3. Le climat

Si le climat du Maroc est dans l'ensemble à classer parmi les variétés méditerranéennes, celui du site qui nous concerne est tout à fait particulier et constitue un microclimat qui a des caractéristiques bien à lui.

---

(1) Voir pour plus de détails le chapitre suivant.
(2) Voir pour plus de détails le chapitre XIV.
(3) Cf. *Dans le Bled Es Siba* par Louis Gentil, éd. Masson 1906, p. 58.
La pointe de Tagriouilt correspond au Cap Sim.

Sur toute l'année la température est assez douce et s'écarte très peu de la moyenne de 18,5° C. La ville ne connaît pas ces écarts de température gigantesques dûs aux variations saisonnières. Pendant qu'au mois d'août on étouffe à Marrakech ou même dans l'arrière-pays immédiat, dans la cité des alizés la température avoisine les 20° C. De même les gelées et les froids intenses de l'hiver sont inconnus dans la ville.

Cependant, la cité perd de son charme à certaines époques de l'année notamment entre avril et octobre à cause du vent alizé qui souffle sans trêve, avec une forte intensité en juillet et août et qui rend le séjour dans la ville bien peu agréable pour les non initiés. Les habitants supportent avec patience ce vent et l'appellent *acharqi* (vent d'Est) ou encore quelquefois, avec une pointe d'humour, *Ouled El Bilad* (l'enfant du pays).

Les météorologistes expliquent le phénomène d'apparition périodique de ce vent par le fait que le courant maritime froid des Canaries, se rapprochant à partir du printemps du rivage crée une dépression atmosphérique qui provoque un appel d'air donnant ainsi naissance à ce vent alizé qui souffle généralement du Nord-Nord-Est.

Le climat est également caractérisé par une pluviométrie faible : précipitations peu fréquentes et de courte durée réparties d'octobre à avril et longue période estivale sèche. La moyenne annuelle des pluies est de 280 millimètres, soit à la limite de la semi-aridité. La neige reste inconnue aussi bien dans la ville que dans la région.

Comme dans l'ensemble des régions Sud du Maroc, la durée de l'insolation est considérable surtout dans la période durant laquelle soufflent les vents alizés. Ces derniers, par leurs effets, chassent les nuages et dissipent les condensations qui pourraient se former.

Le site connut cependant quelques rares écarts importants de température et de pluviométrie. C'est ainsi qu'on observa le 24 août 1940 une température extrême de 43° C et en 1935 et 1943 on nota une température minimale de 3° C certains jours d'hiver. L'année 1897 fut jusque là la plus pluvieuse puisqu'on enregistra une hauteur de 546 mm de pluie. Par contre 1935 fut la plus aride puisqu'on mesura seulement 112 mm de pluie.

4. Les ressources naturelles

De toutes les ressources naturelles que possède l'arrière-pays, l'eau reste la plus précieuse parce que la plus rare.

4.1. Les ressources en eau (4)

Le bassin versant côtier de la région contient environ 75 % des ressources en eaux superficielles drainées par les rivières Qsob, Igouzoulan, Aït Tameur dans sa partie en amont, et d'autres oueds et torrents de moindre importance. La forte pente du bassin et les apports en eau, irréguliers et non mobilisés, font que les pertes en mer sont importantes.

La rive gauche du Tensift borde l'arrière-pays sur sa partie Nord et procure de l'eau aux zones de Mramer et de Talmest.

Des ressources en eaux souterraines existent notamment dans la région d'Ounagha où *l'under flow* de l'oued Qsob réapparaît notamment sous forme de sources et est exploité par captages et forages.

Des nappes phréatiques, situées en profondeur, sont identifiées notamment sous le plateau d'Aqermoud et dans le bassin de Korimate.

Les réserves d'eau, connues actuellement, ne sont pas suffisantes pour le développement agricole de la région. Cependant, il y a très probablement une méconnaissance du potentiel de la région qu'il faut combler par des travaux de recherche et de prospection.

Les ressources en eau avaient toujours été rares pour les besoins d'une population rurale qui, à travers les siècles, était restée fixée à son terroir et sédentaire dans ses habitudes.

4.2. Les ressources forestières

La superficie couverte par les forêts dans les Haha et Chiadma s'élève à 275 760 ha dont :
- 136 430 ha de forêts d'arganiers, soit environ 50 % de la surface forestière ;
- 96 520 ha de forêts de thuya, soit 35 % de la surface forestière (5).

Une mention particulière est à faire au sujet de l'arganier qui a toujours eu une réelle importance dans la vie économique de la région et une influence marquée sur l'existence des populations des campagnes.

---

(4) Cf. ASPDE, Actes des journées d'études des 27 et 28 juin 1992, p. 162.
(5) *Ibid.*, p. 141.

Cet arbre curieux, vestige d'une flore tropicale aujourd'hui disparue est appelé par les botanistes "l'Argania Sideroxylon". Il pousse dans le Sud-Ouest du Maroc, sur toute sorte de terrain, entre les latitudes 29° et 32° N., à une altitude inférieure à 900 m et à moins de 40 km de la côte atlantique.

Bien des naturalistes et des voyageurs ont décrit cet arbre. Le premier qui en a fait mention est El Hassan El Ouazzan, alias Léon l'Africain, qui séjourna dans la région vers 1510 et décrivit la contrée, sa flore, sa faune et ses habitants.

Le botaniste suédois Carl Von Linné (1707-1778), dans sa nomenclature des végétaux en a fait mention sous le nom de "Sideroxylon Spinosum".

Le voyageur danois Schoushoe qui séjourna au Maroc de 1766 à 1768 donna une description de l'arganier avec force détail.

Henry Grace Vice-Consul de Grande-Bretagne à Mogador vers 1853 en fit la description, rapporta l'usage qui en était fait et fit ressortir l'importance qu'il avait pour la population.

L'arbre lui-même ne dépasse jamais une hauteur de 6 m. Il fleurit en mai et en juin. Il a toujours constitué une ressource importante pour les habitants qui tirent parti à la fois de son bois, de sa feuille et de son fruit. Le bois de l'arganier est utilisé pour le chauffage et la fabrication de charbon. Les feuilles nourrissent les ruminants. Du fruit est extraite l'huile d'argan.

La superficie couverte par les forêts d'arganier a considérablement diminué, notamment depuis la fondation de la ville de Mogador qui a été une grande consommatrice de bois de chauffage et de charbon tirés de l'arganier (6).

Il en est de même de la superficie couverte par la forêt de thuya dont l'exploitation abusive parfois a fourni à la ville bois de construction et bois d'arar pour son artisanat.

4.3. Les ressources agricoles

L'arrière-pays a toujours été une région d'agriculture et d'élevage, ces deux activités occupant une population rurale laborieuse et sédentaire.

---

(6) Cf. *Dans le Bled Es Siba* par Louis Gentil, éd. Masson ,1906, p. 341.

Deux grands ensembles physiographiques, de même superficie ont toujours caractérisé cette partie du Maroc :
- la région de Chiadma qui se distingue par un système de production dominé par la polyculture associée à l'élevage d'ovins essentiellement ;
- la région de Haha, au relief accidenté qui se caractérise par un système de production agro-sylvo-pastoral où l'exploitation de l'arganier et l'élevage de caprins constituent l'essentiel de l'activité (7).

Les régions de Haha et Chiadma ont toujours produit des céréales, notamment de l'orge, des olives, des amandes, du miel, de l'huile d'argan, des œufs et de la viande. Sauf en période de disette, la production agricole régionale couvrait les besoins des paysans et ceux des habitants de la ville.

4.4. Les ressources halieutiques

De tout temps les côtes de Haha et de Chiadma étaient parmi les plus poissonneuses du Maroc. La présence dans les eaux de ces côtes d'immenses bancs de sardines attirait les différentes variétés de poissons, depuis la Tasargalt vorace, jusqu'au noble loup moucheté.

La zone maritime est une région de relèvement de fonds où le poisson vient trouver refuge. Elle est constituée de fonds rocheux qui abondent en congres, murènes et poissons de roches, et de fonds de sable et de vase sableuse où se multiplient surtout les poissons blancs. A l'ouest de l'île se trouvent de grandes profondeurs où les gros poissons sont facilement pêchés, ainsi que les crustacés nobles.

La pêche était organisée dans des villages côtiers et était assez développée. Il s'agit là d'une activité traditionnelle qui remonte sans doute jusqu'à l'Antiquité et qui permettait de fournir la région en produits de la mer, frais et variés, et parfois de compenser le déficit alimentaire provoqué par les disettes.

---

(7) Cf. ASPDE, Actes des journées d'études des 27 et 28 juin 1992, p. 141.

4.5. Les potentiels minier et énergétique

Il existe un potentiel minier important dans les régions de Haha et Chiadma. Sans vouloir nous étendre beaucoup sur l'existence de différentes richesses minérales, rappelons que le sous-sol de l'arrière-pays contient divers gisements dont les plus importants sont :
- les gisements de phosphate de Oulad Bou Sebaâ, Enfifa et Meskala qui s'étendent sur près de 60 000 hectares ;
- les mines de sel d'Idda Ou Azza et d'Ouzla au sud de Smimou ;
- les mines de fer de Jebal Al Hadid.

Il faut ajouter également que l'arrière-pays renferme l'un des bassins d'hydrocarbures les plus prometteurs du Maroc, et des réserves importantes en schistes bitumineux (8).

Les mines de sel et les gisements de fer sont des richesses régionales connues depuis l'Antiquité.

---

(8) *Ibid.*, p. 104.

Première partie

Le site de Mogador dans les temps anciens

Chapitre I
Le site dans l'Antiquité

Mogador et ses environs sont relativement riches en vestiges appartenant à l'Antiquité. L'île a été jusqu'à maintenant l'endroit dans lequel des fouilles ont été le plus pratiquées et qui a livré quantité de renseignements sur les conditions de vie antiques dans cette partie du Maroc.

La partie continentale, dans laquelle les recherches ont été plus rares, n'a pas de ce fait livré tous ses secrets.

« Le site de Mogador à travers les siècles de l'Antiquité » tel sera l'objet des paragraphes qui vont suivre.

1. La période préhistorique

La préhistoire de la région et du site est peu connue. Des vestiges trouvés à l'île ou sur le rivage du continent donnent quelques indications mais peu précises sur cette période.

Au cours de ses prospections au Maroc, le géologue français Louis Gentil découvrit en 1906 au fond de la baie dans le voisinage immédiat du village de Diabet, des vestiges du Paléolithique dans ses étapes les plus anciennes à savoir : des silex taillés en pointes, en grattoir, en harpon, etc. (1).

---

(1) Cf. *Dans le Bled Es Siba* par Louis Gentil, éd. Masson 1906, p. 62.

En 1907, le préhistorien français Paul Pallary effectua des recherches le long de la côte marocaine de l'Atlantique qui le menèrent jusqu'à Mogador où il recueillit quelques silex taillés.

Le Néolithique et la Protohistoire, de cette même région, sont également peu connus. Toutefois, sur la base des vestiges trouvés et des restes de coutumes existant encore au sein des populations, des scénarios plausibles peuvent être retenus.

On peut donc dire que, vers la fin des temps préhistoriques, les populations qui habitaient la région étaient semi-nomades et menaient une vie pastorale.

C'étaient les ancêtres des Gétules autololes, qui seraient appelés beaucoup plus tard, à la fin de la période antique, juste avant l'arrivée de l'Islam, les tribus Regraga (Haha et Chiadma) qui appartenaient au groupe berbère des Masmouda.

Ces populations vivaient de cueillette, faisaient paître leurs troupeaux sur les collines et les premiers contreforts de l'Atlas et menaient prudemment leurs bêtes boire sur les berges des rivières, de peur de les voir attaquées par les fauves. Beaucoup de ces peuplades habitaient en troglodytes dans les grottes des montagnes ou des falaises du bord de l'Atlantique. Pareilles pratiques d'habitation existent encore chez les Ida ou Bouzia, Ida ou Tanane et Ida ou Isarne. D'autres vivaient dans des huttes, au voisinage des rivières, sur des hauteurs loin des sentiers empruntés par les troupeaux d'éléphants et qui les mettaient à l'abri des bêtes féroces (2).

Les habitants de cette région s'adonnaient très probablement à la pêche, la côte devait en effet être très poissonneuse. Pour attirer les bancs de poissons vers les îlots ou vers les bords des criques de la grande île, les autochtones pilaient sur le sol des moules, des restes de poissons et du sable et jetaient ce mélange à la mer. Ce procédé de pilage laissa sur les berges de la grande île notamment, d'innombrables et énormes trous en forme de mortiers et qui sont depuis longtemps délaissés. L'existence de ces trous, et leur usage devaient remonter, loin dans l'Antiquité et la Préhistoire, en tous les cas à des temps immémoriaux.

---

(2) Pierre Bach, *Petite histoire de Mogador,* Tapuscrit, La source, Rabat.

On trouve dans l'arrière-pays quelques monuments préhistoriques, du genre mégalithique, qui font parfois l'objet de cultes obscurs, par les habitants de la région où ils se trouvent.

C'est ainsi qu'au voisinage de Souira Qédima, près du Saint, Sidi Denian, on rencontre une tombe géante de 11 m de long sur 4 m de large environ, en forme de cromlech, constituée d'une enceinte entourée de pierres de 30 à 50 cm de hauteur empilées les unes sur les autres. Ce tombeau fait l'objet de pèlerinages périodiques.

Il s'agit là sans doute de la survivance d'un culte préhistorique, comme il y en a tant d'autres en Afrique du Nord, tel celui qui était probablement organisé, autour du cromlech de Chouahad à Sidi Yamani dans la région de Larache.

On trouve également dans le Haha et notamment dans la tribu des Neknafa, au lieu dit Imi n Taqandout des cavernes moustériennes de troglodytes creusées dans les falaises. La grande grotte de Lalla Taqandout, objet de vénération, était vraisemblablement un endroit préhistorique d'intenses activités, le caractère sacré du lieu en est sans doute une réminiscence (3).

Tout cela suppose donc qu'une vie préhistorique existât bel et bien dans la région, que ce fût sur l'île ou à l'intérieur du continent. Des recherches restent encore à faire et il y a là dans le domaine de la préhistoire, matière à explorer et à étudier durant de longues années de recherche.

2. Les Carthaginois à Mogador

La côte atlantique du Maroc était connue des Phéniciens et des Carthaginois et plus tard des Grecs et des Romains. Les navires de l'Antiquité n'avaient jamais cessé de la parcourir. Mais dans les descriptions qu'en faisaient les Anciens, les fables et les erreurs cédaient souvent la place aux faits authentiques, de sorte qu'il est difficile à l'observateur actuel de cerner la réalité. On peut toutefois affirmer, sans risque d'erreur, que l'Ile et le rivage de Mogador connurent le passage et même l'installation des Carthaginois. Des vestiges puniques retrouvés dans

---
(3) Cf. *En tribu* par Edmond Doutté, éd. P. Geuthner, 1914, p. 274.

l'île tels que des aires cimentées qui, pendant les pluies, alimentent des citernes – le prototype de ces constructions se trouvant à Carthage et à Tyr – des débris de céramiques rouges, témoignent d'une présence carthaginoise à une certaine époque du règne méditerranéen de Carthage.

La question à laquelle ont essayé de répondre d'éminents spécialistes de l'Histoire ancienne tels que Stéphane Gsell, Jérôme Carcopino ou Georges Marcy, est de savoir quand et de quelle manière les Carthaginois avaient atteint et occupé le rivage de Mogador ?

Il n'a pas été simple de répondre à cette double question. Des spécialistes avertis ont abouti à des réponses souvent divergentes et toujours conjecturales.

2.1. Le périple de Hannon

Il est à peu près certain que les Carthaginois s'installèrent dans l'île et sans doute aussi sur le rivage opposé au cours du périple de Hannon.

Ce périple était en fait une véritable expédition organisée à partir de Carthage et confiée à Hannon vers 450 av. J.-C. L'expédition se composait d'une flotte de 60 navires à 50 rames chacun (60 pentécontores) qui transportaient plusieurs milliers de personnes des deux sexes. Le but de l'expédition était de reconnaître le pourtour de l'Afrique ou d'une partie de ce continent, de fonder des comptoirs le long des rivages explorés et d'y laisser des colons. Le but secret de l'expédition était sans doute de trouver la route de l'or qui provenait du Continent noir.

La partie essentielle, mais aussi obscure du périple commença dès que Hannon doubla les colonnes d'Hercule et s'enfonça vers le Sud en suivant le rivage africain. L'amiral carthaginois avait pris soin de noter le nombre de jours de navigation, les arrêts et les différentes directions qu'il prit lors du voyage. Il créa ainsi plusieurs comptoirs : Thymiaterion, Karikon Teikhos, Guytte, Akra, Melitta et Arambys.

Si la situation du premier comptoir correspond au site de Tanger les autres ports n'ont pas pu être identifiés avec rigueur. Georges Marcy avance l'hypothèse que Karikon Teikhos avait été fondée sur le site de Mogador, hypothèse réfutée par d'autres spécialistes qui, eux pensent que les six comptoirs se trouveraient au nord de l'actuel Bou Regreg.

Et le périple de continuer plus au Sud (4).

2.2. L'île de Cerné

A trois jours de navigation de Louxos (Loukos) Hannon rencontra "une île toute petite ayant un pourtour de cinq stades", soit un peu plus de un kilomètre environ. Cette île serait située dans un golfe tout près de la terre. Hannon s'y installa après l'avoir dénommée Cerné. Ce nom signifie selon les étymologistes "pointe avancée". D'après Jérôme Carcopino, Hannon voulait faire de Cerné un relais à distance convenable des colonnes d'Hercule, destiné à entreposer des produits et l'or de l'Afrique. Cerné aurait été la plaque tournante du commerce carthaginois avec l'ouest de l'Afrique (5).

Mais où placer cette île quasi légendaire ?

A coups d'hypothèses et de conjectures d'éminents spécialistes de la civilisation punique ont promené l'île de Cerné le long de la côte marocaine de Lagouera à Mohammadia en passant par Dakhla, l'embouchure du Tensift, etc. (6).

Il nous a semblé pourtant que de telles hypothèses avancées sous la garantie de l'érudition et de l'ingéniosité des grands spécialistes de l'histoire carthaginoise, n'interdisent pas des suppositions inspirées par quelques investigations et discussions de cette question avec une nouvelle génération de spécialistes. L'île de Mogador peut s'identifier dans certains cas à Cerné au même titre que plusieurs îles du littoral africain de Tanger à Dakhla.

Cerné pourrait donc parfaitement être l'île de Mogador. Certains spécialistes n'écartent pas cette hypothèse qu'ils trouvent très plausible.

Un passage de l'"Histoire nouvelle" de Zosime donne une preuve importante : dans la période de 337 à 361 qui couvrait les règnes des empereurs romains Constance II et Julien et durant laquelle l'île fut réellement occupée de façon permanente après avoir été longtemps

---

(4) H. Rousseaux, « Hannon au Maroc », *Revue africaine,* 1949, t. 93.
(5) J. Carcopino, *le Maroc Antique,* Gallimard, 1943, p. 120.
(6) Voir en particulier, outre l'ouvrage cité précédemment *l'Histoire ancienne de l'Afrique du Nord* de Stéphane Gsell, éd. Hachette, 1920, t. I.

délaissée, du fait de sa position à la limite Sud de l'Empire, ce texte précise que l'Afrique romaine s'étendait des "Syrtes jusqu'à Cerné", c'est-à-dire de la Cyrénaïque en Lybie jusqu'à l'île de Mogador (7).

Sur la base de cette hypothèse nous allons lire Hérodote l'historien grec du Ve siècle av. J.-C. : « lorsque les Carthaginois arrivent chez les peuples qui vivent au delà des colonnes d'Hercule, ils débarquent leur pacotille et la disposent le long de la grève ; puis étant remontés à bord, ils font de la fumée. Les indigènes voient de la fumée et viennent au rivage, puis en échange des marchandises déposent de l'or et se retirent vers l'intérieur. Les Carthaginois descendent à terre pour voir et si l'or leur semble équivaloir aux marchandises, ils le prennent et s'en vont ; sinon ils remontent à bord et attendent ; les indigènes alors reviennent et déposent un peu plus d'or, jusqu'à ce qu'ils soient d'accord. Ni les uns ni les autres ne se font tort ».

Pareilles tractations s'étaient-elles faites au pied de la colline de Diabet ou encore sur les rivages de ce qui deviendrait la ville de Mogador ? A partir d'un navire, ou bien même à partir de l'Ile, l'Ile de Cerné, l'îlot sur lequel campaient les Carthaginois ?

Faut-il rappeler enfin que, selon des géographes, les caravanes de l'or ont de tout temps et jusqu'au XVe siècle, apporté leur précieux métal jusqu'à Mogador ? Une tradition qui remontrait jusqu'à l'Ile de Cerné !

Le choix par Hannon du site pour l'établissement d'un comptoir de colonisation constitué essentiellement par l'île de Cerné et probablement par le rivage qui lui fait vis-à-vis (peut être la ville de Karikon Teikhos) est justifié par plusieurs avantages évidents :
- l'emplacement à proximité d'une rivière (l'actuel Oued Qsob) qui pouvait fournir de l'eau potable à volonté ;
- l'existence d'une plage abordable en tout temps, ce qui permettait de haler sur le sable les bateaux à faible tirant d'eau ;
- enfin l'existence d'une île assez vaste devant une rade qui constituait un abri sûr pour n'importe quelle embarcation voulant atteindre le continent.

---

(7) *Encyclopédie berbère*, EDISUD, 1993, t. 12.

Le site dans l'Antiquité

L'installation d'un comptoir de commerce s'offrait donc dans des conditions idéales pour les navigateurs puniques : l'accès au continent et le repli rapide sur l'île étaient très faciles.

André Jodin dans son livre *Mogador, comptoir phénicien du Maroc atlantique* pense qu'il est très probable qu'il y eût en fait deux grandes îles au large de Mogador. En effet, si nous nous remémorons la ville telle qu'elle était dans les années cinquante, nous nous souvenons que la cité, ancienne en particulier, est assise sur une plate-forme rocheuse qui n'est rattachée au continent que par une zone sablonneuse marécageuse et d'altitude très basse (Oued El Kilab). C'est là la preuve d'un ensablement récent, et la plate-forme sur laquelle est construite la ville pourrait, dans les temps antiques, avoir été une île très proche du continent. La zone sablonneuse et marécageuse avait été constituée par les dépôts d'alluvions apportées par l'Oued Qsob dont l'embouchure était plus près de la ville qu'actuellement. En novembre 1891 une forte crue détourna le cours de la rivière en l'éloignant un peu plus de la ville (8).

L'île de Cerné aurait très bien pu être composée de deux îles plus ou moins proches du Continent, mais pour la suite de cette analyse nous en restons à un ensemble insulaire qui est l'île de Cerné.

La colonie punique de Cerné exploitait sans aucun doute les gisements de fer de l'actuel Jebel Hadid ce qui explique l'existence d'abondantes scories dans la région de Aïn El Hajar, et suppose que les "fonderies" étaient installées dans cette dernière région.

Les Carthaginois de Cerné transmirent un certain savoir faire aux autochtones. Il est très probable que la technique de salaison et de séchage des poissons et des moules, très répandue dans la région soit due aux contacts avec les Carthaginois. De même que la technique de construction des petites barques de pêche, dans laquelle excellent encore les raïs locaux, est due à ce que nous appelons aujourd'hui "un transfert de technologie" punique.

De Cerné, les Carthaginois introduisirent la culture des arbres fruitiers et de la vigne dans la vallée de l'Oued Qsob et pour cela eurent des disciples pour ce qui concerne la culture de la vigne : Aït Ouadil (gens de la vigne).

---

(8) Jean-Louis Miège, *le Maroc et l'Europe*, PUF, Paris, 1961, t. III, p. 65

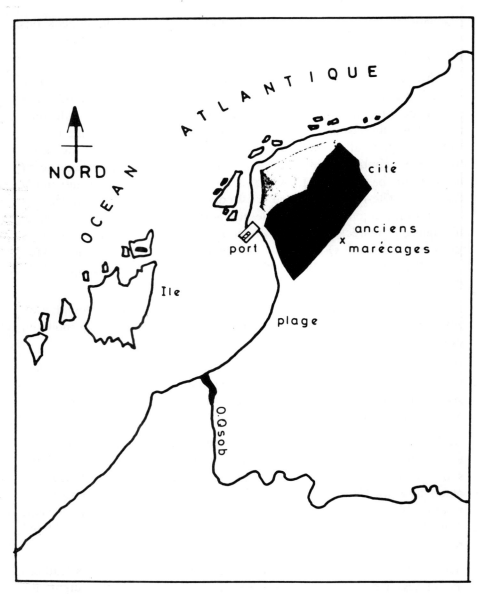

Site de Mogador

Le site dans l'Antiquité

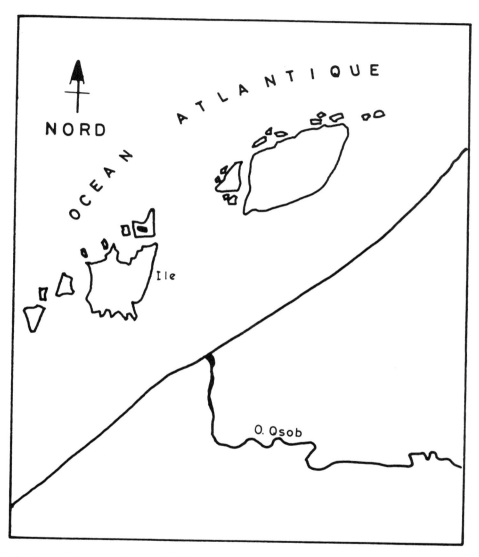

Site dans sa forme antique probable

2.3. Les vestiges carthaginois

Les vestiges puniques sont nombreux dans la région de Mogador. Outre les traces laissées dans l'île, les fouilles mirent à jour dans les années quarante, à Tafelney, des citernes très anciennes attribuées à juste titre aux Carthaginois.

Pourtant, le plus important vestige carthaginois est peu connu du public, il s'agit de ce que l'on appelle injustement d'ailleurs "le fort portugais", cette tour en ruine, située au fond de la rade, face au village de Diabet. Il s'agit en fait d'un reste de fort reconstruit au XVe siècle sur un socle antique fait d'énormes blocs agglomérés qui s'incrustent profondément dans les sables du bord de mer. Ces blocs agglomérés sont fabriqués en pisé compact, différent du pisé marocain mais semblable au pisé carthaginois, retrouvé à Carthage et à Tyr.

Ce socle antique, c'est ce qui reste d'une tour ronde (mogdoul en Phénicien) d'environ 50 mètres de diamètre et 10 mètres de hauteur. Cet ouvrage construit probablement sur ordre de Hannon devait constituer une "tour sémaphorique" au sommet de laquelle des feux étaient allumés pour permettre aux navires carthaginois d'emprunter la passe maritime sans danger. Une partie de la tour est sans aucun doute enfouie dans les sables du bord de mer du fait de l'affaissement.

Ce socle est construit en blocs agglomérés énormes de forme parallélépipèdique. Sur la plate-forme constituée par ces blocs fut édifié à une époque relativement récente, un rempart, dont on distingue encore maintenant nettement les créneaux, d'environ 4 mètres de hauteur, en plus d'autres constructions aujourd'hui disparues. Ces nouvelles constructions sont de conception musulmane et plus exactement saâdiennes. Le sol meuble fit glisser l'ouvrage qui se disloqua, et l'érosion marine aidant, le fort prit l'aspect qu'il a aujourd'hui (9).

La tour, ou Mogdoul donna le nom au mouillage lui-même puisque l'historien El Bekri (1028-1094) parle du Mouillage d'Amogdoul. Plus tard ce nom fut donné au saint local de la ville.

---

(9) Pierre Bach, *Petite histoire de Mogador*, Tapuscrit, La source, Rabat.

Le site dans l'Antiquité

Au pied de la tour et sur l'île devaient clignoter la nuit, les lumières hésitantes des maisons des colons puniques qui s'adonnaient à l'agriculture, à l'élevage et qui commerçaient également par troc avec les autochtones.

Par l'intermédiaire de leurs colons, les Carthaginois achetaient de la cire, du miel, des cuirs, de la viande sur pieds ; ils vendaient des tissus, des cordages, des miroirs, des bijoux. Ils échangeaient de la soie, des parfums, des épices contre les plumes d'autruche, l'ivoire et peut être la poudre d'or venue de l'intérieur de l'Afrique.

Le temps eut raison du site punique. Cerné connut d'autres destinées, les maisons carthaginoises du bord de la mer, qui avoisinaient la tour et formaient sans doute la Karikon Teikhos antique, furent abandonnées pour de multiples raisons, puis furent ensevelies lentement sous les sables comme le serait plus tard le palais princier du Sultan Moulay Abderrahmane.

L'île vue de la plage

Le fort dit "portugais", monument d'origine punique

3. Les établissements du roi Juba II (25 av. J.-C.-23 apr. J.-C.) dans les îles de Mogador

3.1. Rappel historique

Il n'est pas inutile de rappeler l'importance de la pourpre chez les anciens et notamment chez les Romains. Cette teinture, lorsqu'elle était appliquée donnait au tissu une couleur rouge vive avec des reflets variant du violet au bleu verdâtre. C'était cette teinture qui colorait la toge, des sénateurs romains, des généraux et de tous les grands de Rome. Le poète latin Horace (65-8 av. J.-C.) exhortant ses contemporains romains à la modestie disait : « perles, marbres, ivoires, vases étrusques en bronze, argent, vêtements somptueux où brille la pourpre de Gétulie, tous ces trésors, combien ne les ont pas... ».

La pourpre de Gétulie, c'est-à-dire du Sud de la Maurétanie Tingitaine, était donc une denrée de luxe recherchée et appréciée par l'aristocratie romaine. La pourpre gétule provenait donc du Maroc et notamment de sa côte atlantique quelque part au sud des limes de l'Empire romain.

3.2. Les Iles purpuraires

Dans l'Antiquité la pourpre était en effet tirée d'un coquillage appelé le *purpura haemastoma* très abondant sur la côte atlantique marocaine. L'industrie de fabrication de la pourpre, à partir du coquillage adéquat, était donc très rémunératrice à tel point que l'avant dernier roi de Maurétanie Juba II n'hésita pas à se lancer dans cette activité et à fournir Rome en pourpre de qualité supérieure. Du complexe industriel de Juba II, l'historien romain Pline l'Ancien (23-79) nous en communique le site : « Des îles de Maurétanie, ... on sait seulement qu'il y en a quelques unes en face des Autololes, découvertes par Juba et où il avait installé des teintureries de pourpre gétule. »

Coquillage a pourpre ou purpura haemastoma. (A. Jodin : les Etablissements du roi Juba II aux Iles purpuraires).

Ce sont là les Iles purpuraires de l'Antiquité ; par rapport auxquelles, le même Pline l'Ancien place les Iles fortunées (Canaries) : « Voici le résultat des recherches de Juba sur les Iles fortunées : il les place aussi au Midi, auprès du Couchant, à 625 000 pas des Iles purpuraires. »

En système métrique 625 000 pas = 925 km environ soit la distance qui sépare l'île de Mogador de l'île de Ténériffe !

Les Iles purpuraires *(Insulae Purpurariae)* ne peuvent donc être, d'après les écrits historiques, que les îles et îlots de Mogador.

Les témoignages matériels qui confirment cette hypothèse furent donnés par les preuves archéologiques dues aux travaux de recherche sur le terrain :

– d'abord de J. Desjacques et P. Koeberlé enseignants au cours complémentaire européen de Mogador, qui au cours de la décennie cinquante entreprirent des fouilles minutieuses sur l'île et le long de la côte.

Les résultats de leurs travaux furent publiés dans des revues spécialisées et reconnus de grande valeur scientifique (10) ;

– ensuite de André Jodin du CNRS qui continua les travaux de ses prédécesseurs avec compétence, et publia en 1967 un ouvrage consacré aux Iles purpuraires (11).

3.3. Les découvertes

Les recherches de J. Desjacques et P. Koeberlé permirent de mettre à jour des amas de coquillage du type adéquat aussi bien sur l'île que sur le continent. Sur la côte sud-est de l'île furent découverts des vestiges de bâtiments ayant un type d'architecture maurétanienne. Des poteries et des monnaies appartenant directement à l'époque correspondant au règne de Juba II furent trouvées.

Les fouilles archéologiques de Jodin permirent d'identifier d'autres vestiges aussi bien maurétaniens que romains qui conduisirent les spécialistes de l'Histoire ancienne à affirmer que les îles et îlots de Mogador étaient bien les Iles purpuraires où le roi maurétanien Juba II fonda les fabriques de pourpre qui tiraient leur matière première du *purpura hémastoma*.

Buste du roi Juba II tel qu'il est exposé au Musée archéologique de Rabat. (A. Jodin : les Etablissements du roi Juba II aux Iles purpuraires).

L'industrie maurétanienne prospéra tout au long du règne de Juba II et jusqu'à sa mort. Le sort fit que ce fut la pourpre des Iles purpuraires qui sonna le glas et marqua la fin du Royaume maure. L'historien latin Suétone (69-125) nous donne la chronique de cette fin de Royaume qui eut pour héros malheureux Ptolémée, roi de Maurétanie et fils de Juba II.

---

(10) J. Desjacques et P. Koeberlé, « Mogador et les Iles purpuraires », revue *Hespéris*, 1955, p. 193.
(11) Cf. *les Etablissements du roi Juba II aux îles purpuraires*, Ed. du CNRS, 1967.

« L'empereur Caligula, après l'avoir fait venir près de lui et accueilli avec honneur, le fit tout à coup mettre à mort, simplement parce qu'il s'aperçut qu'en entrant dans l'amphithéâtre où lui-même donnait un spectacle, il avait attiré tous les regards par l'éclat de son manteau de pourpre ». Le manteau était teinté avec de la pourpre de Gétulie, de la pourpre des Iles purpuraires.

A la mort de Ptolémée en 40 av. J.-C. le Royaume maure fut annexé par l'Empire romain. Les teintureries passèrent entre les mains de l'Empereur. Rome exploita les installations des Iles purpuraires jusqu'au IVe siècle, date où l'horizon du Monde romain commença à se rétrécir et à partir de laquelle selon Isidore de Séville (VIe siècle) « il n'y eut plus de bonne pourpre que celle de Tyr ».

4. L'antiquité romaine

Le roi Juba II marcha en fait sur les traces des Carthaginois. En effet, il hérita de l'ensemble de Cerné qu'il transforma en Iles purpuraires et de ces îles il organisa une expédition, pour explorer les Iles fortunées (Canaries). Il avait donc fait du site de Mogador une escale maritime et très probablement, à l'instar des Carthaginois, un comptoir commercial. Cette situation se poursuivit jusqu'à la mort de son fils Ptolémée en 40 apr. J.-C.

A partir de ce moment, le Royaume maure fut annexé par Rome.

Qu'en fut-il alors des Iles purpuraires et de l'ensemble du site ?

Pour répondre à cette question les fouilles et les découvertes archéologiques faites notamment sur l'île, nous viennent à la rescousse.

En effet, à côté des ruines datant de Juba II furent découvertes des constructions romaines d'époque plus tardive que les ruines maurétaniennes. Il s'agit notamment d'un ensemble de constructions destinées au logement et dont la conception générale est celle d'une véritable villa romaine malgré les attaques qui lui avaient été infligées par la mer et les dégâts commis lors des constructions au XVIIIe siècle des bastions et bâtiments divers.

On a retrouvé des pierres taillées, des éléments de colonnes et même de chapiteaux, une citerne alimentée par des rigoles et surtout en mai 1957 fut découvert, lors de fouilles, un patio orné d'une magnifique mosaïque de conception romaine représentant deux paons affrontés. Cette découverte et celle de nombreuses pièces de monnaies, datant de plusieurs empereurs depuis Hadrien (117-138 apr. J.-C.) jusqu'à Constant I (mort 320 apr. J.-C.), laissent supposer une présence effective des Romains pendant plusieurs siècles sur le site. On peut donc affirmer, sans risque d'erreur, qu'au plus la présence romaine sur le site, dura depuis la mort de Ptolémée en 40 apr. J.-C. jusqu'à l'invasion vandale en 429 apr. J.-C. date qui vit l'Empire romain se rétrécir en deçà de ses limites historiques aussi bien continentales que maritimes.

Mais que faisaient donc les Romains sur le site de Mogador ? Il est très probable que les Romains installés sur le site continuèrent l'activité mise en place par l'Empire carthaginois et le Royaume maure. Il nous semble tout à fait plausible et normal que les Romains poursuivirent la fabrication de la pourpre sur les installations laissées par Juba II et continuèrent à faire du commerce avec les caravanes qui venaient de l'intérieur de l'Afrique. L'île fut la plaque tournante de l'activité de la pêche et d'un certain commerce avec le Sud ainsi que la base d'où repartaient les marins de Lixus et de Sala vers les rivages du Sud et des Iles fortunées.

Le site fut-il dénommé Tamusiga comme d'aucuns le prétendent ? Aucun écrit, aucune stèle, aucune inscription gravée sur de la pierre découverts sur place ne le prouvent pour le moment (12). Il s'agit là d'une découverte qui reste à faire pour prouver que Tamusiga fut bien le nom donné par les Romains au site de Mogador.

---

(12) Dans sa description générale de la terre, le géographe grec Ptolémée (90-168 apr. J.-C.) identifie le site de Mogador sous le nom de *Tamusiga* et celui de Tafelney par le nom composé de *Unas Flumen*.

Chapitre II

L'islamisation

Lorsque la présence romaine fut effacée par l'invasion vandale de 429 apr. J.-C., la région de Mogador demeura entre les mains des tribus autochtones appartenant au groupe des Masmouda, jusqu'à l'arrivée de l'Islam.

1. Les Regraga et l'islamisation du Sud du Maroc

Sur l'islamisation de la région de Mogador et même d'une partie du Sud du Maroc, il existe une croyance, fortement ancrée dans la tradition locale, qui fait des Regraga, les saints patrons de la contrée, les initiateurs de l'Islam dans la région en question et dans le Sud du pays.

D'ailleurs la vie religieuse de la ville et de sa région, et notamment de celle des Chiadma, était et est toujours marquée par l'influence des Regraga.

1.1. Les sept Saints des Regraga

Depuis les temps antiques, les Regraga, qui appartiennent à la famille berbère des Masmouda, habitaient en sédentaires dans la région de Jabal Al Hadid au nord-est du site de Mogador. Henri Terrasse dans son livre "Histoire du Maroc" groupe même sous le vocable de Regraga l'ensemble des tribus Haha et Chiadma.

La tradition affirme qu'avant l'apparition de l'Islam, les Regraga professaient une foi monothéiste, d'obédience chrétienne aryaniste et qui reconnaissait à Jésus une mission prophétique seulement. D'après

Al Hassan Al Youssi (XVIIᵉ siècle) la profession de foi des Regraga était la suivante : « nous témoignons qu'il n'y a de Dieu que Dieu et que Jésus est l'âme de Dieu ». Ces Aryanistes attendaient le sceau des Prophètes tel que cela avait été annoncé par Jésus. Ils se faisaient appeler les "Haouarioun" c'est-à-dire les disciples de Jésus. Ce titre leur est toujours resté jusqu'à ce jour.

Les Regraga vécurent des siècles en paix, transmettant leur croyance de génération en génération, dans un environnement païen d'idolâtres (1).

Lorsque apparut l'Islam, les Regraga entendirent parler du Prophète Sidna Mohamed, la prédiction de Jésus leur parut réalisée. Ils décidèrent de déléguer sept d'entre-eux auprès du Prophète. Parmi les sept personnes choisies, il y avait sans doute de sages lettrés pourvus d'une culture religieuse solide. Ces personnes désignées, qui deviendraient par la suite les sept Saints des Regraga sont :

– Sidi Ouasmin Ben Yaaza. C'était le chef de la délégation. Parmi ses compagnons, il était probablement le plus instruit et le plus compétent en matière religieuse. Son sanctuaire se trouve au nord-est du Jabal Al Hadid.
– Sidi Abou Baker Achemmas Ben Akrama. C'était le plus âgé du groupe et sans doute aussi le plus sage. Il est enterré à la zaouia d'Aqermoud.
– Sidi Salah Ben Abou Baker. C'est le fils du précédent. Il est enterré à côté de son père.
– Sidi Abdallah Adnas Ben Amer Ben Daïm. Il est enterré à la zaouia kouratia.
– Sidi Aïssa Bou Khabia Ben Kouihal. C'était le preux du groupe. Son sanctuaire se trouve à l'embouchure du Tensift au lieu dit zaouia des Retnana.
– Sidi Yaâla Ben Ouatil Ben Mosline. Il est enterré à Amsaker.
– Sidi Saïd Yebka Ben Kouihel, frère de Sidi Aïssa. Son sanctuaire se trouve à Tamazat.

La tradition affirme que le groupe arriva non pas à Médine, mais à la Mecque, en l'an 8 de l'Hégire, soit en 630 apr. J.-C. Les envoyés se dirigèrent vers la mosquée pour rencontrer le prophète Sidna Mohamed.

---

(1) Henri de Castries, « Les sept patrons de Marrakech », revue *Hespéris*, 1924, 3ᵉ trimestre.

Ne le connaissant pas, ils s'approchèrent du groupe de Musulmans qui leur avait été sans doute indiqués et demandèrent en berbère :

« Qui d'entre vous est l'Envoyé de Dieu ? »

L'assistance ne comprit mot sauf le Prophète qui répondit en berbère « Venez ici. » Une discussion s'engagea entre le Prophète et les sept envoyés des Regraga dans la langue de ces derniers. Le groupe se convertit à l'Islam après en avoir appris les préceptes et avoir vérifié que la prédiction de Jésus venait bien de se réaliser. Le Prophète remit à Sidi Ouasmin une lettre destinée aux tribus Regraga (2).

Les envoyés retournèrent dans leur pays armés de leur nouvelle foi et déterminés à faire œuvre de prosélytisme. Arrivés chez eux les sept compagnons convoquèrent l'ensemble des Regraga à une assemblée solennelle au lieu dit Mouda Chaker sur le Jabal Al Hadid. La lettre de Sidna Mohamed par laquelle les habitants du Maghreb étaient invités à embrasser l'Islam fut commentée à l'assistance. Les Regraga se convertirent en masse, suivis dans la foulée par maintes tribus des Masmouda et même des autres groupes berbères.

C'est ainsi, suivant la tradition des Regraga, que se répandit l'Islam au Maroc. Cette tradition a survécu et fait des Regraga les apôtres de l'Islam en Afrique du Nord et les seuls compagnons du Prophète originaires du Maghreb.

Dans les premiers temps des conversions en masse des Masmouda, les sept envoyés des Regraga avaient pris l'habitude de faire chaque année la tournée des tribus converties à l'Islam pour entretenir chez elles la flamme de la foi. Cette tournée devenait un véritable rituel que les descendants des Regraga surent conserver et perpétuer jusqu'à nos jours.

Remarque

Chaque année les descendants des Regraga accomplissent une tournée solennelle des tombeaux de leurs sept ancêtres au cours d'un moussem qui dure quarante quatre jours et qui commence à la mi-mars. Au cours de cette tournée d'autres mausolées sont visités à travers une grande partie du pays des Chiadma. Il s'agit de tombes de Regraga ne faisant pas partie

---

(2) *Ibid.*

des sept saints et notamment celles de Sidi Abdeljalil à Talmest et de Sidi Hassein près de l'embouchure du Tensift là où se trouve la plus vieille mosquée de la région, il s'agit de la mosquée Retnana construite au temps de Oqba Ben Nafii.

Les pèlerins Regrara, il faut bien les appeler ainsi, passent deux fois au mausolée de Moulay Bou Zeregtoun, situé sur la côte atlantique à quelques 20 km au nord de Mogador. Cette double visite valut au Saint le surnom de Moula-Douraïn (le Saint aux deux tours). Au cours de cette même tournée, les Regraga font leur entrée solennelle à Mogador en présence des autorités locales venues les accueillir à la porte nord de la cité (Bab Doukkala), pour les conduire jusqu'à leur zaouia située en plein quartier commerçant de la ville. Le passage des Regraga à Mogador est marqué par beaucoup de ferveur mais surtout une grande liesse. Les Souiris ont pris l'habitude de leur rendre visite dans leur mausolée et de rechercher leur bénédiction.

1.2. L'analyse historique de cette tradition

D'aucuns pensent que la tradition des sept Saints de Regraga ne résiste pas à l'analyse historique. Ce n'est guère le cas, bien qu'au XVIIe siècle les oulémas de Fès eussent affirmé que cette tradition ne repose sur aucune base solide.

Examinée avec rigueur cette tradition paraît parfaitement vraisemblable et les raisons ne manquent pas.

1.2.1. Première raison basée sur le hadith

La tradition du Prophète authentifie celle des Regraga par un hadith sélectionné par Muslim qui rapporte que Sidna Mohamed reçut un jour une délégation venant de l'Occident (Maghreb). Ce hadith est aussi crédible que tous les autres hadiths de Muslim (3).

Toutefois, des âmes sceptiques s'interrogent sur la portée du terme "Maghreb". Le Prophète aurait bien reçu une délégation venant de l'"Occident", mais de quel Occident s'agit-il ? Ce terme couvre-t-il les

---

(3) Abdellah Ben Mohamed Er Ragragui, *Assaïf al masloul,* éd. Institut islamique echaabi, Essaouira, 1987.

L'islamisation

territoires situés à l'ouest immédiat de la Mecque, c'est-à-dire les rivages de la Mer Rouge, ou bien des contrées situées encore plus à l'ouest, à savoir, l'Egypte ou les pays de l'Extrême Occident ? Il est évident que la rigueur géographique fait défaut dans ce cas particulier. L'analyse historique pourrait peut-être nous éclairer un peu plus.

1.2.2. Deuxième raison qui a valeur historique

La tradition affirme que les Regraga étaient des chrétiens aryanistes. Ceci est vraisemblable puisqu'il a été établi que la religion chrétienne, sous plusieurs formes, exista au Maroc et notamment au VIIe siècle.

Par ailleurs, vers l'an 8 de l'Hégire, au moment où le pouvoir du Prophète fut bien consolidé, des délégations du monde civilisé de l'époque rendirent visite à l'Envoyé de Dieu pour prendre connaissance de son message. Il est tout à fait possible que des Aryanistes de l'Extrême Occident décidèrent de lui envoyer une délégation pour vérifier si la prédiction de Jésus était réalisée. Il a été établi en outre, que, bien plus tard, les Maghraoua d'Afrique du Nord envoyèrent une délégation au Calife Othmane.

Enfin, le fait que le Prophète Sidna Mohamed parlât en berbère n'est pas étonnant du fait que la langue berbère au VIIe siècle était parlée par tout le Nord de l'Afrique en exclusivité. C'était donc une grande langue qui devait être comprise au Cham et en Arabie.

1.2.3. Troisième raison de portée générale

— La tradition des Regraga n'est pas souvent prise au sérieux parce qu'elle est parfois noyée dans des légendes fantastiques : Sidi Ouasmin et Sidi Saïd Yebka qui volaient en l'air ; le texte du Coran rapporté par les sept Saints, enterré par Sidi Ouasmin et qui fit jaillir une source à la place où il avait été mis sous terre, le pouvoir magique de certains Regraga, tous ces propos nuisaient à la cause des Regraga. Mais débarrassée de ces légendes, la tradition devient plus sérieuse et donc vraisemblable.

— Abdallah Ben Mohamed Er Regragui, dans son livre *Assaïf al masloul*, déplore le fait que les lettrés et doctes religieux des Regraga n'eurent rien écrit pour expliquer et défendre leur tradition. En effet, cette absence de littérature explicative a porté tort à la tradition des Regraga.

1.3. Les Regraga dans les traditions historique et spirituelle

1.3.1. La tradition historique

Les Regraga firent parler d'eux lors de la conquête musulmane de l'Afrique du Nord au VIIIe siècle. Selon Abdallah Ben Mohamed Er Regragui, lorsque Oqba Ben Nafii arriva au pays Chiadma il trouva les habitants déjà islamisés ; il leur construisit une mosquée à l'embouchure du Tensift à la zaouia retnania. Il s'agirait là alors de l'une des plus vieilles mosquées du Maghreb avec celles de Kaïraouan et de Cherafat au nord du Maroc. Oqba continua sa route vers le Souss et là il fut bloqué par les Masmouda païens. Les Regraga vinrent le délivrer et l'escortèrent jusqu'au Maghreb central puis rebroussèrent chemin. Son assassinat par Koseïla eut lieu bien après cette intervention.

Remarque

Au XIVe siècle les Regraga souffrirent du désordre qui suivit la fin de la dynastie almohade et furent obligés de quitter en grand nombre le pays Chiadma. Le Sultan mérinide Abou El Hassan (1331-1351) les aida à regagner leur terre et à se regrouper autour de leur nouveau chef Sidi Abdeljalil.

Les Regraga eurent de sérieux démêlés avec les derniers Sultans saâdiens. L'un d'entre-eux, Mohamed Ech Cheikh Essaghir (1636-1654) vint attaquer en avril 1641 les Chiadma révoltés. Guidés par les Regraga, les Chiadma firent subir aux troupes saâdiennes une défaite qualifiée de "honteuse" par El Oufrani. La bataille ainsi gagnée exalta la foi, des Chiadma et des autres tribus du Sud du Maroc, dans les Saints des Regraga. Cette ferveur aurait d'ailleurs une conséquence importante, sur la spiritualité du Sud du Maroc et que nous verrons plus loin.

Les Sultans alaouites ont toujours honoré les Regraga et firent preuve à leur égard d'une grande générosité. Des biens Habous furent constitués au profit de plusieurs mausolées parmi ceux des sept Saints par les Sultans alaouites notamment par Moulay Ismaïl (1672-1727), Moulay Abdallah (1729-1757) et Moulay Souleiman (1792-1822). Sidi Mohamed Ben Abdallah (1757-1970) fit le pèlerinage aux Saints des Regraga. Moulay Souleiman eut recours à leur arbitrage pour instaurer la paix entre les Haha et les Chiadma. Les rois alaouites des temps modernes firent preuve d'une immense générosité envers les Regraga et d'un grand respect à leur égard.

L'islamisation   47

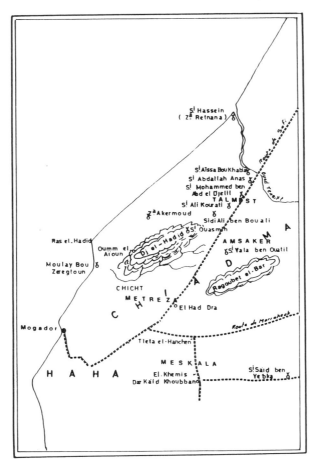

Les Saints Regraga

1.3.2. La tradition spirituelle

Le rayonnement spirituel des Regraga toucha profondément l'arrière-pays de Mogador et atteignit différentes régions du Maroc. Les descendants des sept Saints sont enterrés et vénérés un peu partout. Selon la tradition des Regraga, Sidi Mogdoul le Saint patron de Mogador serait un descendant de Sidi Ouasmin, au même titre que Sidi Abou Al Barakat Al Abdari des Ida ou Issarn ; Sidi Beliout le Saint patron de Casablanca serait un descendant de Sidi Yaala Ben Ouatil. D'autres Saints Regraga se retrouvent dans différentes autres régions du Maroc (3).

Remarque

Le rayonnement spirituel des Regraga connut son apogée au XVIIe siècle. L'ampleur de cette dévotion à l'égard des sept Saints persistait depuis la victoire des Chiadma guidés par les Regraga sur les troupes saâdiennes. Le Sultan alaouite Moulay Ismaïl qui venait de mettre fin aux activités de la zaouia de Dila prit ombrage d'une telle popularité des Regraga. Il décida alors d'y mettre fin. Il résolut de créer de toute pièce un pèlerinage de sept Saints à Marrakech qui contrebalancerait celui des Saints de Regraga. Cette mission fut confiée à Hassan Al Youssi qui désigna les sept Saints de Marrakech (Sebaatou Rijal) parmi de vénérés personnages enterrés dans la ville et organisa un pèlerinage dont l'itinéraire passait par les tombes de ces Saints.

Cette initiative eut beaucoup de succès puisque les sept Saints de Marrakech sont encore vénérés de nos jours et le circuit de visite respecté par les pèlerins. Cela n'empêcha pas les Regraga de continuer à avoir le même prestige.

Jabal Al Hadid, territoire initial des Regraga, vu de la route Essaouira-Casablanca

L'islamisation

Mausolée du Saint Moulay Bou Zeregtoun ou Moula-Douraïn situé sur la côte atlantique à 20 km environ au nord d'Essaouira.

2. La région de Mogador jusqu'au XIIIe siècle

2.1. Le peuplement

D'après la tradition des Regraga, l'islamisation d'une partie du Sud du Maroc s'était faite de façon endogène.

Cette opinion n'est guère partagée par la plupart des historiens qui considèrent la tradition des Regraga comme relevant de la pure légende populaire, et se rallient plutôt à l'hypothèse plus générale qui consiste à considérer Oqba Ben Nafii Al Fehri, le chef des troupes de conquête musulmanes, comme l'introducteur en 683 apr. J.-C. de l'Islam dans la région de Tensift. Oqba n'aurait eu aucune peine à rallier les Masmouda à la nouvelle religion. En quittant la région, il y aurait laissé un de ses lieutenants, Chaker (ou Chiker) avec pour mission de continuer à enseigner les principes de l'Islam aux autochtones et de veiller au maintien de la ferveur religieuse.

L'existence actuellement à l'est des Chiadma, d'un mausolée dédié à Sidi Chiker, témoigne du fait que ce personnage avait probablement vécu comme cela est rapporté.

Il est évident que quelle que soit la manière avec laquelle l'Islam s'était propagé dans cette région, les mouvements almoravide au XIe siècle et surtout almohade à partir du XIIe siècle, avaient homogénéisé les populations du Sud sur le plan religieux et consolidé leur Islam.

A partir de la fin du XIIe siècle apparurent, au Maroc, les tribus arabes des Beni Hilal, déportées par les Souverains almohades pour avoir fomenté des révoltes à l'est de l'Empire. Des éléments de ces tribus hilaliennes – les Haret et les Nader – vinrent se fixer dans l'arrière-pays du site de Mogador. Plus tard, en 1252, et sur l'instigation du chef almohade du Souss, Ali Ben Idder, des Arabes Maqil s'établirent de part et d'autre de l'Oued Souss. Ce fut à cette époque que les contingents nomades Maqil des Dawi Hassan et surtout des Chebanat, s'établirent au sud de l'Oued Tensift, en même temps d'ailleurs que des groupes berbères Sanhadja et Gzoula (4).

Dans la région correspondant aujourd'hui à Chiadma se produisit un vigoureux brassage de populations entièrement musulmanes parlant l'arabe et le berbère et de mœurs sédentaires.

Plus au sud, sur les premiers contreforts de la montagne, dans ce qui correspond aujourd'hui à Haha, les Masmouda s'étaient groupés en villages fortifiés de sédentaires avec magasins collectifs et parfois petits ports de pêche. Ces populations conservaient leur langue, leurs moeurs et avaient embrassé définitivement l'Islam avec conviction. Elles continuaient à exercer certaines pratiques industrielles et agricoles héritées de l'Antiquité tel que : séchage du poisson et des moules, fabrication de savon mou, décantation des marais salants, culture de la vigne etc.

C'est ainsi que se constitua la configuration humaine de la région de Mogador : au nord de Oued Qsob s'était formée une population de fond berbère masmoudien à laquelle s'étaient ajoutés des éléments arabes et berbères sanhadjiens ; au sud de la même rivière la population était restée entièrement berbère masmoudienne, composée de diverses tribus jalouses de leur particularisme.

---

(4) Robert Montagne, *les Berbères et le makhzen dans le Sud du Maroc*, éd. Félix Alcan, Paris, 1930, p. 24.

2.2. La diffusion de la culture et de la civilisation

Comme nous l'avons dit précédemment Almoravides et Almohades avaient homogénéisé les populations du Sud sur le plan religieux et consolidé leur Islam.

Le mouvement almohade exerça probablement une forte influence sur les Regraga et l'ensemble des tribus de Haha ; ces dernières appartenant à la faction Masmouda titulaire du pouvoir, étaient donc partie prenante du mouvement en question. Les tribus de Haha fournissaient sans doute les cadres et les responsables de l'Empire au même titre que les tribus du Grand et de l'Anti-Atlas. Les fils des grandes familles avaient la possibilité de faire des études assez poussées. Une activité culturelle basée sur l'enseignement religieux, juridique et littéraire, encouragée peut être par le pouvoir almohade, s'était organisée autour des mausolées, notamment ceux des différents Saints Regraga. Les étudiants les plus doués allaient parfaire leur instruction à Marrakech ou dans les hauts lieux islamiques du Souss.

Cette tradition culturelle, qui remonte aux Almohades, fit de Haha une région qui donna au Maroc plusieurs générations de théologiens, d'hommes de loi et de fins lettrés.

L'exemple d'Al Abdari est d'ailleurs très édifiant.

Il s'agit de Mohamed Ben Mohamed Ben Ali Ben Messod Al Abdari, né et élevé dans la région de Haha au cours du XIIIe siècle et auteur d'une célèbre rihla appelée *Rihlat Al Abdari* (5).

Mohamed Al Abdari appartenait à une famille de lettrés. Un manuscrit de la rihla découvert à Rabat donne une filiation d'Al Abdari dans laquelle son père est considéré comme un fin lettré. Son frère Yahya qui l'accompagnait lors de son voyage, était également un homme d'une grande culture.

Mohamed Al Abdari étudia le Coran et les sciences religieuses dans sa région natale et parfit ses connaissances probablement à Marrakech. Jeune homme, il entreprit sa "rihla" ou "voyage vers les Lieux saints de l'Islam", et quitta ainsi son village natal situé au cœur de Haha le 10 décembre 1289. Il se dirigea vers le sud, traversa le Souss, contourna l'Atlas en passant par

---

(5) Mohamed El Abdari, Ar Rihla Al Maghribiya, université Mohamed V, Rabat, 1968.

la région, peu sûre à l'époque, de Sijilmassa et remonta vers le nord jusqu'à Tlemcen. C'est dans cette dernière ville qu'il prit la décision d'écrire sa "rihla". Il passa par Alger, Tunis, Tripoli, Alexandrie et le Caire, traversa le Sinaï puis arriva au Hidjaz où il entreprit son pèlerinage. Sur le chemin du retour il visita la Palestine, déchirée à l'époque par les Croisades, traversa l'Egypte, le Nord de l'Afrique et arriva au Maroc qu'il appelait "Al Maghreb Al aqsa" et d'après Mohamed Al Fassi, Al Abdari eut la primauté de cette appellation. Il traversa le Maroc qui était gouverné par le Sultan mérinide Abou Yaqoub Youssef (1286-1307) en passant par Taza, Fès puis il longea la côte atlantique jusqu'à Haha.

Al Abdari rapporta toutes ses impressions de voyage dans sa "rihla" avec une précision et une rigueur remarquables. Il était avide de connaissances et la première chose qu'il cherchait à faire en arrivant dans une ville c'était de prendre contact avec ses savants et ses hommes de lettres. Il fut ainsi, déçu par le niveau culturel de la ville d'Alger, mais enthousiasmé par Tunis, puis scandalisé par l'ignorance des habitants de Tripoli. Au Caire il rencontra le grand théologien Charaf Eddine Adamiati.

Mausolée d'Al Abdari connu sous le nom de Sidi Abou Al Barakat à Ida ou Azza dans la circonscription de Ida Ou Isarn à 36 km au sud d'Essaouira.

L'islamisation

Il avait l'esprit scientifique et n'hésitait pas dans son ouvrage à contredire les savants de son époque lorsque sa propre expérience lui révélait une vérité rigoureusement établie. La rihla est parsemée de poèmes composés par Al Abdari dans diverses circonstances.

Comme on peut le constater, le niveau intellectuel et culturel d'Al Abdari nous donne une idée sur ce que pouvait être au XIIe et XIIIe siècle la situation des lettres et des sciences au Maroc et notamment au sein des tribus Masmouda habitant l'arrière-pays du site de Mogador.

Haha honora Al Abdari, plus connu localement sous le nom de Sidi Abou Al Barakat en lui édifiant un mausolée à Ida ou Azza dans la circonscription de Ida Ou Isarn à 36 km au sud d'Essaouira.

2.3. Les mouvements caravaniers au XIIe siècle

Le géographe arabe El Bekri (1028-1094), dans sa *Description de l'Afrique septentrionale* mentionne les mouvements caravaniers commerciaux dans la région de Tensift. Il existait en effet aux XIe et XIIe siècle des échanges commerciaux intensifs entre la ville d'Aghmat au sud de l'actuel Aït Ourir dans le Grand Atlas, et le port atlantique d'Agouz sur l'embouchure du Tensift. Les caravanes effectuaient ces échanges en empruntant un itinéraire passant par les villes de Chichaoua et de Neffis. La forteresse de kasba Hamidouch, construite au XIIIe siècle sur la rive gauche du Tensift était destinée à protéger cette route commerciale en plus du port d'Agouz. Les villes de Tacalayate (Aïn El Hajjar) et Tednest (Tleta de Hanchène) étaient également concernées par ce trafic.

Le site de Mogador est mentionné par le même El Bekri sous l'expression de "mouillage d'Amogdoul", dans lequel les bateaux côtiers arabes jetaient l'ancre et entreprenaient quelques opérations commerciales avec l'arrière pays. Le "mouillage d'Amogdoul" devait être au nœud d'un itinéraire commercial caravanier concernant la côte atlantique entre Agouz et le port de Massa dans le Souss.

Remarque

Les cartes maritimes européennes ne mentionnent le site portuaire de Sidi Mogdoul qu'à partir du XIVe siècle. Ainsi, une carte italienne, plus exactement pisane, dite carte de Petrus Vesconte, datée de 1311, signale Mogador comme point côtier ayant un intérêt pour la navigation. De même les cartes catalanes du XIVe et XVe siècle et notamment celle de 1375, dite carte de Charles V, signale le site maritime de "Mogodor" en place et lieu de Mogador (6).

---

(6) Louis Massignon, *le Maroc dans les premières années du XVIe siècle,* éd. Adolphe Jourdan, Alger, 1906, p. 59 et 60.

L'islamisation

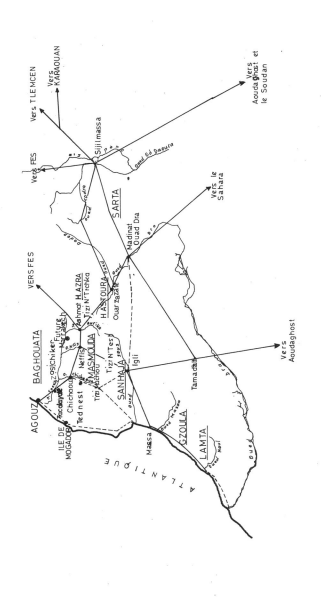

Le Sud marocain au XIᵉ siècle (d'après El Bekri)

Chapitre III
Les Portugais à Mogador

La vocation coloniale du Portugal s'affirma sous le règne de son roi Jean 1er le Grand (1385-1433). Ce souverain fit de son fils Henri, dit le navigateur, le promoteur de sa politique d'expansion vers les terres du Sud. Ainsi, dès 1415, une escadre portugaise s'empara par surprise de la ville de Ceuta et à partir de 1417, l'infant lusitanien lança des expéditions pour explorer l'Afrique occidentale.

Avant d'exposer les différentes étapes de l'aventure portugaise dans les site et arrière-pays de Mogador, un bref aperçu sur la situation générale dans cette région au début du XVIe siècle nous aidera à placer l'ensemble des événements dans leurs contextes géographique, économique et social.

1. La région de Mogador au début du XVIe siècle

La description de l'arrière-pays de Mogador nous est donnée par El Hassan Ben Mohamed El Ouazzan El Gharnati alias Léon l'Africain (1483-1554) dans son ouvrage monumental *Description de l'Afrique* (1).

Né à Grenade en 1483, El Hassan El Ouazzan émigra avec sa famille à Fès à la prise de sa ville natale par les rois catholiques en 1492. Après avoir parfait sa formation dans l'ancienne capitale du Maroc, il se mit à l'âge de trente ans au service du prince saâdien Mohamed El Qaïm qui menait à l'époque la guerre sainte contre les Portugais installés sur la côte atlantique

---

(1) Léon El Africano, *Descripcion de Africa,* éd. Imperio, IGF, 1952, p. 49.

du Maroc, à partir du territoire de Haha et de Chiadma. Il eut ainsi l'occasion, à partir de 1512 et jusqu'en 1516, de parcourir dans tous les sens l'arrière-pays de Mogador, de visiter les villes et les villages qui existaient en ce temps là, de décrire les montagnes, les rivières et les richesses et surtout de connaître les habitants et leurs coutumes.

1.1. Aspect général de la région et conditions de vie

La région décrite par Léon l'Africain correspond au territoire actuel de Haha et de Chiadma. L'auteur appelle cet ensemble la "région de Haha" qui s'étendait donc des contreforts de l'Atlas au sud jusqu'à la rivière Tensift au nord.

La région était très peuplée et les habitants possédaient ânes et troupeaux de chèvres en grande quantité. Par contre il y avait peu de moutons, encore moins de bovidés et très peu de chevaux. La "région de Haha" produisait peu de fruits et légumes parce que les habitants étaient ignorants dans l'art des cultures maraîchère et fruitière. Le blé n'était guère cultivé ; l'orge, le millet et le maïs constituaient la base de l'alimentation des populations. La région produisait du miel d'excellente qualité. Les paysans ignoraient l'usage qu'ils pouvaient faire de la cire qui était donc tout simplement jugée inutile et par conséquent jetée aux ordures. L'auteur signale l'existence de vastes forêts d'arganiers et rapporte avec force détail la technique utilisée par les habitants pour fabriquer l'huile d'argan. Le territoire était giboyeux puisqu'on y trouvait lièvres, sangliers et troupeaux d'antilopes, aujourd'hui disparus. Les fauves, et en particulier le lion, infestaient la campagne. Il était d'usage de se barricader chez soi dès la tombée de la nuit et d'éviter de sortir au risque de se trouver face à face avec une bête féroce. L'auteur rapporte d'ailleurs un épisode effrayant. Un jour du mois d'avril il fut surpris par la tombée de la nuit à l'entrée de l'agglomération de Tiout dans la tribu des Aït Ouadil. Il décida de passer la nuit dans une maison abandonnée en prenant soin toutefois d'obturer l'entrée du lieu par une grande quantité de branches épineuses. Au milieu de la nuit deux énormes lions, attirés par l'odeur des chevaux assiégèrent la maison, rugissant avec fureur, grattant le sol et les murs et essayant en vain de dégager la porte d'entrée pour pouvoir s'engouffrer dans la maison et fondre sur les chevaux et leurs propriétaires. A la pointe du jour les fauves s'éclipsèrent.

Les habitants menaient une vie d'une extrême simplicité. Le mobilier et les ustensiles de leurs demeures se réduisaient aux éléments indispensables : nattes, peaux de chèvres et vaisselle en terre cuite ; quant au costume des hommes il consistait en un simple pagne appelé *ksa*, celui des femmes étant le même rehaussé de quelques fibules. Les hommes célibataires se rasaient la barbe ; une fois mariés, ils la laissaient pousser et la taillaient régulièrement.

L'alimentation consistait en galettes de céréales, en couscous, en potage à base de semoule d'orge le tout pouvant parfois être agrémenté de viande de chèvre. La population était illettrée dans sa grande majorité, l'érudition étant l'apanage d'une infime minorité ; quant à la pratique médicale elle était réduite à la seule cautérisation à laquelle on avait recours pour traiter n'importe quelle maladie.

En plus de l'hostilité larvée qui existait entre les différentes tribus et des guerres continues que ces dernières se livraient entre elles, la région était sujette à des incursions de hordes bédouines belliqueuses qui pillaient et rançonnaient la population. Certaines cités achetaient leur tranquillité en payant régulièrement un tribut aux chefs de bande.

Les Juifs étaient nombreux dans la "région de Haha". Dans certains villages, ils constituaient la majorité de la population. C'étaient des artisans et parfois des commerçants. Leur statut ne différait nullement de celui des Musulmans puisqu'ils ne payaient aucun impôt particulier.

1.2. Principales agglomérations de la "région de Haha"

La plupart des villes et villages importants de la "région de Haha" décrits dans l'ouvrage de Léon l'Africain sont aujourd'hui disparus. Certaines agglomérations avaient été détruites au XVIe siècle au cours des guerres avec les Portugais, d'autres avaient été ruinées par les pillages, d'autres enfin avaient tout simplement périclité jusqu'à s'atrophier, voire même disparaître. Nous allons dans ce qui va suivre, reprendre les descriptions des principales agglomérations visitées par Léon l'Africain, telles que rapportées par ce voyageur. Des villages importants historiquement tel que Afoughal et Tazrout ne sont pas cités par l'auteur soit parce qu'il ne les avait jamais visités, soit parce qu'ils étaient à ses yeux insignifiants.

1.2.1. Tednest

La ville de Tednest, aujourd'hui disparue, était située à cinq ou six kilomètres au sud-est de Tleta de Hanchène au voisinage de la zaouia de Sidi Mohamed Ben Ouasmin. C'était l'agglomération la plus importante de la région. Elle fut fondée au XIIe siècle, détruite en 1514 par les envahisseurs portugais, comme nous le verrons plus loin, et ses habitants massacrés ou dispersés. Elle était bâtie sur une belle plaine verte et agréable, et cernée d'une muraille en briques d'argile. Les maisons étaient nombreuses et construites également avec le même matériau que la muraille de la ville. Au centre de l'agglomération s'élevait une grande mosquée blanchie à la chaux à l'intérieur de laquelle se trouvait une énorme citerne pour la réserve en eau de la ville. D'autres lieux de culte étaient éparpillés dans la cité. Il existait un asile réservé pour l'hébergement des étrangers pauvres de passage, ainsi que des bains publics, mais il n'y avait pas d'auberge dans le sens propre du terme. Lorsqu'un voyageur était de passage, il pouvait être soit logé chez un de ses amis, soit confié à l'hospitalité d'un habitant tiré au sort. Mais les gens étaient très hospitaliers et se considéraient comme honorés lorsqu'ils abritaient un étranger.

Tednest devait compter environ 6 000 habitants dont la majorité était constituée par des Juifs. Ces derniers possédaient le pouvoir de battre la monnaie, matérialisée par des pièces d'argent carrées. Il y avait parmi eux des commerçants et des bijoutiers. La ville possédait des artisans, variés et en nombre suffisant : fabricants de babouches, tailleurs, forgerons, etc. ainsi que des commerçants en tissus notamment en cotonnades importées du Portugal. La ville ne payait ni impôts, ni droits de douane et n'entretenait pas d'emplois publics. Lorsqu'une dépense d'intérêt général devait être entreprise, les habitants se réunissaient, estimaient cette dépense et la répartissaient entre eux en fonction de la richesse de chacun.

1.2.2. Tacalayate

Le nom de Tacalayate est le diminutif berbère du mot kelaâ ou citadelle. La ville était située sur le versant de la montagne à 18 milles au nord-ouest de Tednest dans un site qui est actuellement celui du village de Aïn El Hajar. Elle comptait une population d'environ 4 000 âmes.

C'était une cité prospère, plus riche que Tednest, au pied de laquelle passait une rivière bordée de vergers aux cultures variées. Il y avait également quantité de puits d'eau douce dans les environs de la cité. Au centre de la ville, il y avait une grande mosquée et quatre hospices réservés aux personnes indigentes. Le commerce de Tacalayate était florissant et bénéficiait de la proximité relative du port d'Agouz. Les habitants vendaient les céréales, cultivées dans les environs, et échangeaient leur cire contre des marchandises fournies par les Portugais. Ils étaient élégants, s'habillaient avec recherche et harnachaient richement leurs montures. Ils étaient pacifiques et, pour éviter d'être importunés par les hordes de Bédouins alliés des Portugais, ils préféraient payer un tribut régulier aux chefs de ces bandes.

1.2.3. Hadecchis

Le nom de Hadecchis correspond très probablement au bourg de Adki qui se trouve actuellement sur la route reliant Tleta de Hanchène à djemaâ de Korimate. Entourée d'une muraille en pierres mal taillées, la ville, de quelques 2 500 habitants, était située à huit milles au sud de Tacalayate. Une rivière, bordée de part et d'autre de riches vignobles en escalier, traversait l'agglomération. La cité abritait chaque année une importante foire qui durait quinze jours à laquelle participaient les paysans des environs et surtout vers laquelle accouraient les montagnards, gens violents, aux mœurs rudes et à la mine patibulaire. Les transactions qui avaient lieu lors de cette manifestation commerciale concernaient surtout le bétail, la laine, le beurre, l'huile d'argan et les tissus.

La population comptait beaucoup de Juifs qui étaient pour la plupart des artisans. Les femmes de Hadecchis étaient célèbres pour leur beauté et les hommes pour leur jalousie.

La ville battait sa propre monnaie constituée de pièces d'argent. Elle ne payait pas d'impôts, ni de tribut d'aucune sorte. Les notables administraient la ville correctement et faisaient appliquer un droit coutumier pour assurer la concorde parmi les habitants. L'agglomération fut rasée par les Portugais en 1516 et les habitants, passés par les armes ou dispersés.

1.2.4. Eleusugaghen

Cette agglomération au nom "barbare" n'est autre que le bourg de Ida ou Izoukarn à Aït Baïoud dans la tribu des Ida ou Zemzam, situé donc à quelques 10 milles au sud de Adki. C'était une forteresse juchée au sommet d'une colline, peuplée de quelques 1 500 âmes. Le village était pauvre, mal administré, ne possédant, ni juge, ni homme de religion. Les habitants marchaient presque tous pieds nus, étaient ignorants, belliqueux, grincheux, tous armés de poignards courbés et de bâtons et pratiquant entre eux une vendetta impitoyable et meurtrière qui émut le prince saâdien Mohamed El Qaïm et le poussa à tenter d'instaurer un semblant de concorde parmi les habitants en ayant recours à l'arbitrage, dans les grandes querelles locales, de El Hassan El Ouazzan alias Léon l'Africain. Cet arbitrage se révéla inutile.

Les villageois étaient nonchalants, ne cultivant ni arbres fruitiers, ni légumes et se contentant pour leur subsistance de galettes d'orge et d'huile d'argan. Le miel était abondant et servait de produit de troc. Quant à la cire, elle était tout simplement jetée aux ordures. Il existait bien au centre du village une petite mosquée pouvant contenir une centaine de fidèles, mais elle était toujours vide, les hommes se souciant peu de pratiques religieuses.

1.2.5. Teiieut

Ce village est situé à 10 milles à l'est de Eleusugaghan. Il s'agit du bourg de Tiout sur l'Oued Qsob à Aït Ouadil. Le village avait une population de 1 000 personnes environ et était entouré d'une muraille en briques. Dans la région, on cultivait de l'orge qui était la base de l'alimentation, mais également la vigne et les arbres fruitiers, notamment le figuier et l'abricotier. Les habitants possédaient des troupeaux importants de chèvres qui étaient souvent agressés par des fauves.

Dans cette agglomération Léon l'Africain fut, comme on l'a vu, assiégé par deux lions.

1.2.6. Tesegdelt

Le site de cette petite ville de 3 000 âmes environ, qui se trouve à 12 milles au sud de Teiieut sur un nid d'aigle, correspond au Jabal Lalla Tseggedel, situé entre la tribu de Ida Ou Zemzam et celle de M'Tougga. Entourée de falaises, l'agglomération était d'accès difficile. Dans le voisinage coulait une rivière bordée de jardins potagers et d'arbres fruitiers notamment des noyers. Au centre de la ville était bâtie une belle mosquée somptueuse qui était fréquentée par des fidèles en grand nombre. Les habitants étaient riches et possédaient des chevaux. Ils étaient courtois, généreux, hospitaliers et d'une grande bravoure puisqu'ils combattaient les bédouins au lieu de leur payer un tribut. Ils emmagasinaient leurs récoltes dans des greniers collectifs et entretenaient un Cadi pour arbitrer leurs différends.

1.2.7. Taghtessa

Cette ville existe toujours à Ida Ou Zemzem sous son nom de Taghtessa. C'est également un nid d'aigle, auquel on parvient par un sentier en colimaçon. Elle est située à 14 milles de Tesegdelt. Léon l'Africain rapporte au sujet de cette agglomération le fait qu'elle fût peuplée de brigands de grands chemins et que dans ses environs abondait le sanglier.

1.2.8. Eitdeuet

Il s'agit là du plus gros bourg de la tribu des Aït Daoud de Haha. Il était situé à quelques 15 milles au sud de Taghtessa et avait une population d'environ 2 500 âmes. Le village était entouré de forêts épaisses où jaillissaient une multitude de sources d'eau fraîche.

La population juive, très importante, était composée essentiellement de familles d'artisans de toute sorte : bijoutiers, teinturiers, forgerons, etc. On racontait que toute la population avait été à l'origine juive, descendant ou ayant rapport avec le roi David. A l'arrivée de l'Islam une partie des habitants fut convertie à la nouvelle religion. Les personnes instruites étaient plus nombreuses qu'ailleurs à travers l'ensemble de Haha. La cité était un centre où résidaient et travaillaient plusieurs éminents jurisconsultes de la région. Notre voyageur fut frappé par la beauté des femmes d'Eitdeuet et la robustesse des hommes qui étaient courtauds et poilus.

1.2.9. Culeihat El Muridin

Il s'agit de Kalaât El Mouridin, correspondant soit à zaouia Sidi Abdelmoumen soit à Tameloukt dans la tribu de M'Tougga. C'était une forteresse accrochée au sommet d'une montagne et construite à la fin du

XVᵉ siècle par Omar Assaïaf, un brigand mystique qui se disait disciple de Mohamed Ben Souleiman El Jazouli et défenseur de sa mémoire. A la mort d'El Jazouli en 1470 – nous verrons plus loin le rôle qu'il eut dans la lutte contre la pénétration portugaise – Omar Assaïaf voulut prendre la relève du Cheikh et se présenta comme prétendant au titre de Commandeur des Croyants. Il infesta la "région de Haha" par ses incursions meurtrières, puis se retira à Culeihat El Muridin. Là, il fut assassiné par ses femmes. Un de ses neveux prit la relève. Il s'établit dans la forteresse dont il fit un repaire redoutable à partir duquel étaient organisées des razzias sanglantes vers tout le territoire environnant. Des arbalétriers, provenant de la forteresse, étaient constamment embusqués sur les chemins et tiraient sur quiconque se trouvait à portée de leur jet. Un jour, lors d'un déplacement dans l'Est de Haha, notre voyageur esquiva de justesse une fléchette qui lui était destinée. Les souvenirs terrifiants de Omar Assaïaf et de son neveu hantèrent durant tout le début du XVIᵉ siècle la "région de Haha".

1.2.10. Ighilinghighil

Ce bourg était situé à 6 milles au sud de Eitdeuet, au sommet d'une montagne dans un site inexpugnable. Il était peuplé d'environ deux milles âmes. Les artisans y étaient nombreux notamment les potiers qui fabriquaient une vaisselle en terre cuite vendue dans toute la "région de Haha". Orge, miel et huile d'argan étaient produits en grande quantité. Les habitants étaient braves. Ils étaient en lutte continue contre les Bédouins dont les incursions, constamment brisées, ne purent par conséquent jamais atteindre le village.

1.2.11. Tefethne

Il s'agit du port actuel de Tafadna, ou Tafelney, situé à quelques 35 km au sud de Mogador. L'auteur le plaçait à 40 milles à l'est de Ighilinghighil. Il constituait un excellent mouillage pour les petits bateaux qui pouvaient parfois remonter le cours de la rivière Igouzelan jusqu'à une certaine distance. Le trafic commercial était important. Le port était fréquenté par les commerçants portugais qui troquaient leurs produits contre des peaux de chèvre et de la cire. Cette activité mercantile faisait entrer des recettes, à partir de taxes et droits de douane, qui étaient réparties entre les habitants aptes à défendre la ville.

L'agglomération était entourée d'une muraille en pierres taillées et en briques. Elle avait une population d'environ 2 500 âmes, bien administrée, respectant la loi sur l'application de laquelle veillait un Cadi. Les habitants de Tefethne étaient pieux, aimables et honoraient le voyageur étranger par la mise à sa disposition d'une maison d'hôte. Ils possédaient d'immenses troupeaux de chèvres.

1.3. Principales montagnes de la "région de Haha"

Les montagnes de la "région de Haha" décrites par Léon l'Africain correspondent à trois zones montagneuses facilement repérables. Il s'agit de : la région Sud de Haha, la région d'Imi-N-Tanout et le Jabal Al Hadid dans le Chiadma.

1.3.1. Ideuacal

L'auteur décrit les premiers contreforts de l'Atlas c'est-à-dire la région Sud de Haha, couvrant aujourd'hui les tribus de Ida Ou Kazzou, Ida Ou Taghouma, Aït Tamar et Ida Ou Tanan. C'est ce qui correspond à peu près à ce qu'il appelle Ideuacal (Ida ou Iguel ?). C'était un territoire très peuplé mais où une partie de la population pratiquait le nomadisme. Les habitants se nourrissaient d'orge, de miel et de viande de chèvre. N'ayant aucune notion de couture, ils se drapaient dans des pagnes. Les femmes affectionnaient les bijoux en argent, ou en fer pour les moins riches. Les chevaux étaient rares et il était d'usage de ne jamais les ferrer. Dans cette zone montagneuse le gibier était abondant : lièvres, daims, antilopes, etc. mais personne ne s'en souciait. Les habitants étaient plongés dans une grande ignorance. Ils n'avaient ni juges, ni hommes de religion et étaient par conséquent de mœurs rudes.

1.3.2. Mont Demensera

Il s'agit de la région d'Imi-N-Tanout et des contreforts du Grand Atlas, à l'est du territoire actuel de Haha. Ce massif montagneux était dense en populations. Les habitants étaient rustres et belliqueux mais dominés par des seigneurs autoritaires et puissants. La population juive était très importante en nombre. L'eau était très abondante. On cultivait l'orge et le millet. Des mines de fer étaient exploitées en pleine montagne et constituaient une source importante de revenus pour la contrée.

1.3.3. Gebelelhadih

Ce nom n'est autre que celui à peine déformé de Jabal El Hadid, massif montagneux situé en plein centre de Chiadma. La montagne était couverte de forêts denses où coulaient d'innombrables sources. Elle produisait du miel et de l'huile d'argan mais peu de céréales.

Le massif était habité par un peuple religieux et foncièrement bon appelé "Regraga". Au sommet de la montagne il y avait des anachorètes qui vivaient de cueillette et prêchaient la paix entre les hommes. Les Bédouins venant du Nord harcelaient sans cesse les habitants. Excédés par leurs incursions et las de leur payer tribut, les Regraga levèrent une armée et l'organisèrent. Ils attirèrent les Bédouins dans les défilés montagneux et les écrasèrent définitivement. Les Regraga allaient fournir au Chérif saâdien Mohamed El Qaïm une armée de 12 000 hommes pour l'aider à combattre les envahisseurs portugais.

Remarque

Cette même "région de Haha" fut visitée trente ans plus tard par l'Espagnol Luis Del Marmol Carvajal qui nous en laissa, dans son célèbre ouvrage "Descripcion general de Africa", une description analogue en tout point de vue à celle de Léon l'Africain.

1.4. Les voies de communication

Au début du XVIe siècle les échanges commerciaux s'effectuaient au Maroc dans une direction principale sud-nord. Le Sud, à partir de Sijilmassa et de Marrakech, fournissait des produits tel que : épices, or, ivoire, esclaves, etc. Quant au Nord, à partir de Fès et de la côte méditerranéenne, il fournissait des produits manufacturés tel que : cotonnades, laines, huile, poteries, mercerie, cuir, etc. La situation, d'une part, des régions de peuplement relativement dense, foyers d'attraction de ce courant commercial, à savoir : le Souss, les territoires de Marrakech et de Fès, et d'autre part les régions sahariennes, imposait des déviations à ce courant sud-nord. Cette situation avait fini par fixer une configuration au réseau de communications terrestres de l'époque. Il était constitué de "routes" commerciales qui étaient en fait des pistes à peine frayées, parcourues par des caravanes à la vitesse maximale de 30 milles par jour.

Le réseau routier le plus important était celui centré sur Fès qui était relié à la côte méditerranéenne par quatre routes qui menaient respectivement à Ghissassa, Badis, Ceuta et Tanger. Fès avait des liaisons importantes avec Sijilmassa, le Tadla, Tlemcen et Salé. Un autre réseau s'était développé autour de Marrakech qui était en liaison avec le Souss, le Tadla, le Gharb, Sijilmassa et le port d'Agouz situé sur l'embouchure de l'Oued Tensift. Il existait également des itinéraires reliant les points d'échange sahariens.

Le site de Mogador se trouvait sur une route, reliée indirectement à Marrakech, qui partait d'Agouz et aboutissait à Sijilmassa après être passée par la région de Jabal El Hadid, le mouillage d'Amogdoul, les ports de Tafelney et de Massa et la ville de Tata. C'était une route de commerce importante chargée d'histoire mais constamment menacée, en ce début du XVIe siècle, par les envahisseurs portugais et leurs alliés, à l'instar d'ailleurs de la route Agouz-Marrakech. Elle fut empruntée par Oqba Ben Nafii à l'arrivée de l'Islam au Maroc ainsi que par Al Abdari, en 1289, à son départ pour l'Orient. C'était d'ailleurs l'itinéraire des pèlerins du Sud, qui se rendaient à la Mecque et qui, de Sijilmassa, faisaient route vers Tlemcen pour se regrouper là, avec les pèlerins qui venaient du Gharb. A Sijilmassa et au port de Massa elle rejoignait les grandes voies sahariennes qui allaient au Soudan.

Cette configuration du réseau de voies de communication terrestre allait rester quasiment invariable jusqu'à la fin du XVIIIe siècle lorsque le trafic maritime avec l'Europe se ferait presque entièrement à partir du nouveau port de Mogador qui devenait alors un pôle commercial dont l'influence considérable allait altérer le trafic intérieur et les itinéraires commerciaux.

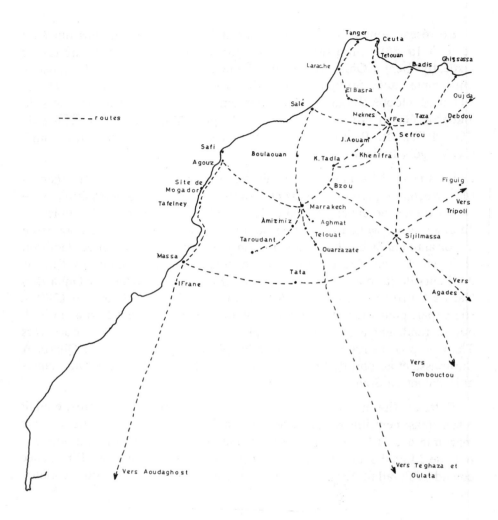

Les routes commerciales du Maroc au début du XVIe siècle

2. L'aventure portugaise

2.1. Les entreprises portugaises au Maroc

L'Espagne et le Portugal coordonnèrent sous l'égide du Saint Siège leur action de conquête par le traité de Tordesillas de 1494, qui fixa une zone d'influence en Afrique du Nord pour chacun des deux pays. La ligne de démarcation entre les deux zones passait par l'ancienne ville marocaine de Badis située en bordure de la Méditerranée. Les Portugais étaient libres d'agir à l'ouest de cette ligne, quant aux Espagnols ils eurent les mains libres pour intervenir à leur guise à l'Est de cette limite. En vertu de ce traité presque toutes les entreprises ibériques au Maroc furent le fait du Portugal.

Les entreprises portugaises au Maroc furent nombreuses. Elles étaient motivées par différentes raisons dont l'une des plus importantes était le désir de croisade et de poursuite de la Reconquête *(Reconquista)* sur les Maures de l'autre côté du Détroit.

Une raison économique poussait également le Portugal à vouloir s'aventurer sur les côtes du Maroc. Dans ce dernier pays, les Portugais trouvaient du blé dont manquait souvent la métropole sujette à des disettes fréquentes. Ils pouvaient s'y procurer de beaux chevaux et des étoffes en laine très prisées dans leur pays. Les eaux maritimes du Maroc étaient à cette époque très poissonneuses ; en créant des places fortes sur la côte marocaine, il était possible aux Portugais de développer la pêche, pour leur compte, notamment celle de l'alose dont ils étaient particulièrement friands.

Le simple désir de pillage des agglomérations situées le long de la côte était également pour beaucoup dans la motivation qui poussa les Portugais à l'assaut des rivages marocains.

Après avoir concentré leurs efforts sur le Nord du Maroc et conquis Ceuta, puis El Ksar Es Saghir en 1458, Azila en 1471 et Tanger en 1472, les Portugais allaient de 1486 à 1550 s'intéresser à la partie située au sud de l'Oum Er Rabia. Ainsi, en 1486 la ville d'Azemmour dut accepter la suzeraineté du roi du Portugal. En 1505 les Portugais procédèrent simultanément à la fondation de Castello Réal sur le site de Mogador et de Santa Cruz de Aguer à côté de l'actuel Agadir. Safi et Azemmour furent occupées respectivement en 1508 et en 1513. Par ailleurs, furent construites en 1514 la forteresse de Mazagan et en 1519 celle d'Agouz à l'embouchure de l'Oued Tensift (2).

---

(2) P. de Cenival et Th. Monod, *Description de la côte d'Afrique de Ceuta au Sénégal* par Valentin Fernandez (1506-1507), Paris, 1938.

En moins de vingt cinq ans ce chapelet de conquêtes allait s'effriter sous les coups de boutoir de la résistance menée par les confréries religieuses, les chefs locaux élevés au rang de moujahidin et le mouvement saâdien. Castello Réal fut évacué en 1512 et en 1541 Santa Cruz de Aguer fut prise d'assaut et occupée par le chef saâdien Mohamed Ach Cheikh. Après cette dernière défaite, les Portugais évacuèrent la quasi-totalité de leurs places-fortes ne gardant que Mazagan, Tanger et Ceuta.

Les forteresses portugaises avaient toujours souffert d'une pénurie en effectifs et de difficultés de ravitaillement dans la mesure où presque tout venait de la métropole. Pour pouvoir atténuer leurs ennuis et intervenir dans les affaires locales, les occupants usaient d'une politique d'alliance avec certains chefs régionaux, de tempérament opportuniste, tel le caïd des Abda, Yahya Ben Tafouft. Ils procédaient également à des incursions profondes à l'intérieur du territoire afin de se ravitailler et de tenir leurs troupes en haleine. Les places fortes avaient à leur avantage la supériorité de l'artillerie dont ne disposaient pas en général les assiégeants.

2.2. Les entreprises portugaises sur le site et dans la région de Mogador

Les Portugais s'installèrent en deux temps dans la région de Mogador. D'abord à Castello Réal et à Tafelney en 1506 puis à Agouz au lieu dit Souira El qédima à l'embouchure du Tensift en 1519.

2.2.1. La place-forte de Castello Réal

Sous le règne du roi du Portugal Manuel le Grand (1495-1521) furent lancées de grandes expéditions maritimes menées par Vasco de Gama qui doubla le Cap de Bonne-Espérance et découvrit la route des Indes en 1498, Pedro Alvares Cabral qui explora le Brésil, le Mozambique et l'Inde vers 1500 et Alfonso de Albuquerque qui assit la puissance portugaise en Inde dont il devint ensuite le vice-roi en 1508.

Sur la même lancée, le roi Manuel le Grand ordonna à Diego de Azambuja en 1506 de fonder une place-forte sur le site de Mogador : le Castello Réal (château royal). Cette forteresse eut sous son autorité une partie des pays Haha et Chiadma sur un rayon d'environ 17 km (3 lieues ibériques).

Les Portugais débarquèrent donc sur le site et montèrent des palissades en bois de sorte à former une enceinte close et fortifiée avec vigie et tours de garde afin de se protéger, car la réaction des habitants de la région n'allait pas tarder à venir.

Très vite des remparts en dur furent bâtis, remplaçant les éléments en bois, et des fortifications installées et armées. Le Castello Réal était construit sur l'emplacement actuel du port et de sa sqala et probablement d'une partie de la zone mitoyenne. Les petite et grande îles servaient sans doute de points de replis, les Portugais ne s'y étaient jamais établis d'une façon permanente. On retrouve encore aujourd'hui les vestiges de la forteresse, du côté de la mer sous les remparts de la ville.

Comme toutes les autres places-fortes lusitaines, Castello Réal était organisée pour se défendre et pour imposer sa suzeraineté sur la région. Une zone de parcours ou *campo* était délimitée tout autour du château-fort et englobait notamment l'Oued Qsob – appelé à l'époque : Assif Aït Ouadil (rivière des gens de la vigne) – qui alimentait en eau potable la place-forte grâce à un système d'adduction et de citernes de réserve qui sera conservé jusqu'à la fondation de la ville de Mogador en 1764. Le *campo* servait de pâturage au troupeau du fort, de lieu de détente pour les cavaliers et fournissait bois et fourrage. Il constituait une zone tampon entre la forteresse et le "territoire des Maures". Ce territoire était surveillé à partir de la tour de guet du fort. En cas de danger observé, les soldats dispersés dehors étaient avertis par un son de cloche, un tir de canon, un panache de fumée ou par un drapeau ou une manche à air hissée à un certain niveau, au mât de la place-forte (3).

Le premier gouverneur du Castello Réal fut son constructeur même, Diego de Azambuja, qui veilla donc sur les intérêts du Portugal dans cette région du Maroc entre 1506 et 1510. Le 12 mai 1510 il fut remplacé par Nicolau Da Souza. C'était sous l'administration de ce dernier que la forteresse fut évacuée en 1512. L'occupation du site par le Portugal dura donc seulement six ans, soit de 1506 à 1512. L'évacuation de Castello Réal était due au fait que la forteresse, constamment harcelée par les tribus de l'arrière-pays, était difficile à défendre (4).

---

(3) H. Terrasse, *Histoire du Maroc,* éd. Atlantide, Casablanca, 1949, t. I, p. 120.
(4) L'occupation portugaise ne faisait que se reporter plus au Nord. Ainsi, en septembre 1513 la ville d'Azemmour fut prise par le Duc de Bragance et au cours de 1515 ce fut le tour du site de la Mamora.

2.2.2. Tafelney

Au début du XVIe siècle Tafelney (ou Tafadna) situé à environ trente cinq kilomètres au sud de Mogador, à l'embouchure de l'Oued Igouzelan, était, comme aujourd'hui, un village de pêcheurs et d'agriculteurs. Les Portugais s'établirent sur ce rivage probablement en même temps que sur le site de Mogador. Tafelney possédait un mouillage sûr qui séduisit les envahisseurs. La colonie était installée sur le plateau qui domine le village et la rivière vraisemblablement pour des raisons défensives. La présence de grottes naturelles profondes, sur les falaises du bord de la mer donna en outre au site un intérêt stratégique qui n'échappa guère aux occupants. Ces derniers devaient utiliser ces cavernes comme lieux de stockage d'armes, de munitions et de vivres. Tafelney était d'ailleurs le point de départ d'expéditions militaires importantes. En effet, en 1511, une armée portugaise partit de Tafelney en direction de Marrakech dans le but d'occuper cette capitale par surprise. Les envahisseurs furent stoppés aux portes de la ville et repoussés. Sur le chemin du retour ils furent arrêtés à Tafetacht, en plein pays Chiadma, par les troupes du Chérif saâdien Mohamed El Qaïm, venu de Tednest, aidé en cela par les volontaires levés par les Regraga. Le prince Mohamed El Qaïm avait fait du village de Tednest, aujourd'hui disparu, et qui était situé, comme nous l'avons dit, à quelques 6 km au sud-est de l'actuel Tleta de Hanchène, sa capitale provisoire. Les Portugais, accablés par la fatigue et la chaleur furent battus et ils regagnèrent Tafelney dans le désordre. La même année le chérif vint débusquer les envahisseurs de Tafelney qu'il occupa sans coup férir.

2.2.3. Agouz (Souira qédima)

En 1519, Nuno Mascarenhas, gouverneur portugais de Safi, construisit la forteresse d'Agouz à l'embouchure de l'Oued Tensift. Les ruines de cette bastide sont encore visibles aujourd'hui au lieu dit "Souira qédima" à quelques soixante kilomètres environ au nord de Mogador (5).

---

(5) Brigadier général Vasco de Carvalho, la Domination portugaise au Maroc (1415-1769), éd. SPN, Lisbonne, 1942, p. 39.

Le site de Tafelney présentement

La bastide d'Agouz à Souira qédima à l'embouchure de l'Oued Tensift, appelée également "Souiria"

La forteresse est de structure très simple. Elle a la forme d'un rectangle d'environ 40 m x 25 m, flanqué de deux tours aux angles nord-ouest et sud-est qui devaient sans doute porter des canons. Elle est construite au bord des flots, de sorte à pouvoir être ravitaillée directement du côté de l'océan. Les murailles en pierres taillées sont renforcées à la base par un glacis en pente, conçu pour contrer l'assaut des vagues. Des légendes populaires entourent de mystère la construction de cette place-forte. Située à l'embouchure du Tensift, la forteresse était vraisemblablement destinée à superviser la pêche à l'alose qui devait être très active à cet endroit. La rivière Tensift était appelée d'ailleurs par les Portugais "rivière des aloses" et parfois d'une façon plus neutre "Rio d'Aguz".

Une armée de volontaires levée par les Regraga se mit à harceler le fort qui fut évacué en 1525, soit six ans après sa construction.

2.3. La résistance à la pénétration portugaise

La réaction des Marocains à la pénétration lusitaine fut, d'une façon générale, une réaction de résistance qui s'organisa spontanément et avec rapidité. Des noyaux d'opposition à l'occupation et à l'avancée des Portugais apparurent partout. Dans la région de Mogador, l'appel à la Guerre sainte *(jihad)* fut lancé par le mouvement jazouli qui supportait les chefs saâdiens, par les Regraga et par différents chefs de guerre locaux. Les martyrs et les héros de cette résistance étaient honorés et enterrés dans des mausolées en hommage à leur sacrifice. On peut encore voir ces sanctuaires de couleur blanche, appelés communément marabouts, s'égrener à l'horizon, le long du littoral, lorsqu'on parcourt la côte de Haha et de Chiadma.

2.3.1. Le mouvement jazouli

Le mouvement mystique jazouli était pour beaucoup dans la résistance à la pénétration portugaise. Son initiateur fut Sidi Mohamed Ben Souleiman El Jazouli né vers la fin du XIVe siècle dans le Souss au sein de la tribu des Jazoula ou Gzoula dans sa fraction des Ida ou Semlal. C'était un chérif patenté, sa filiation avec le prophète ayant été prouvée.

Mohamed Ben Souleiman El Jazouli apprit le Coran et s'initia aux sciences religieuses dans sa tribu d'origine. Puis il quitta le Souss et alla à

Fès où il se mit à étudier dans les médersa Es Safarin et El Halfaouin. Ses biographes affirment qu'il rédigea, à cette époque à Fès, son célèbre ouvrage écrit à la gloire du prophète *Dalaïl el khaïrat* qui est devenu le manuel de piété du monde musulman.

Sidi El Jazouli (c'est ainsi qu'on l'appelle) se rendit à Azemmour puis à Tit sur le littoral des Doukkala. Là, auprès de Mohamed Ben Abdallah, Cheikh des Chérifs idrissides Beni Amghar, il s'initia à la mystique Soufi du Chadilisme dont l'initiateur avait été Moulay Abdessalam Ben M'Chich du Jebel El Allam. Sidi El Jazouli excellait tellement dans la spiritualité et la mystique qu'il devint lui-même un qotb (pôle) en la matière et fonda ainsi son propre ordre le "Jazoulisme" qui est une restauration du Chadilisme. Il se rendit ensuite à Safi où il fit beaucoup de disciples. Son influence porta ombrage au gouverneur mérinide de la ville qui l'expulsa vers le sud. Il arriva dans la tribu des Chiadma en 1459 et s'installa parmi ses disciples à Afoughal, petit village situé exactement à l'emplacement de l'actuelle zaouia de Sidi Ali Ben Maâchou à 1 km au nord du Souq El Had du Dra. A cette époque, Sidi El Jazouli prêchait déjà la guerre sainte contre les Portugais qui commençaient à s'installer dans le Nord du Maroc. Il prêchait avec une telle foi et une telle conviction qu'il eut bientôt formé plusieurs milliers de disciples à travers toutes les tribus du Maroc.

Les Haha invitèrent le Cheikh à venir s'installer chez eux. Cédant à leurs instances, il élit domicile à Tazrout petit village de Naknafa. Jusqu'à sa mort à Afoughal en 1470, il dut partager son temps entre ses disciples de Tazrout et ceux d'Afoughal auprès desquels il continuait à prêcher la guerre contre les envahisseurs.

Commença alors une période rocambolesque dans l'histoire du jazoulisme. La dépouille mortelle du cheikh fut l'objet de disputes entre les Haha et les Chiadma. Après avoir été gardées par les Chiadma, les cendres du cheikh défunt furent enlevées en 1485 par les Haha et emmenés à Tazrout où elles eurent droit à une sépulture. Peu de temps après, les Chiadma vinrent en force enlever le cercueil contenant les restes de Sidi El Jazouli et l'emmenèrent à Afoughal où il fut mis sous terre. Le corps du Cheikh défunt resta en paix jusqu'en 1524 date à laquelle le Sultan saâdien Moulay Ahmed El Ardj le fit transférer en même temps que celui de son père Mohamed El Qaïm, mort en 1517, à Marrakech, où il eut droit au repos final dans un mausolée situé au quartier Riad El Aros.

Sidi El Jazouli cristallisa autour de sa personne, de son vivant, et autour de son nom, après sa mort, la lutte contre l'invasion portugaise et son influence fut des plus grandes dans la région de Mogador (6).

2.3.2. La résistance armée

A cette époque les Portugais avaient en la personne de Yahia Ben Tafouft, caïd des Abda, un allié inconditionnel. Il était dévoué à ses maîtres et les aidait à trouver des alliances, à conquérir des territoires et à effectuer des incursions à l'intérieur du pays.

En 1509, le gouverneur de Safi Fernandez Da Ataïda secondé par Lope Da Barriga constitua une armée de 5 000 fantassins et 200 arquebusiers à cheval. Yahia Ben Tafouft pouvait, quant à lui,, aligner une armée de 12 000 guerriers Abda. Les deux armées décidèrent d'entreprendre ensemble la conquête du Sud du Maroc.

El Brija (Mazagan) fut prise en 1509 et Tit en 1513. En 1514, une incursion fut lancée vers Marrakech avec 600 soldats portugais et 2 500 combattants de Abda. Le raid tourna court du fait de la résistance rencontrée ; les envahisseurs furent obligés de rebrousser chemin. En 1515, une armée de 4 200 hommes dont 400 Portugais fut lancée sur Tednest et Afoughal. Le Saâdien Mohamed El Qaïm qui menait la résistance dut évacuer Tednest qui fut occupée et rasée par les envahisseurs qui s'emparèrent ensuite d'Afoughal. Le prince saâdien tenta en vain de persuader Yahia Ben Tafouft de se désolidariser des Portugais, pour cela, il lui délégua pour le raisonner et le convaincre le fameux El Hassan Ben Mohamed El Ouazzan alias Léon l'Africain. Ce dernier rencontra l'allié des Lusitains à Safi en 1515 mais ne put obtenir de lui la promesse d'abandonner ses alliés chrétiens. En 1516, une incursion portugaise atteignit les Aït Zelten dans le Haha. La même année le gouverneur Fernandez Ataïda fut tué dans un combat avec une armée de 12 000 hommes levée par les Regraga et dirigée par Mohamed El Qaïm. Lope Da Barriga fut fait prisonnier et envoyé à Marrakech où il fut exécuté. Yahia Ben Tafouft subit le même sort lors d'un combat avec les résistants en 1519.

---

(6) Henri de Castries, « Les sept patrons de Marrakech », revue *Hespéris*, 1924, 3e trimestre. La région de Haha au XVIe siècle d'après Léon l'Africain

Après tous ces déboires le nouveau gouverneur de Safi Mascarenhas renonça à toute conquête et se tint sur la défensive. Les Portugais revinrent alors à la politique d'occupation de simples places-fortes sur le littoral. Le départ des Portugais du Sud du Maroc ne serait définitif qu'après la prise de Santa Cruz de Aguer en 1541.

2.4. Impressions

Les Portugais constatèrent à leur dépens que le Maroc était pour eux une terre ingrate où ils avaient beaucoup investi pour des résultats médiocres. Ce contact entre Chrétiens portugais et Musulmans marocains n'eut aucune conséquence dans les domaines intellectuel, culturel, artistique et économique concernant les deux pays. A Mogador, il ne reste plus rien du passage des Portugais. Le Castello Réal fut détruit et ses pierres furent utilisées pour la construction des Sqala et de la porte de la marine. Seuls témoins de la résistance populaire à la pénétration portugaise dans la région, restent les mausolées à la coupole blanche qui jalonnent le rivage entre le Cap Guir et le Cap Cantin et dans lesquels sont gardées les cendres des martyrs de cette guerre, devenus des Saints par la volonté populaire. Sidi Harraz, Sidi Kaouki, Sidi Yassine, Sidi Ishaq, etc. Ce sont là quelques noms de Saints, combattants parmi tant d'autres, bien connus dans la région et dont la plupart furent tués, en luttant contre les Portugais, et enterrés près de la côte.

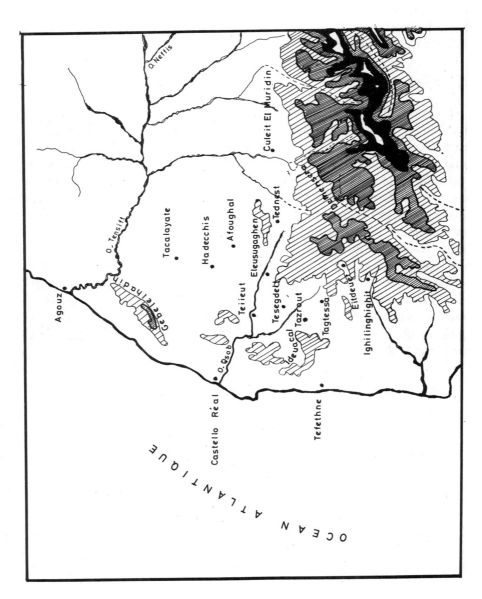

La "région de Haha" au XVIe siècle d'après Léon l'Africain

Les Portugais à Mogador 79

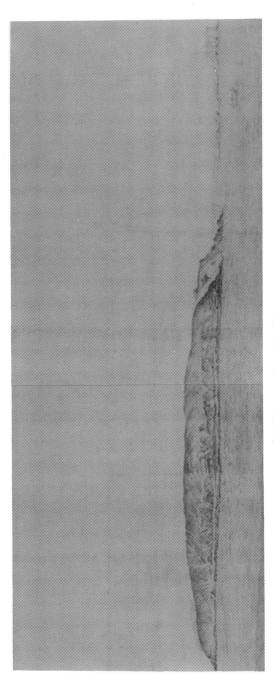

Cette image représente l'île de Mogador, vue du rivage, avec à droite, à l'emplacement actuel du port, le Castello Réal. La gravure originale est conservée à la bibliothèque de la Hofburg à Vienne en Autriche. Elle serait reprise à partir du dessin initial exécuté par l'artiste néerlandais Adries Matham, avant la construction de la ville de Mogador.

Chapitre IV

Le site et la région de Mogador de la fin du XVIe siècle au début du XVIIIe siècle

La période allant de la fin du XVIe siècle au début du XVIIIe correspond à une époque durant laquelle le site de Mogador ne présentait plus un intérêt économique ou stratégique pour les dynasties régnant sur le Maroc. Le "mouillage d'Amogdoul" devait être utilisé de temps en temps pour effectuer des opérations ponctuelles d'embarquement ou de débarquement, mais l'existence des ports d'Agouz à l'embouchure du Tensift et de Massa dans le Souss enlevait tout intérêt au site en question qui restait néanmoins un carrefour important sur la route joignant ces deux ports.

Une certaine fébrilité régnait cependant, à cette époque, dans l'arrière-pays et également le long des côtes de Haha et de Chiadma. Une vie politique et religieuse ainsi qu'une activité économique et maritime existaient dans la région objet de notre étude et méritent d'être analysées en détail.

1. La vie politique et religieuse

L'abandon, en catastrophe, de la côte de Haha et de Chiadma par les Portugais donna un prestige immense aux Regraga qui avaient été, durant toute la période de lutte contre l'occupation chrétienne, le fer de lance de la résistance armée à cette pénétration étrangère. La prépondérance des tribus du Jabal El Hadid était devenue réelle et devait porter préjudice à l'autorité des Sultans saâdiens. L'un de ces derniers Mohamed Ech Cheikh Essaghir (1636-1654) ayant voulu rétablir son autorité sur les Haha et Chiadma vint assiéger en avril 1641 le territoire de ces tribus. Les Regraga levèrent encore une fois l'étendard de la résistance et parvinrent à briser l'étau saâdien et même à faire subir aux assiégeants une défaite cuisante consolidant ainsi leur autorité et leur prestige.

Le rayonnement spirituel des Regraga connut son apogée au XVIIe siècle à l'avènement de la dynastie alaouite. L'ampleur de la dévotion à l'égard des sept Saints persistait depuis la victoire des Regraga sur les troupes de Mohamed Ech Cheikh Essaghir. Cette victoire fut fatale pour la dynastie saâdienne. A la même époque, le Sultan alaouite Moulay Ismaïl, qui venait de mettre fin aux activités de la zaouia de Dila et qui cherchait à étouffer chez les tribus la moindre velléité d'indépendance, prit ombrage d'une telle popularité des Regraga ; il décida alors de la contenir. Il résolut donc de créer de toute pièce un pèlerinage de sept Saints à Marrakech qui ferait pendant à celui des Saints de Regraga. Cette mission fut confiée à Hassan El Youssi l'ancien chef spirituel de la zaouia de Dila. El Youssi désigna les sept Saints de Marrakech (Sebaatou Rijal) et organisa un pèlerinage dont l'itinéraire passait par les tombes de ces vénérés personnages.

Ces sept Saints qui appartiennent d'ailleurs à des époques différentes sont connus. Il s'agit de :

– Qadi Ayad (XIIe siècle)
– Es-Souheili (XIIe siècle)
– Sidi Youssef Ben Ali (XIIe siècle)
– Sidi Bel Abbès Es Sebti (XIIIe siècle)
– Sidi Ben Souleiman El Jazouli (XVe siècle)
– Sidi Abdelaziz Et Tabba (XVIe siècle)
– Sidi El Ghazouani (XVIe siècle)

Le nouveau pèlerinage réussit au-delà de toutes les espérances mais jamais il ne réussit à éclipser totalement celui des Regraga (1).

2. L'activité économique : la sucrerie de Mogador

La canne à sucre que nous connaissons aujourd'hui comme étant une culture des pays tropicaux, était cultivée dans l'ancien Maroc. Cette plante, qui depuis des siècles suivit le lent mouvement migratoire de l'humanité,

---

(1) Henri de Castries, « Les sept patrons de Marrakech », revue *Hespéris,* 1924, 3e trimestre.

à partir de l'Extrême Orient s'acclimata au Maroc entre le IXe siècle et le début du XVIIe siècle, soit pendant une période de huit siècles. Elle pénétra au Maroc en même temps que l'Islam de sorte qu'on a pu dire que "la canne à sucre a suivi le Coran".

Si l'agronome arabe Abou Hanifa éd. Dinawari, à la fin du IXe siècle dans son livre *Kitab an Nabat* parla de l'existence de la culture de la canne à sucre au Maroc, El Oufrani dans son œuvre *Nouzhat El Hadi* fut plus précis et affirma que le Sultan Abou Al Abbas Ahmed El Mansour Essaâdi (1578-1603) établit, à la fin du XVIe siècle, dans le Haha un ensemble de plantations de canne et un pressoir pour fabriquer du sucre.

Nous devons à Paul Berthier auteur du livre "les anciennes sucreries du Maroc et leurs réseaux hydrauliques" toute une étude de grande qualité scientifique sur la culture de la canne et la fabrication du sucre au Maroc dans la période comprise entre la fin du IXe siècle et le début du XVIIe siècle.

Cette activité agro-industrielle concernait essentiellement les régions du Haouz, du Souss et de l'Oued Qsob dans le Nord de Haha. Dans le Haouz et le Souss elle était très ancienne et datait de la période Almoravide. Par contre celle afférente à l'arrière-pays de Mogador était contemporaine des Saâdiens et notamment de la période correspondant au règne d'El Mansour Essaâdi.

Les travaux de Paul Berthier ont mis à jour, entre 1948 et 1969, dans le Haha à Ida Ou Gourd, tout un réseau d'ouvrages hydrauliques et de canalisations, ainsi que des ruines correspondant à des restes d'une fabrique de sucre, ceci précisément dans la région du fameux marabout Sidi Brahim ou Aïssa, à proximité de la route Essaouira-Marrakech soit à environ 30 km de la ville. Ces ruines et restes d'ouvrages hydrauliques sont situés tout au long d'une portion de l'Oued Qsob.

2.1. Aperçu descriptif du site

L'ensemble agro-industriel de Ida Ou Gourd comprend :
– une zone de captage de l'eau ;
– un réseau de drainage constitué par des canaux ou ce qu'il en reste ;
– divers ouvrages hydrauliques : bassins, chutes d'eau, etc. ;
– les restes d'une fabrique de sucre ;
– des terres autrefois réservées à la culture de la canne.

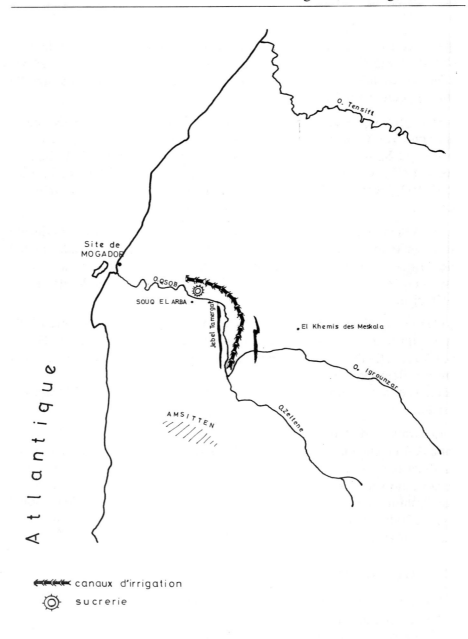

Implantation du réseau hydraulique et de la sucrerie de Oued Qsob

La source utilisée provenait de l'Oued Qsob. Le captage de l'eau et son drainage par des canaux vers les plantations et la sucrerie devaient se faire à l'intérieur des gorges du Tamerzakht au confluent des Oueds Igrounzar et Aït Zeltène. Les eaux étaient amenées sur l'emplacement des plantations au moyen d'ouvrages d'adduction dont des portions entières sont toujours visibles. Ces ouvrages comportent des restes de canaux ou séguias et des aqueducs parfois en excellent état appelés Qouas par les habitants. Nous citons à titre d'exemple les Qouas Aït Bou Jeddi, Qouas Ibehraten, Qouas Aougni, etc.

Ces restes d'ouvrages présentent une architecture souvent imposante comportant : des arches magnifiques de plus de 3 mètres de hauteur, construites en briques, des embryons de canaux de largeur intérieure de plus de 1,50 m, des citernes et des restes d'installations hydrauliques destinées à réaliser des chutes d'eau.

La construction, quand elle subsiste, est particulièrement soignée et révèle un haut niveau de technique d'adduction d'eau. Ce réseau hydraulique devait s'étaler sur environ 25 km, le réseau total concernant l'ensemble des plantations de canne du Maroc mesurait 150 km. Le réseau de Mogador représentait donc le sixième (1/6) de l'ensemble du réseau existant à l'époque dans tout le pays.

Ces constructions permettaient donc d'acheminer l'eau sur son lieu d'utilisation. On pense qu'elle servait à deux usages : l'entraînement des moulins de la sucrerie pour le triturage de la canne, et l'irrigation des parcelles réservées à la culture. L'étude de la région traversée par le réseau montre que les parcelles de culture de la canne se trouvaient dans l'Oulja de l'Oued Qsob à proximité du Marabout de Sidi Brahim ou Aïssa.

Les ruines de la sucrerie proprement dite sont appelées par les habitants : Sour Larbaâ ou bien Tassourt Taqdimt ou surtout Souira el Qédima.

Il y a lieu de remarquer qu'aux environs d'Essaouira, toutes les localités anciennes en ruine, portent le nom de Souira el qédima. C'est le cas par exemple de l'ancien fort portugais d'Agouz à l'embouchure du Tensift.

A côté de ces ruines et restes d'ouvrages, des débris de poteries et des moules de terre cuite destinés à fabriquer des pains de sucre ont été trouvés.

2.2. La fabrication du sucre

La qualité du sucre fabriqué dans le complexe agro-industriel était sans doute équivalente à celle du produit des autres sucreries du Maroc. D'après les écrits de l'époque saâdienne le sucre fabriqué était d'excellente qualité en tous les cas meilleur que celui que nous consommons actuellement dont, selon l'avis de certains hygiénistes, le raffinage est trop poussé.

Comme pour tous les complexes agro-industriels sucriers du reste du Maroc le caractère étatique de celui de Mogador ne fait aucun doute. En effet le makhzen, notamment saâdien, exerçait un droit éminent sur les sucreries et sur les plantations de canne, il en était donc ainsi pour le complexe de l'Oued Qsob qui se trouve d'ailleurs toujours sur un terrain forestier.

Pour ce qui concerne la main d'œuvre utilisée sur ce complexe, elle devait être composée d'environ 120 travailleurs. Ce chiffre a été estimé par des experts, pour le fonctionnement d'une sucrerie à six chaudières, comme celle du complexe en question, avec ses installations hydrauliques et ses parcelles de canne. Les travailleurs étaient en fait tous des esclaves noirs qui appartenaient au makhzen. On a retrouvé dans le voisinage du complexe de l'Oued Qsob les ruines d'un *Diour el abid* (logements des esclaves) et les restes d'un *Roudate el abid* (cimetière des esclaves).

Ces esclaves, comme nous l'avons déjà dit, appartenaient au makhzen qui les mettait à la disposition du concessionnaire ou gérant chargé de les surveiller et de les guider sur le plan technique. Dans les sucreries du Maroc les concessionnaires étaient des juifs ou des chrétiens européens au service du makhzen. Ce fut évidemment le cas pour le complexe de Mogador.

2.3. Aspects économiques

Dans un article paru sur la Revue africaine de 1862 A. Berbrugger, sur la base des écrits de Diego de Torrès auteur de *l'Histoire des Chérifs* (saâdiens), a estimé que la vente du sucre produit par l'ensemble des sucreries rapportait annuellement à l'Etat marocain au temps d'El Mansour environ 300 000 francs français de 1860. En valeur actuelle cela correspondrait à 80 millions de francs français soit l'équivalent d'environ 15 millions de dollars US (1995).

Sucrerie de Oued Qsob : le grand bassin de retenue, de dimensions impressionnantes. Lors de notre visite au lieu, deux équipes de football étaient en train de jouer sur l'aire du bassin

Sucrerie de Oued Qsob : autre bassin et mur d'enceinte

Les deux photos ont été prises à l'intérieur de la salle de concassage de la canne à sucre. On distingue très nettement sur le mur la trace laissée par la meule.

Rapportée au complexe qui nous intéresse, et qui représentait en installation le 1/6 de l'ensemble des complexes agro-industriels du Maroc, on peut, avec beaucoup de risque, estimer que les installations sucrières de Mogador rapportaient annuellement au Trésor saâdien l'équivalent de :

15 millions de dollars US (1995) x 1/6 = 2 500 000 dollars US (1995), soit environ 24 millions de dirhams (1995).

Ce calcul très acrobatique, et effectué sous toute réserve, est destiné à donner une idée approximative de ce que pouvait être le poids économique de ce complexe agro-industriel de Mogador.

2.4. Disparition de l'activité sucrière (2)

Aux environs de 1620 les activités sucrières du Maroc cessèrent d'exister. Les raisons de cet arrêt sont connues et sont multiples.

– Il y eut d'abord des causes politiques, matérialisées par l'anarchie qui s'abattit sur le Maroc à la mort du Sultan saâdien Ahmed El Mansour en 1603, et ne prit fin qu'en 1665, avec la prise du pouvoir par Moulay Er Rachid, le Sultan fondateur de la dynastie alaouite. Cette période de profond chaos vit l'ensemble des activités économiques de l'Empire, péricliter sérieusement.

– Il y eut également des causes économiques. En effet, la mise en valeur des nouvelles terres agricoles d'Amérique du Sud et des Caraïbes permit l'acclimatation de la canne à sucre dans ces contrées, et, par voie de conséquence, la naissance puis le développement d'une industrie sucrière. Le commerce triangulaire entre l'Europe, l'Afrique et l'Amérique, qui drainait entre les trois continents les produits finis européens, les esclaves noirs et les dérivés agricoles américains, permettait de rendre le sucre du nouveau monde compétitif sur les marchés européens.

– Il y eut probablement encore des causes naturelles comme l'épuisement des sols réservés à la culture de la canne et le dérèglement du régime des eaux des rivières dû à une augmentation de l'aridité.

---

(2) Paul Berthier, *les Anciennes sucreries du Maroc et leurs réseaux hydrauliques*, éd. MEN, CNRS, CURS, 1966., p. 271 à p. 281.

Moule de pain de sucre découvert dans la région d'Essaouira et ayant été utilisé dans la sucrerie saâdienne.

Dimensions : hauteur : 40 cm
grand diamètre extérieur : 24 cm
grand diamètre intérieur : 19 cm

Ces différentes causes, ajoutées les unes aux autres, eurent pour résultat la disparition de l'industrie sucrière du Maroc. La sucrerie de Oued Qsob cessa donc de fonctionner, au début de la deuxième décennie du XVIIe siècle, en même temps que les sucreries du Haouz et du Souss.

Remarque

Une tentative de ressusciter la culture de la canne à sucre eut lieu sous le règne du Sultan alaouite Mohamed IV Ben Abderrahman (1858-1873). Ce grand Sultan installa dans les jardins de l'Agdal de Marrakech une sucrerie équipée en matériel anglais et qui marchait à la vapeur. La canne à sucre destinée à cette installation aurait été cultivée dans l'Oulja de l'Oued Qsob. Cette tentative fut un essai, un simple essai, qui n'eut aucune suite.

3. L'activité maritime

Durant la période que nous étudions, la côte de Haha et de Chiadma eut ses travailleurs et ses brigands de la mer.

3.1. La pêche et le commerce maritimes

L'archipel de Mogador et les côtes nord et sud de l'arrière-pays étaient riches en poissons et les habitants de cette contrée s'adonnaient à la pêche par tradition et par nécessité. Les Saints des Regraga étaient d'ailleurs les protecteurs des pêcheurs.

Les villages de pêche s'égrenaient depuis le Cap Guir jusqu'à la rivière Tensift, certains sites, tel que Tafelney et les îles, étaient, entre autre, réservés à la pêche depuis les temps antiques.

Un artisanat de construction navale prospérait parallèlement à l'activité de pêche. Il était notamment basé dans le Sud de la côte de Haha.

L'idée de l'ouverture d'un port de commerce dans le "mouillage d'Amogdoul" germa probablement vers le début du XVIIe siècle. En effet, le Sultan Moulay Abdelmalek Es Saâdi (1618-1636) fils de Moulay Zidan et petit-fils d'El Mansour Es Saâdi, remarqua l'importance stratégique du site. Il décida de construire là un port, à partir duquel il pourrait commercer librement et autour duquel il consoliderait son royaume. Il fit venir en 1628, de sa capitale Marrakech, trente captifs chrétiens pour encadrer les ouvriers et esclaves affectés au chantier. Mais la peste qui sévissait à cette époque décima cette population de travailleurs. Dans cette période de troubles intenses, le projet fut abandonné, peut-être au profit de l'aménagement de la lagune de Oualidia entrepris par le Sultan éphémère Al Oualid Es Saâdi frère de Moulay Abdelmalek (4).

3.2. Les corsaires de Mogador

Le site eut ses corsaires au XVIe, XVIIe et XVIIIe siècle. Ils ne valaient certes pas ceux de Salé mais équivalaient largement aux pirates de la côte

---
(3) Mohamed Ben Saïd As Siddiqi, *Iqaz As Sarira*, Casablanca, 1961.
(4) Charles Penz, *les Captifs français du Maroc au XVIIe siècle (1577-1699)*, Institut des hautes études marocaines, Rabat, 1944, p. 34.

du Rif. Les rapports portugais parlaient déjà au XVIe siècle d'attaques en mer, à la hauteur du site, effectuées par de petits bateaux qu'ils appelaient des *zabras*.

3.2.1. La piraterie

Nous devons une description de la guerre de course à Mogador au XVIIe siècle, aux *Mémoires* de Germain Menat. Ce mémorialiste français fut pris par les corsaires de Mogador, en haute mer, à la fin du XVIIe siècle. Prisonnier, il n'eut d'autre choix que de s'intégrer aux écumeurs des mers locaux et de devenir donc pirate lui-même. D'après ces mémoires, les corsaires du site étaient équipés de façon sommaire. Ils utilisaient pour leurs opérations de course de petites barques pontées, faciles à manœuvrer, équipées de voiles et de rames. De leurs repaires, localisés dans les eaux situées entre l'île et le rivage et au voisinage de la petite île, ils attendaient le passage de navires de commerce. Des vigiles montés sur de petits bateaux à voiles naviguaient au large et signalaient tout mouvement pouvant intéresser les pirates à l'affût. Dès qu'un navire de commerce était signalé, les corsaires armés sortaient avec leurs barques pontées et se lançaient à la poursuite de leur proie. Au navire marchand rattrapé, ils donnaient l'abordage, le dépouillaient de ses marchandises et retenaient des captifs.

Le butin enlevé était partagé suivant une règle immuable :
– le raïs du navire pirate recevait 12 parts pour lui et ses marins ;
– les combattants recevaient chacun une part ;
– chaque blessé avait droit à 2 parts ;
– les familles des hommes tués recevaient chacune 3 parts.

Le personnel navigant de ces bateaux de course était constitué par des marins qui s'adonnaient ordinairement à la pêche, quant au personnel de combat, de loin le plus nombreux, il était recruté parmi les maraudeurs qui infestaient l'arrière-pays.

Cette activité de course décida les pays européens à réagir et déjà en 1615, Anglais et Espagnols envisagèrent la possibilité d'occuper le site de Mogador qui leur paraissait être d'un accès relativement facile et qui constituait, à leurs yeux, un point stratégique important. En 1629, la France de Richelieu projeta d'organiser une expédition contre les pirates et d'occuper l'île.

3.2.2. L'expédition de Razilly de 1629

Le chevalier Isaac de Razilly (1587-1635) était un proche de Richelieu qui lui avait confié le commandement de la flotte de guerre de La Rochelle. Il se distingua par divers actes importants comme celui d'avoir reconquis, au bénéfice de la France, la province Canadienne de l'Arcadie (1632). Il avait débarqué à Safi le 4 octobre 1624 en ambassadeur auprès du Sultan saâdien Moulay Zidan. Son Ambassade tourna court puisqu'il faillit rester prisonnier entre les mains du gouverneur de Safi.

Le chevalier de Razilly projetait de mettre fin à la guerre de course qui se déroulait au large des côtes atlantiques du Maroc. Il en fit part à Richelieu qui l'autorisa à monter une expédition contre les corsaires de Salé et à occuper l'île de Mogador, après en avoir chassé les pirates. Le chevalier de Razilly pensait, une fois l'île occupée, y construire un fort, et y laisser une centaine d'hommes avec une demi-douzaine de canons. Cette occupation mettrait fin à l'activité des pirates locaux et permettrait, à partir de l'île, de surveiller toute la côte atlantique située au nord du site. De Razilly organisa donc une expédition au cours de l'année 1629. Il constitua une escadre comprenant huit bateaux de guerre :

- La Licorne   commandé par De Razilly
- Le St Louis   commandé par De La Renardière
- La Renommée   commandé par Du Chalard
- Le Griffon   commandé par Treillebois
- La Catherine   commandé par De Jalesmes
- Le Hambourg   commandé par De Guitant
- La St Anne   commandé par Des Roches
- Le St Jean   commandé par La Selle

L'escadre bombarda Salé et détruisit trois bateaux de corsaires. Le navire de guerre "Le Griffon" placé sous le commandement de Treillebois fut envoyé en prospection à l'île de Mogador. Le Griffon atteignit l'île, l'équipage débarqua sans rencontrer de résistance. Treillebois constata que le rocher était indéfendable, n'avait ni sources, ni rivières, ni ruisseaux, ni arbres et ne pouvait, en conséquence, être utilisée comme point d'appui pour des expéditions futures vers la côte atlantique nord du Maroc. Il rembarqua ses hommes quelques jours après et rejoignit le chevalier de

Razilly qui était toujours au large de Salé. Le rapport de Treillebois décida de Razilly à abandonner la conquête de l'île (5).

Les pirates de Mogador donnaient asile aux vaisseaux des corsaires de Salé et même d'Alger. Charles Penz dans son livre *les Captifs français du Maroc au XVII* *siècle* signale que fin 1687 le navire algérien "Canari" trouva refuge au havre de Mogador. Ce bateau reçut même de l'aide, et des réparations furent effectuées sur sa coque. De même, en juillet 1688, le corsaire d'Alger, Al Bustanji, captura treize navires français en mer Atlantique et les amena au "mouillage d'Amogdoul". Là les bateaux des corsaires furent ravitaillés et carénés. Al Bustanji songea même à se retirer dans l'île, à fortifier ce rocher, et à résister au siège de l'amiral français Château-Renaud qui croisait en haute mer à la recherche des pirates barbaresques (6).

---

(5) Pierre Bach, *Petite histoire de Mogador*, Tapuscrit, La Source, Rabat.
François Charles-Roux, *France et Afrique du Nord avant 1830*, éd. Félix Alcan, Paris, 1932, p. 91 et p. 121.
(6) Charles Penz, *les Captifs français du Maroc au XVII* *siècle (1577-1699)*, Institut des hautes études marocaines, Rabat, 1944, p. 162 et p. 170.

Deuxième partie
La fondation du port impérial

Sidi Mohamed Ben Abdallah (1757-1790)
Fondateur de Mogador

Chapitre V
La fondation de la ville de Mogador

Entre 1760 et 1764 se produisit au Maroc un événement capital, de portée historique considérable et qui eut sur la destinée de ce pays ainsi que sur ses relations commerciales avec les nations européennes, de grandes conséquences : il s'agit de la fondation de la ville de Mogador par le Souverain alaouite Sidi Mohamed Ben Abdallah (1757-1790).

Une légende prétend que lorsque la construction de la cité fut achevée, le Sultan se rendit dans cette ville qu'il avait conçue, et procéda à une visite détaillée de tous les sites, monuments et lieux publics. Arrivé à la porte du hammam "Lalla Mira" qu'il s'apprêtait à visiter, il s'arrêta, se retourna vers sa suite et, ponctuant ses paroles à l'aide de sa canne, il prononça, à l'endroit de la ville de sa création, ces mots prophétiques restés célèbres :

« *Quiconque entre dans cette ville, pauvre, la quitte prospère. Car dans cette cité, la richesse arrive d'horizons lointains. Le croyant qui s'y éteint, meurt en martyr. Celui qui y exerce la tyrannie, périt par le fer. Sa submersion aura lieu un vendredi ou un jour de fête.* »

لي دخل هاذ المدينة فقير يخرج منها سعيد، لأن ارزقها جاي من بعيد، المومن فيها يموت شهيد، الطغي فيها يموت بالحديد، واغرقها يوم جمعة أو يوم عيد.

Voici donc pour la légende et les prophéties à la fois généreuses et redoutables qui l'accompagnent. Mais qu'en était-il de la réalité ? Quelles étaient les raisons qui poussèrent le Sultan Sidi Mohamed Ben Abdallah à créer un nouveau port et à construire une nouvelle cité ? De quelle manière les constructions avaient-elles été entreprises ? Ce sera l'objet de ce qui va suivre.

1. Les raisons de l'ouverture d'un nouveau port

Plusieurs raisons avaient été invoquées pour justifier la construction d'une nouvelle ville au bord de l'Atlantique.

Certaines sources prétendent que la création du nouveau port était justifiée par le fait, que le port fluvial de Salé, célèbre par ses corsaires, ainsi que celui de Larache, commençaient à l'époque à être ensablés par les alluvions apportées respectivement par les fleuves Bou Regreg et Loukos. Cet ensablement, ajouté à la barre, rendait ces deux havres inutilisables durant une grande partie de l'année. Pour les ingénieurs portuaires de l'époque, pareille situation devait être un casse-tête insoluble. Il fallait donc trouver un nouveau site capable d'abriter un port à partir duquel la course pouvait être reprise (1).

Les arguments développés ne sont guère convaincants. En effet, si l'ensablement des embouchures du Bou Regreg et du Loukos était réel, les ports de Salé et de Larache auraient connu chacun la situation qui est celle aujourd'hui de Narbonne dans le Midi de la France, c'est à dire un port situé à plusieurs kilomètres de la mer du fait de l'ensablement. Or ce n'est pas le cas. Par ailleurs, la fin du XVIIIe siècle avait vu la course péricliter pour disparaître avec l'avènement du XIXe siècle. L'avenir incertain de cette activité ne valait donc pas la peine de lui trouver un autre refuge de rechange.

Certains historiens pensent que, par la fondation d'un nouveau port dans lequel serait traité, sous le contrôle du makhzen, tout le commerce extérieur transitant au sud du Maroc, le Sultan voulait provoquer un changement radical dans les habitudes commerciales des nations européennes et espérait ainsi, tirer, grâce à cette situation, d'importants bénéfices pour le Trésor chérifien. La fondation de Mogador et l'obligation d'y transiter pour toute opération d'import-export, mirent un terme notamment au monopole de la compagnie danoise la *Banske Afrikankse Kompagnie* qui, depuis 1751, avait le monopole du commerce libre au Maroc depuis l'embouchure de l'Oued Oum Er Rabia jusqu'à celle de l'Oued Noun (2).

D'autres historiens expliquent la fondation de Mogador par la volonté du Sultan de mettre fin aux activités portuaires d'Agadir. Cette ville était en effet le débouché maritime du Souss, et cette province, souvent en état de rébellion ouverte contre le makhzen, était ravitaillée par des vaisseaux

---

(1) Daniel J. Schroeter, *Merchants of Essaouira,* Cambrige Universite Press, 1988, p. 12. Daniel J. Schroeter cite les affirmations de Ahmed Ben Al Mehdi Al Ghazal dans *Kitab natijat al ijtihad fi al muhadana wa-l-jihad.*
(2) Henri de Castries, « Le Danemark et le Maroc », revue *Hespéris,* 1926, 4e trimestre.

qui venaient accoster à Agadir. En outre, les roitelets locaux exploitaient ce port à leur seul profit sans que le makhzen en tirât le moindre bénéfice. Les dernières mésaventures du chef local Taleb Salah Ben Bihi, caïd du Souss, maître de son port, entré en rébellion contre le makhzen, battu par les troupes chérifiennes puis tué, décida le Souverain à fermer Agadir et à ouvrir un autre port sur la côte nord des Haha, destiné à supplanter pour toujours celui du Souss (3).

2. La fondation de la ville

Au début, le choix du Sultan se fixa sur l'embouchure de l'Oued Tensift pour créer un nouveau havre. Mais très vite il changea d'avis lorsqu'il découvrit la baie et les îles du "mouillage d'Amogdoul", lors d'un déplacement qu'il effectua le long de la côte atlantique au sud de Safi (4).

La tradition a conservé le nom d'un architecte français l'Avignonnais Théodore Cornut, comme celui de l'auteur des plans de la ville, des fortifications et du port de la nouvelle cité. Cette même tradition affirme que l'architecte en question résidait, à l'époque de la fondation, à Gibraltar. Il avait été au service du roi de France Louis XV et fut l'auteur des plans de fortification du Roussillon. Il n'était ni un captif, ni un renégat, mais avait été engagé librement par le Sultan fondateur pour entreprendre la conception et la construction de la nouvelle cité.

Cornut aurait proposé ses plans de la ville au Sultan. Il les aurait conçus sur le modèle de ceux de Saint Malo. Aucune source historique contemporaine ne rapporte cependant le nom de cet architecte. Les détails concernant son intervention sont notamment dûs aux témoignages du consul de France Chénier qui résidait à Rabat.

La même tradition à conservé également le nom d'un deuxième architecte "Ahmed El Alj", d'origine probablement européenne, qui aurait achevé la construction de la ville. Le nom d'Ahmed El Alj est inscrit, sculpté dans la pierre, sur le fronton de la porte de la marine.

---

(3) Mohamed Ben Saïd As Siddiqi, *Iqaz as Sarira*, Casablanca, 1961, p. 15.
Manuel P. Castellanos, *Historia de Marruecos,* éd. Bermejo, Madrid, 1946, chapitre 12.
(4) Henri de Castries, « Le Danemark et le Maroc », revue *Hespéris,* 1926, 4ᵉ trimestre.

La Porte de la Marine, reliant le port à la casbah. Sur le fronton on distingue nettement l'inscription précisant la date de la fondation de la ville.

Ahmed El Alj et Théodore Cornut pourraient fort bien être en fait le même personnage.

La construction de la ville, du port et des fortifications fut entamée dès 1760. La main-d'oeuvre était constituée par des hommes des tribus de l'arrière-pays et très probablement par des captifs européens, espagnols notamment, faits prisonniers à la suite de divers incidents entre l'Empire chérifien et le Royaume d'Espagne (5).

Les fortifications furent dressées à la Vauban, soit exactement sur le style de forteresses européennes, adaptées à l'armement existant, construites à la même époque. Les rues furent conçues droites, coupées par des portes et coudées à angle droit pour casser les vents alizés qui soufflent pendant une longue période de l'année sur la ville et sa région. Les rues secondaires sont étroites, comme dans toutes les médinas du Maroc, et les ruelles situées au voisinage de la mer sont souvent couvertes ce qui les maintient à une température agréable en toute saison.

Les travaux comprirent la construction des sqalas de la casbah et du port avec fortifications et batteries de canons espagnols, l'édification de la Porte de la Marine et des plates-formes donnant sur la mer et conçues pour la manutention des marchandises. Ils comprirent également la construction de l'enceinte des murailles extérieures ainsi que celle des remparts intérieurs entourant certains quartiers.

Enfin, divers logements, mosquées et lieux publics furent mis en chantier et les travaux les concernant furent menés parallèlement à ceux relatifs aux grandes composantes du chantier dans son ensemble.

3. Les constructions

Bientôt, sur le site, à portée de voix du Saint local Sidi Mogdoul, l'effervescence régna. Consuls, négociants, caïds, notables, tout le monde se mit à bâtir suivant le plan tracé par le makhzen. Moulay Idriss, le cousin du Sultan, était le responsable du chantier. Il distribuait les lots de terrain, faisait régner la discipline dans les constructions et veillait sur l'avancement des travaux (6).

---

(5) Manuel P. Castellanos, *Historia de Marruecos,* éd. Bermejo, Madrid, 1946, chapitre 12.
(6) Henri de Castries, « Le Danemark et le Maroc », revue *Hespéris,* 1926, 4e trimestre

La superficie intra-muros de sept hectares, assise sur la presqu'île rocheuse du site, fut entourée d'une muraille crénelée percée par quatre portes : Bab Al Achour, Bab Sebaa, Bab Marrakech et Bab Doukkala. Dans cet espace les grandes artères furent tracées et les quartiers délimités.

3.1. Le port et les fortifications

Les pierres de taille du Castello Réal portugais servirent à construire, la Porte de la Marine, les plates-formes portuaires et les deux sqalas.

– La Porte de la Marine constitue l'ouverture principale du port sur la cité. C'est une porte monumentale, surmontée d'un fronton triangulaire, de style grec, au milieu duquel est gravée l'inscription, devenue célèbre, précisant l'ordre donné, en l'an 1184 de l'Hégire, par le Sultan Sidi Mohamed Ben Abdallah, à son sujet Ahmed El Alj, de construire le monument en question. La porte donne accès sur un passage surmonté d'une coupole en forme de pyramide tronquée, de base carrée et recouverte de boiserie.

– La sqala du port est constituée par deux ailes fortifiées qui se coupent à angle droit. L'une, située derrière le fronton de la Porte de la Marine, surplombe le terre-plein et le bassin de radoub, l'autre, s'élève au dessus des magasins du port et fait face à l'archipel. Deux tours monumentales, flanquées chacune de quatre tourelles, dominent les fortifications et donnent à cet ensemble une allure imposante et grandiose.

– La sqala de la casbah, sise au nord-ouest de la ville, constitue la fortification principale de la cité, face à l'océan. C'est une forteresse composée principalement d'une immense plate-forme rectangulaire bordée de créneaux et d'une autre plate-forme circulaire en forme de bastion. A cet ensemble solidement fortifié s'ajoutent une trentaine de magasins, une citerne et divers locaux.

Les deux sqalas avaient été conçues et construites pour assurer la protection de la ville et de son port. A cet effet, elles furent armées grâce à un ensemble de pièces d'artillerie achetées en Espagne. Ces pièces sont des canons en bronze – dont le cuivre provenait du Mexique et du Pérou comme l'attestent les inscriptions portées sur le goujon – de 3,25 m de long, 150 mm de calibre et 450 mm de section extérieure à la culasse, conçues pour lancer à 1 500 m environ, des boulets de 10 livres. Elles furent fondues pour la plupart à Séville ou à Barcelone entre 1743 et 1782.

La sqala de la casbah avec sa batterie de canons.

La majorité de ces canons portent sur la partie avant supérieure du tube un nom incrusté par moulage.

Les canons identifiés par un nom se répartissent ainsi :
- Dans la sqala du port : Descarado, Corredor, Dobles, Elmarte, Antecesor, Glorioso, Alicante et Gerezano.
- Dans la sqala de la casbah : Antipara, Ayandante, Léal, Soriano, Goleta, Aguareno, Yradato, Cordero, Corajudo, Eltuga, Neron, Garapata, Hamilcon et Almanzor.

Une douzaine de pièces environ ne portent pas de nom.

Un Palais royal (Dar El makhzen), avec son Méchouar, fut édifié

Sqala de la casbah : magasins

derrière le port à l'entrée de la casbah. Celle-ci fut entourée d'une enceinte ayant trois portes. Deux bastions de protection furent construits et armés, aux portes nord et est de la ville.

Un fort dénommé "Fort de la poudre" (Bordj El Baroud), destiné probablement à l'emmagasinage des explosifs, fut également construit entre la porte Est de la ville (Bab Marrakech) et le mausolée du Saint local Sidi Mogdoul. Cet ouvrage fut détruit au début du XXe siècle. Son souvenir est perpétué par les gravures du XVIIIe et du XIXe siècle sur lesquelles il apparaît en même temps que le fort dit "portugais".

Pavillon de ce qui reste du Palais princier situé auprès de l'Oued Qsob.

3.2. Les édifices religieux

Les grandes mosquées furent construites à l'époque même de la fondation de la ville : la Mosquée de la Casbah fut élevée la première avec son minaret, ses dépendances, une médersa, des logements et des chambres pour étudiants. Le Sultan, fondateur dota cette mosquée d'une bibliothèque constituée par des manuscrits rares et d'une grande beauté, prélevés sur la collection de livres laissée par le Sultan Moulay Ismaïl à Meknès. Les mosquées Ben Youssef, Sidi Ahmed Ou Mohamad et Cherradi furent construites également au moment de la fondation de la ville, sur ordre du Sultan qui leur donna respectivement le nom de chacun de ses trois plus proches conseillers et confidents et qui étaient : Youssef Ben Mohamed Ben Nasser (devenu Ben Youssef), Ahmed Ben Mohamad et Ahmed Ben Abdallah Cherradi.

La Mosquée El Baouakhir fut construite un peu plus tard par le Gouverneur Kacem El Boukhari [7].

Dans ce qui suit nous allons procéder à une description succincte de l'aspect architectural des trois plus importantes mosquées.

3.2.1. La Mosquée de la Casbah

Cet édifice, comme son nom l'indique, est situé dans l'ancienne casbah, dans la partie Sud de la ville. Le plan d'ensemble de la mosquée est très régulier.

L'aire couverte par l'édifice forme un carré d'environ 30 m de côté, sa superficie avoisine donc 900 m^2.

L'oratoire est composé de :
– deux nefs latérales au nord et au sud d'une cour à ciel ouvert ;
– deux autres nefs parallèles au mur de la qibla ;
– une nef parallèle au mur opposé à celui de la qibla.

La cour intérieure est de forme carrée 9 m x 9 m environ. En son milieu coule une fontaine à ablutions.

Les entrées, mihrab, position du minaret, bibliothèque et autres dépendances sont repérables aisément sur le plan d'ensemble de l'édifice. Les plafonds et portes intérieures sont finement décorés.

---

[7] Mohamed Ben Saïd As Siddiqi, *Iqaz as Sarira,* Casablanca, 1961, p. 36.

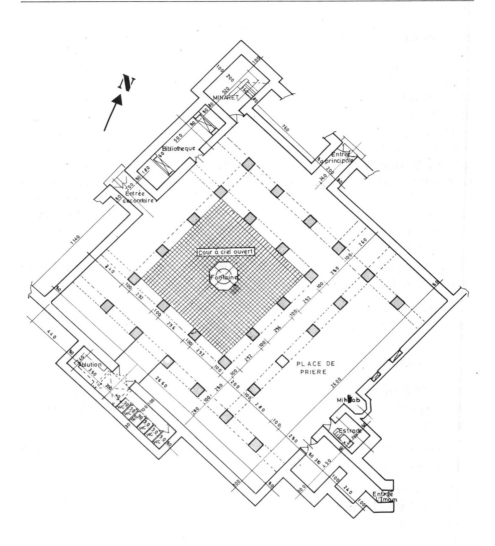

Mosquée El Casbah

La fondation de la ville de Mogador

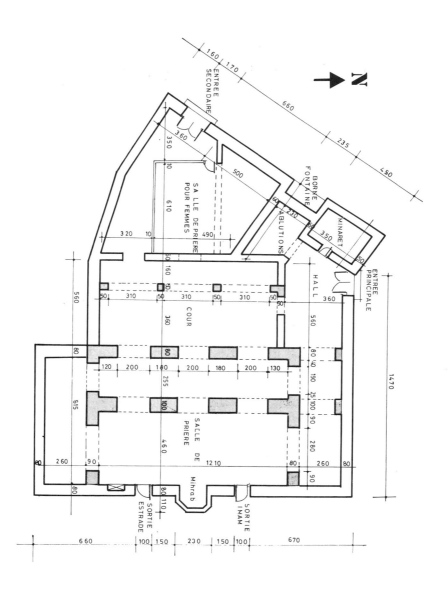

Mosquée El Baouakhir

3.2.2. La Mosquée El Baouakhir

Cet édifice est situé dans le quartier du même nom, dans la partie nord de la cité. Le plan d'ensemble de la mosquée est assez irrégulier. L'édifice forme un trapèze droit, de bases 15 m et 25 m environ et de hauteur quelques 20 m. Sa superficie avoisine donc 400 m².

L'oratoire est composé de :
– deux nefs parallèles au mur de la qibla ;
– une nef parallèle au mur nord ;
– une nef parallèle au mur sud.

Une cour intérieure d'environ 11 m x 2,50 m donne un certain recul à la salle de prière principale.

Les entrées, mihrab, position du minaret et autres dépendances sont aisément repérables sur le plan d'ensemble de l'édifice.

3.2.3. La Mosquée Ben Youssef

Il s'agit là de l'édifice le plus imposant et donc le plus important de la cité. Il est situé dans la partie sud-est de la ville, une grande partie de sa façade s'appuie aux remparts qui bordent le Méchouar et l'Est de la cité.

Le plan d'ensemble de la mosquée est assez régulier quoique les dépendances, constituées par des boutiques et surtout des logements, sont ici plus nombreuses que dans les deux précédentes mosquées.

La surface couverte par l'ensemble de l'édifice forme un trapèze droit accolé à un triangle droit ayant comme hypoténuse la petite base du trapèze.

Les dimensions sont environ les suivantes :
– Trapèze : grande base : 50 m
  petite base : 38 m
  hauteur : 40 m

d'où l'aire : 1 760 m²

– Triangle : hypoténuse : 38 m
  hauteur : 17 m

d'où l'aire : 323 m²

La fondation de la ville de Mogador 111

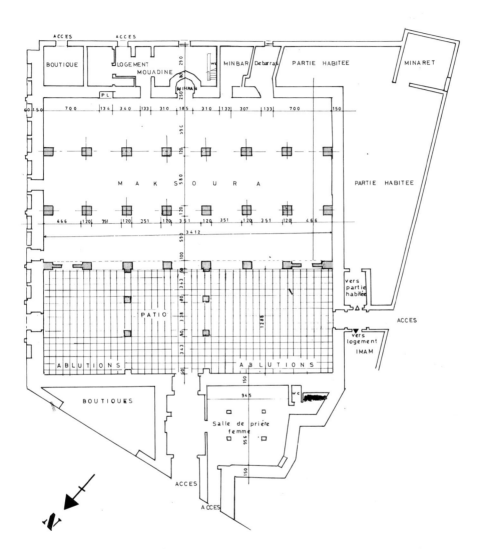

Mosquée Ben Youssef

La surface totale couverte par l'édifice peut donc être estimée à plus de 2 000 m², le calcul donnant quelques 2 083 m².

L'édifice est de même conception que la Mosquée Al Baouakhir mais à une échelle plus grande.

L'oratoire est composé de trois nefs parallèles au mur de la qibla. Un patio rectangulaire d'environ 35 m x 13 m donne un certain recul à la salle de prière. En son milieu coule une fontaine à ablutions.

Les différentes parties et dépendances de l'édifice sont repérables sur le plan. Les plafonds et portes intérieures sont peints d'une façon très fine.

L'architecture d'ensemble de la mosquée est assez imposante. Les portes d'accès sont majestueuses et leur arcade est taillée en biais. Le minaret domine par sa hauteur l'ensemble des constructions de la ville.

3.3. Les constructions diverses

Les quartiers commerciaux furent délimités et les boutiques construites. Des citernes furent creusées et maçonnées en certains points de la ville : Bab Marrakech, Souq Al Jadid, M'Salla, Sqala...

Des logements et entrepôts furent construits surtout dans la casbah. Ils étaient destinés à être loués aux commerçants, consuls et négociants étrangers qui allaient animer la vie économique de la cité.

L'île ne fut pas oubliée dans l'effervescence. Elle fut fortifiée à l'aide de quatre bastions de protection. Une mosquée avec son minaret et quelques logements y furent édifiés. Le village de Diabet eut sa part de constructions neuves, puisqu'il fut paré d'une mosquée flamboyante avec son minaret et diverses dépendances.

Très tôt, le problème de l'eau potable se posa avec acuité aux habitants de la ville récemment créée. Tout au début, les gens utilisaient l'eau de mer pour leurs besoins quotidiens et allaient puiser l'eau douce à l'Oued Qsob à quatre kilomètres des remparts. Le Sultan Sidi Mohamed Ben Abdallah chargea l'architecte Hadj Mohamed Souiri de résoudre le problème de l'alimentation de la cité en eau potable. L'architecte choisit la solution la moins coûteuse et qui était de remettre en service, après réfection, l'aqueduc portugais qui amenait l'eau de l'Oued Qsob jusqu'à Bab Marrakech où se trouvait une citerne portugaise. Cette solution permit d'alimenter la ville en eau. Les bénéfices tirés de la vente du précieux liquide allaient renflouer les caisses des Habous. Ce système d'adduction connut par la suite de graves avaries du fait sans doute de la vétusté des installations ce qui laissait la ville souvent privée d'eau pendant plusieurs jours. Le Sultan Moulay Abderrahman, dès sa proclamation en 1822, confia lui-même les travaux de réfection du système d'adduction d'eau de la ville à l'architecte Mohamed El Mazoudi El Marrakchi. Les réparations furent entreprises dans de bonnes conditions et l'alimentation de la cité reprit normalement (8).

Le Sultan fondateur voulant admirer d'une certaine distance la ville de sa création, fit rénover et agrandir une maison située au sud de la baie face à la grande île, qui avait été construite initialement par un commerçant de la région appelé Houban. Il la fit transformer en un palais d'été, vaste et richement décoré. Cet édifice allait devenir plus tard la résidence du Prince Moulay Abderrahman Ben Hicham (8).

Mohamed Ben Saïd As-Siddiqi rapporte dans son ouvrage *Iqaz As Sarira...*, qu'afin d'attirer les grâces divines sur la ville de sa création, le Sultan fondateur se procura un habit de la Sainte Kaaba et le déposa dans une maison de la sqala de la casbah. Il affecta également, à cette demeure, un groupe de personnes lettrées auquel il confia la mission permanente d'y lire le Coran tous les vendredi. Cette tradition de lecture du livre Saint se prolongea jusqu'au début du XXe siècle.

4. L'administration de la ville à ses débuts

Dès la fondation de la ville le Sultan désigna un gouverneur qui put veiller sur l'administration de la cité et surveiller la gestion du port et un cadi pour rendre la justice et propager les enseignements religieux. Sous le règne de Sidi Mohamed Ben Abdallah, Mogador connut cinq gouverneurs successifs :

– Hamdane Ben El Kahia ;
– Kacem El Boukhari : bâtisseur de la Mosquée El Baouakhir ;
– Ibrahim Ben Bihi El Hihi ;
– Omar Ben Taoudy ;
– Abdelmalek Ben Bihi El Hihi.

---

(8) *Ibid.*, p. 45.

Deux éminents cadis se succédèrent durant le règne du Sultan fondateur, il s'agit des cadis Ben Chekroun et Zerouk (9).

5. La dénomination de la ville

Si les Européens désignaient depuis le XIVe siècle le site puis la ville par le nom de "Mogador" dérivé du nom Mogdoul du Saint local, les Marocains ont toujours désigné la cité, depuis sa fondation, du nom de "Essaouira" (petit rempart ou petite image suivant que l'orthographe utilise l'une des deux consonnes arabes *Sin* ou *Sad*). Le nom berbère de Tassourt donne mieux l'image de "petit rempart".

La dénomination arabe de "Essaouira" fut probablement retenue par le Sultan fondateur pour l'une des raisons suivantes :
- désir de maintenir le nom déjà usité dans l'arrière-pays et porté par plusieurs sites anciens ;
- jumelage avec une petite ville irakienne qui porte également le nom de "Essaouira" ;
- traduction approximative, en arabe, du nom "Mogador".

A cet effet, André Jodin dans son livre "Mogador comptoir phénicien" analyse les noms de Mogador et d'Essaouira, ou Souira, et démontre qu'en fait les deux termes signifient étymologiquement la même chose. En effet, Essaouira est un diminutif du mot sémitique "Sour" qui veut dire "roche" et qui a donné Syros et Tyros. La ville phénicienne de Tyr (qui a donné tyran) se nomme aujourd'hui Sour (muraille en arabe). Syros a donné le nom Syrie. Si l'on considère le nom de Mogador, il est établi que c'est un dérivé de Mogdoul, nom du Saint local. Mais en analysant l'étymologie du vocable, on constate qu'il dérive du mot phénicien Migdol ou Mogdoul (MGDL) qui signifie un lieu fortifié, une tour et par extension une fortification ce qui sous-entend une muraille. On revient donc au point de départ : les vocables Essaouira et Mogador signifieraient en fait la même chose et seraient donc aussi anciens l'un que l'autre. Ce n'était donc pas un hasard si Mogador était devenu Souira, puis Essaouira, et que pendant deux siècles les deux noms furent usités, indifféremment, sans

---

(9) *Ibid.*, p. 26.

contradiction, comme aujourd'hui nous disons le plus normalement du monde "Dar El Beida" et "Casablanca".

La porte située au pied de l'horloge et qui donne accès à la casbah est surmontée d'un panneau en pierre sur lequel sont incrustées des inscriptions assez denses, en caractères arabes, dont nous donnons ci-après la traduction :

Au nom de Dieu Clément et Miséricordieux. C'est Lui notre refuge et notre meilleur défenseur. Que sa prière et son salut soient sur notre Seigneur Mohamed, sur sa Famille et sur ses Compagnons.

– C'est de Dieu que proviennent ma force, ma protection et mon énergie et je n'ai pour me défendre que sa Grandeur.

– Ô Dieu, Tu es mon garant et mon répondant et c'est à Toi que je me remets avec recueillement et humilité.

– Quiconque bénéficie du soutien de l'Envoyé de Dieu, les lions eux-mêmes, quand ils le rencontrent, demeurent silencieux dans leur fourré.

– Jamais un ami du Prophète n'est privé de son secours et son ennemi finit toujours par être brisé.

– Si le bonheur jette ses yeux sur toi, tu peux dormir en paix car les craintes ne seront plus que sentiments de sécurité.

— S'il se porte sur les Griffons, ils en seront fécondés, s'il observe les Gémeaux ils se transformeront en une paire d'yeux.

— Là sont le bonheur permanent et la grandeur éternelle, mais aussi l'accomplissement des désirs et l'atteinte de la satisfaction.

— Là le bonheur restera allié à la sécurité tant que la nuit succédera au jour.

Ce havre, bienheureux, fut édifié en l'an 1178 de l'Hégire sur ordre de notre Seigneur Commandeur des croyants, fils de notre Seigneur Commandeur des croyants le Grand Chérif et Imam Sidi Mohamed fils de notre Seigneur Abdallah, puisse Dieu perpétuer sa gloire et son bonheur. Amen (10).

---

(10) *Ibid.*, p. 17.
Ci-après le texte arabe :

باسم الله الرحمن الرحيم. وهو حسبنا ونعم الوكيل وصلى الله على سيدنا محمد وعلى آله وصحبه وسلم تسليما.

وما لي إلا ستره متجللا	فبالله حولي واعتصامي وقوتي
عليك أعتمد ضارعا متذللا	فإنك أنت الله حسبي وعدتي
إن تلقه الأسد في آجامها تجم	ومن تكن برسول الله نصرته
به ولا من عدو غير منقصم	ولن ترى من ولي غير منتصر
ثم فالمخاوف كلهن أمان	وإذا السعادة لاحظتك عيونها
وارصد بها الجوزاء فهي عينان	واصدم بها العنقاء فهي حبائل
وبلوغ ما تهوى النفوس وترتضي	سعد يدوم ورفعة لا تنقضي
مادام مكث أسود في أبيض	وسعادة مقرونة بسلامة

أمر بناء هذا الثغر السعيد مولانا أمير المؤمنين ابن مولانا أمير المؤمنين الشريف الجليل الإمام سيدي محمد ابن مولانا عبد الله أدام الله علاه وسعادته أمين عام 1178.

Chapitre VI
Le peuplement de la cité

La ville de Mogador, ayant été construite ex nihilo, dans le but bien précis de drainer tout le commerce avec le Sud du Maroc et le Sahara et de devenir par la suite le seul port où le commerce international était autorisé, il fallait la peupler de sorte que la population installée fût à même de parvenir à l'accomplissement de la tâche qui lui était dévolue. Le peuplement de la ville fut donc entrepris d'une façon tout à fait particulière. Chacune des trois communautés (musulmane, juive et européenne) entrant dans la composition de la population de la ville, fut regroupée dans la nouvelle cité d'une façon originale.

1. La population musulmane

Le premier objectif qui était fixé par le makhzen en ouvrant le nouveau port au commerce international était de consolider son autorité dans la nouvelle cité. D'où la nécessité d'installer des contingents militaires.

1.1. Les contingents militaires

Ces contingents étaient destinés à peupler la ville en s'y installant définitivement, et à être immédiatement mobilisables en cas de nécessité. Il s'agissait donc de véritables citoyens soldats qu'on fit venir dans la cité. An Naciri dans Al Istiqsa avance le chiffre de 2 500 hommes du contingent qui s'étaient installés à Mogador au temps du Sultan Sidi Mohamed Ben Abdallah. Ce chiffre n'inclut pas évidemment les familles des soldats.

– Le contingent militaire le plus important était constitué par les soldats noirs ou Abid El Boukhari. Une source anglaise révèle qu'en 1793 il y avait environ 1 800 soldats noirs dans la cité (1).

– Le deuxième groupe de citoyens soldats était formé par les gens d'Agadir susceptibles de porter les armes. Ce groupe faisait partie des "Ahl Agadir" obligés par le Sultan à quitter leur ville et à venir s'installer à Mogador et ceci dix ans après la fondation de la nouvelle cité. Une source diplomatique française estimait à 500 familles les déplacés d'Agadir (1).

– Le troisième groupe d'immigrés immédiatement mobilisable et pouvant porter les armes était constitué par les Bani-Antar. On connaît peu de chose sur leur identité et encore moins sur leur lieu d'origine. Il s'agissait très probablement d'une tribu hilalienne venant du Sud du Maroc. En 1864, on compte chez les Bani Antar : 50 marins, 178 artilleurs (Tabjiya) et un corps d'infanterie de 163 soldats (1).

– Le quatrième groupe de ces véritables miliciens était celui des Alouj. Ces soldats d'origine européenne ou turque étaient arrivés avec les premiers groupes d'immigrants. Ils eurent pour rôle de construire les forteresses et de manier les canons.

En 1790, le voyageur italien Romanelli estimait à 200 le nombre des Alouj en service dans la cité.

Léon Godard dans son livre *Description et histoire du Maroc* rapporte qu'au temps du Sultan fondateur, un mercenaire français du nom de Boisselin « fils d'un chapelier parisien commandait à Mogador une troupe de deux cent cinquante renégats français ».

– Le cinquième groupe comprenait des soldats d'élite envoyés par le Sultan Sidi Mohamed Ben Abdallah de Fès pour renforcer la défense de la ville. Il s'agissait d'une cinquantaine de soldats ou "rumat" (2).

Ces citoyens soldats laissèrent leur marque dans la composition sociale de la ville. Des quartiers portent encore le nom des différents contingents :

---

(1) Rapporté dans *Merchants of Essaouira* de Daniel J. Schroeter, p. 12.
(2) Mohamed Ben Saïd As Siddiqi, *Iqaz As Sarira*, Casablanca, 1961, p. 22.

quartier Bouakhir, quartier Bani Antar, Derb Ahl Agadir, Derb Al Alouj. Ces quartiers étaient les lieux d'habitation initiale des différents groupes.

1.2. Les tribus

Plusieurs tribus du Maroc furent représentées par des immigrés venus s'installer dans la nouvelle cité, attirés par le gain ou désireux de tenter leur chance dans cette gigantesque entreprise qu'est l'ouverture d'un nouveau port.

On vit venir du Souss des familles entières des tribus Chebanat, Masguina, Manabha, Adouar. De l'Anti-Atlas vinrent les Rahala, du Nord du Maroc se déplacèrent des Jbala pour occuper tout un quartier de la ville.

Les circonstances de déplacement de toutes ces populations ne sont pas très connues. Certaines populations furent transférées en masse sur ordre du Makhzen, d'autres, sans doute les plus nombreuses étaient venues de leur propre gré en quête d'une nouvelle vie comme nous l'avons dit précédemment (2).

1.3. Les Haha et Chiadma

En dépit de la grande variété des entités déplacées, l'élément de peuplement le plus important avait été dès le début, constitué par les populations de l'arrière-pays à savoir les Haha et Chiadma.

L'installation d'une colonie importante originaire de l'arrière-pays, et qui augmentait de jour en jour, permit de dynamiser la vie économique quotidienne de la ville par l'instauration d'un courant d'échanges commerciaux entre la cité et sa campagne environnante. Des caravanes parcourant de petites distances, allaient et venaient chaque jour entre la ville et son arrière-pays drainant dans la cité : bois, céréales, légumes, huile d'argan et d'olive, chaux, œufs, miel, viande sur pied, etc. et ramenant dans le sens inverse les produits artisanaux et d'importation tels que le thé, le sucre, les bougies, etc.

L'élément de population des Haha et Chiadma finirait par devenir prédominant et prépondérant à tel point qu'au XIXe siècle et au début du XXe l'imam de la Mosquée de la Casbah était toujours de Haha et celui de la Mosquée Ben Youssef de Chiadma. Seul l'imamat de la petite Mosquée des Baouakhir revenait à un Souiri issu d'une autre origine.

1.4. Les artisans

La plupart des artisans, dans leurs grands corps de métier, étaient originaires de Marrakech. Certains étaient originaires de Taroudant et de Demnat. Leur installation dans la ville eut lieu en même temps que celle des populations précédemment citées.

Avec ces artisans arrivèrent les confréries religieuses telles que les Aïssaoua, Hamadcha, Ghazaoua, Darqaoua, etc. avec leur rituel musical et leurs zaouïas qui ne tardèrent pas à se faire construire. La confrérie des Gnaoua fut créée très probablement par les soldats noirs des premiers contingents militaires implantés dans la cité.

1.5. Les ouléma

Le Sultan Sidi Mohamed Ben Abdallah voulait faire de Mogador non seulement un port de commerce mais également une cité de civilisation musulmane, comme les villes impériales traditionnelles. Il décida d'envoyer des ouléma de grand renom, s'installer dans la nouvelle cité.

L'historien Ad Douaef rapporte que des ouléma de Fès furent gratifiés de sommes importantes d'argent pour s'installer dans la nouvelle cité. De même des ouléma de Marrakech, du Souss et de l'arrière-pays furent invités à s'établir dans la ville.

Ce fut de cette manière que des chaires de sciences islamiques furent créées dans les grandes mosquées de la ville et animées par des savants émérites. Des médersat furent construites au voisinage ou dans les dépendances des grandes mosquées pour loger les étudiants.

1.6. Les grands commerçants

Le makhzen encourageait également l'installation de grands commerçants de certaines villes et régions du Maroc connues pour leur tradition mercantile. Parmi les premiers négociants ainsi déplacés il faut citer :
- de Tétouan : Mokhtar Ben Azzouz, Moulay At Taï Al Qadiri, Ahmed Al Labadi et Mohamed Raghoun ;
- de Fès : Abderrahman Al Labar et Bouhillal Al Fassi ;
- de Marrakech : Mohamed Al Ouarzazi ;
- du Souss : Mohamed Toufalaaz.

Pour rendre attractive la vie qui attendait ces commerçants, le Makhzen leur fit construire des maisons spacieuses à la casbah, leur accorda des crédits pour lancer leur commerce et leur octroya des abattements avantageux sur les droits de douanes.

Ces commerçants feraient partie de cette élite mercantile, au même titre que les grands commerçants juifs, que constituent les "Tojar As Soltane", les négociants de l'Empereur.

Commerçants et ouléma allaient apporter également avec eux leur particularisme spirituel à savoir les confréries religieuses bourgeoises : tijanya, qadirya, nacirya et plus tard kettania, etc. avec mausolées et rituels.

2. La population juive (3)

La communauté juive du Maroc allait jouer un rôle d'une extrême importance dans le peuplement de la ville. Il y eut différentes catégories de Juifs qui s'installèrent dans le nouveau port sur l'instigation du makhzen.

2.1. Les Juifs d'Agadir

Les premiers commerçants juifs qui construisirent leurs maisons dans la cité furent ceux en provenance d'Agadir à la suite de la fermeture de ce port au commerce international. Cette immigration fut assez timide, la plupart des maisons construites n'étaient pas occupées définitivement par leurs constructeurs. Le Makhzen décida alors d'une autre politique.

2.2. Les premiers grands commerçants : les Tojar As Soltane

Le Sultan Sidi Mohamed Ben Abdallah utilisa une technique judicieuse pour installer les commerçants juifs dans le nouveau port : il choisit dix familles juives riches, rompues au commerce, dans différentes villes de l'Empire et les invita à envoyer chacune un membre de la famille exercer

---

(3) Cf. Jean-Louis Miège, *le Maroc et l'Europe*, 4 vol., PUF, Paris, 1961.
– Manuel P. Castellanos, *Historia de Marruecos*, éd. Bermejo, Madrid, 1846.
– Daniel J. Schroeter, *Merchants of Essaouira*, CUP, 1988.
– Mohamed Ben Saïd As Siddiqi, *Iqaz As Sarira*, Casablanca, 1961
– Ahmed Ben Al Hadj Ar Ragragui, *Achoumous Al Mounira*, Rabat, 1935.

son métier de commerçant dans la nouvelle cité. Les familles sélectionnées furent :
- de Safi : familles Sumbal et Chriqui ;
- de Marrakech : familles Corcos et De la Mar ;
- d'Agadir : familles Aflalo et Pena ;
- de Rabat : familles Levy-Yuly, Levy-Ben Soussan et Anahori ;
- de Tétouan : famille Aboudarham.

Les membres désignés de ces familles furent donc les pionniers du commerce international. Ayant bien réussi, ces commerçants d'avant garde furent suivis par d'autres marchands juifs, et nous citons les membres des familles suivantes :
- de Safi : famille Merran ;
- de Marrakech : famille Ouaknine, Sebag et Pinto ;
- d'Agadir : famille Guédalla ;
- de Tétouan : familles Hadida et Israël.

L'ensemble de ces négociants bénéficiaient des avantages attachés à leur qualité de "Tojar As Soltane" au même titre que leurs confrères musulmans. Ils prirent en main le commerce extérieur et établirent des relations commerciales avec les ports européens de la Méditerranée et notamment le port de Livourne en Italie dont le commerce est entre les mains de riches juifs européens. Des négociants de Livourne vinrent même s'installer au début du XIXe siècle à Mogador : ce fut le cas de la famille Aqrich. Un courant d'échanges commerciaux et même culturels s'établit avec les ports les plus importants de la Méditerranée et de l'Europe occidentale tels que Londres et Amsterdam.

2.3. Les Juifs d'Algérie

Les Juifs d'Algérie ne restèrent pas indifférents aux avantages accordés aux "Tojar As Soltane". Quelque uns d'entre eux vinrent s'installer à la fin du XVIIIe siècle dans la nouvelle cité. Tel fut le cas des familles Cohen-Solal et Boujnah.

2.4. Les Juifs d'Europe

Les liens commerciaux tissés avec l'Europe par commerçants israélites interposés furent tels que des négociants juifs européens vinrent s'établir dans le nouveau port pour pratiquer leur métier.

Ce fut ainsi que la famille De Lara d'Amsterdam s'installa à Mogador vers la fin du XVIIIe siècle.

2.5. Les négociants juifs de l'intérieur du Maroc

Les besoins du commerce extérieur firent que des liens étroits et continus furent établis entre les exportateurs de Mogador et les commerçants de l'intérieur du Maroc. Parmi ces derniers il y avait des Juifs prospères qui à leur tour vinrent s'installer dans la cité afin de veiller sur leurs intérêts sur place. Ce fut le cas des familles Afriat et Ohayon.

2.6. Les artisans et petits commerçants

Une partie de ces immigrés issus des différentes catégories que nous venons de citer, allaient s'intégrer dans l'élite constituée par les "Tojar As Soltan".

Une mention particulière doit être faite sur tous les autres juifs, non compris dans cette élite, et qui vinrent s'installer dans la nouvelle cité à la fin du XVIIIe siècle et au début du XIXe. Il s'agit des différents artisans, petits commerçants et travailleurs venus de l'ensemble du Maroc et notamment du Sud attirés par la prospérité du nouveau port. Ces immigrés, dynamiques dans leur majorité, seraient à l'origine des différents corps de métier qui allaient prospérer à Mogador et dont le plus important et le plus prestigieux, le corps des bijoutiers, serait à l'origine d'un artisanat unique en son genre.

3. La population étrangère

La population étrangère qui s'établit dans la ville dès sa construction était constituée de négociants européens et de représentants de firmes commerciales d'Europe qui vinrent s'installer d'eux-mêmes.

Les consuls et commerçants européens vivant à Rabat et à Salé furent invités, par une lettre du Sultan de janvier 1765, à venir s'installer dans le nouveau port. Le premier agent consulaire qui répondit à cette invitation fut Barisen le consul du Danemark qui vint s'établir à Mogador en février 1763 (4).

---

(4) Jean-Louis Miège, « Entre désert et océan », revue *Maroc-Europe,* n° 4, 1993, p. 48.

Les firmes étrangères qui se trouvaient à Agadir et à Safi déplacèrent leurs représentants dans la nouvelle cité. Les premiers qui s'installèrent furent les Gênois ensuite les Espagnols et les Portugais en 1780 ; puis ce fut le tour des Français, des Anglais, des Hollandais et des Danois.

Ces commerçants, ayant habité tous à la casbah organisaient leur vie autour des consulats européens. Ils créèrent un tribunal de commerce appelé *el commercio* pour régler les différends qui pouvaient surgir entre eux.

Le Sultan promit à ces négociants étrangers, à titre de compensation au déménagement, de leur accorder des exemptions et des rabattements douaniers. Ces promesses ne furent pas toutes scrupuleusement tenues dans leur intégralité. Le Souverain s'était rendu compte du montant important des pertes financières qu'aurait à subir le trésor public s'il accordait exemptions et rabais d'une façon inconsidérée. Il pratiqua donc une politique plus réaliste dont le but, légitime d'ailleurs, était de faire entrer le plus d'argent possible dans les caisses de l'Etat.

D'autres Européens allaient venir plus tard : banquiers, missionnaires, hôteliers, aventuriers, etc. Après la fermeture définitive du port d'Agadir en 1773, Mogador devint le seul port où le commerce international était autorisé.

Toutefois, de tous les groupes venus s'établir dans la ville, celui qui allait devenir le plus important et le plus influent est celui constitué par les Juifs (5).

---

(5) Comme on le voit le peuplement de Mogador s'était fait par des apports de populations de différentes régions de l'Empire et leur installation dans la nouvelle cité.
A la même époque eut lieu un autre déplacement de populations mais cette fois-ci dans le sens inverse. En effet, au cours des années 1772 et 1773 le Sultan Sidi Mohamed Ben Abdallah ordonna l'émigration de certaines tribus de la confédération des Chiadma vers l'arrière-pays d'Azemmour. Ce déplacement était dû à des raisons de politique de recherche de la paix et de la concorde entre certaines tribus vivant à l'ouest de Marrakech et notamment entre les Ouled Bou Sebaa et les Chiadma. Les populations déplacées laissaient des territoires vides qui allaient constituer une zone tampon entre les Ouled Bou Sebaa et ce qui restait des Chiadma.

4. Impressions

Cette expérience de peuplement d'une ville créée ex nihilo, par la volonté du Sultan Sidi Mohamed Ben Abdallah est unique en son genre et rares sont, dans l'histoire de l'humanité, les cas analogues à celui de Mogador.

Repérer un site, y créer un port puis, une ville, peupler cette dernière en ayant recours au déplacement et à la fixation volontaires d'une population préalablement sélectionnée, puis définir les tâches et les obligations de cette population, laquelle finit par se stabiliser pour finalement donner naissance à un microcosme de nation, tout cela relève du monde du pionnier dont on ne trouve l'équivalent que dans la conquête et le peuplement de l'Amérique ou encore dans la fondation de St Petersbourg par le Tsar de Russie, Pierre le Grand, un demi-siècle plutôt. Le Sultan fondateur qui était notamment au fait de l'aventure américaine et de la vie dans le Nouveau Monde a dû, très probablement, s'inspirer du modèle de peuplement des villes et ports de l'Amérique du Nord pour créer le havre commercial et la cité de Mogador.

La décision d'ouvrir au commerce international, un nouveau port sur l'Atlantique était très audacieuse. La réussite de l'entreprise n'était pas garantie et encore moins évidente. Un échec aurait pu parfaitement suivre cette décision, notamment, si les nations européennes avaient refusé de se plier aux exigences du Sultan.

L'esprit de pionnier a pu vaincre les craintes et faire triompher la volonté impériale.

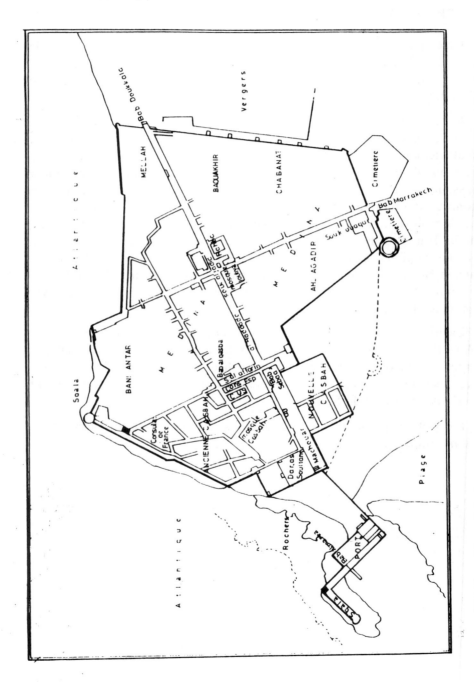

Mogador schéma général

Troisième partie

Le rayonnement commercial de Mogador

Chapitre VII
Le port impérial

Dès sa fondation, Mogador allait devenir très rapidement le port le plus important du Maroc. Objet des faveurs et de l'attention particulière du Sultan, la cité allait abriter une activité commerciale intense dont le cadre d'action était tracé par la volonté impériale et dont les acteurs étaient des négociants privilégiés liés au makhzen.

Un rôle politique important était également réservé au nouveau port qui devenait le point de rayonnement du pouvoir du makhzen vers le Sud-Ouest de l'Empire. Ce rayonnement était symbolisé par l'ouverture dans la cité d'un atelier monétaire où des pièces d'argent et de cuivre étaient frappées régulièrement durant plusieurs décennies et avaient pouvoir libératoire sur tout le territoire de l'Empire et même au-delà.

1. Tojar as soltane

L'élite commerçante du port impérial était constituée par des négociants dont les intérêts étaient étroitement liés à ceux du makhzen et qui étaient appelés comme nous l'avons déjà vu "Tojar as soltane". Ces commerçants étaient juifs dans leur grande majorité mais aussi musulmans et parfois seulement européens.

1.1. Statut de l'élite commerçante

Les "Tojar as soltane" formaient au XVIIIe et XIXe siècle un groupe de commerçants d'élite dont le nombre variait durant cette période, et selon les conjonctures, entre 15 et 60 commerçants et entités commerciales.

On ne pouvait entrer dans ce cercle que par une faveur impériale sanctionnée par une décision du Souverain.

Le commerçant qui bénéficiait de cette faveur devenait un "négociant de l'Empereur". Il s'établit alors un lien d'interdépendance entre le négociant et le Souverain, matérialisé par un véritable partenariat commercial. Le Sultan avançait des fonds au commerçant. Ce dernier fructifiait l'argent emprunté, et, passé un certain délai, le marchand était tenu de rembourser à son Souverain des mensualités comprenant une partie du prêt et une fraction convenue du bénéfice obtenu. En outre, le négociant devait payer en totalité, ou après abattements, les droits de douanes et taxes légaux qui revenaient au makhzen.

Des avantages étaient en outre octroyés au commerçant tels que : monopoles exclusifs ou partagés sur certains produits, affectations de logements et d'entrepôts du domaine du makhzen moyennant un loyer modéré, protection de l'autorité locale, etc.

Le partenariat entre négociant et Sultan était symboliquement concrétisé par une visite annuelle que faisait le commerçant au Palais Royal et au cours de laquelle il versait un tribut à son Souverain. Cette visite était également l'occasion pour le marchand de solliciter d'autres avantages ou d'autres formes d'association.

Jusqu'à une certaine limite, le commerçant était libre de ses actes. Toutefois, il ne pouvait ni changer de ville ni s'installer à l'étranger sans l'autorisation de son Souverain et sans la garantie que le commerce qu'il laissait derrière lui, pouvait continuer à prospérer normalement.

Les "Tojar as soltane" avaient à Mogador un quasi-monopole sur le commerce d'import-export du fait de leurs relations privilégiées avec le makhzen. Ces négociants étaient les pourvoyeurs de la cour du Sultan en produits exotiques et de luxe, et les bénéfices provenant de leurs activités commerciales permettaient de renflouer les finances du makhzen. Ils opéraient à différents niveaux : c'étaient à la fois des commerçants, des négociants du Sultan, des agents de transport maritime, des pourvoyeurs de fonds pour le commerce caravanier, des promoteurs et enfin des grossistes. Au XVIIIe et XIXe siècle la prospérité de la ville dépendait largement des résultats de leurs innombrables transactions.

Toute opération de commerce extérieur qui n'entrait pas dans le cadre d'activité de ces négociants de l'Empereur, était considérée comme simple contrebande et n'avait d'ailleurs aucune chance de prospérer pour la raison simple que monopoles et crédits étaient les apanages de ces négociants régaliens qui continuèrent à régner sur le commerce extérieur de Mogador – en un groupe restreint de 17 à 18 négociants comme le signala le consul de France Auguste Beaumier, et ceci jusqu'en 1856.

A partir de cette dernière date ce système de commerce administré par le makhzen commença à changer sous la pression des puissances européennes qui assiégeaient de leurs réclamations le Sultan Moulay Abderrahman. Le traité de commerce de 1856 avec la Grande Bretagne libéralisa le commerce extérieur au profit de cette dernière puissance. D'autres traités avec les grands pays d'Europe suivirent. Cela eut pour conséquence la libre installation des firmes européennes dans les ports marocains et notamment à Mogador. Les commerçants privilégiés qui étaient selon le consul Beaumier au nombre de : 19 en 1841 dont 3 européens, 14 juifs et 2 musulmans devinrent : 52 en 1866 dont 15 européens, 30 juifs et 7 musulmans (1).

Les "Tojar as soltane" essayèrent, parfois avec succès, de tirer profit de la percée des firmes et négociants européens dans le port. De 1860 à 1870 période qui marqua l'apogée de la ville, plusieurs commerçants s'associèrent aux firmes, britanniques notamment, tout en gardant leurs liens privilégiés avec le makhzen. D'autres encore, par le biais du système de la protection ou même de la naturalisation faisaient fructifier leurs capitaux en Europe tout en maintenant leurs activités commerciales de privilégiés dans la cité.

1.2. Le rôle politique et économique de l'élite commerçante

Les commerçants, juifs en particulier, avaient un rôle primordial dans la vie politique et économique du port impérial depuis la fin du XVIIIe siècle jusqu'à celle du XIXe et ceci plus que dans n'importe quelle autre ville du Maroc. Leur position dans la hiérarchie sociale de la ville et de la région était considérable et n'eut jamais son équivalent dans toute l'histoire du Maroc. Durant cette même période, l'élite commerçante juive vécut une ère de prospérité incomparable, pendant laquelle son influence politique et économique fut déterminante pour le commerce extérieur du Maroc.

---

(1) Cf. Daniel J. Schroeter : *Merchants of Essaouira,* CUP 1988, p. 26.

Toutefois, le tandem makhzen, négociants, apparemment efficace, ne parvint pas à créer une dynamique capable d'engendrer une société fonctionnant dans un système économique capitaliste dans le sens moderne du terme. L'activité commerciale animée par les "négociants de l'Empereur" n'eut aucun effet d'entraînement sur les forces productives locales de sorte à les orienter vers le développement. Ainsi, si les commerçants investissaient bien dans l'agriculture, leurs investissements demeuraient cantonnés dans le secteur traditionnel et aucune mécanisation même rudimentaire, ne fut introduite dans les campagnes. De même les cultures sur de grandes surfaces et l'élevage à grande échelle ne virent jamais le jour. Aucun embryon d'industrie moderne n'apparut dans la ville, même au moment où l'activité commerciale atteignit son apogée et aucun système bancaire moderne ne vit le jour.

On peut légitimement se poser la question suivante : pourquoi les commerçants du Sultan installés à Mogador, qui étaient des agents économiques intermédiaires entre l'Europe et leur pays ne devinrent jamais les catalyseurs d'un changement économique du Maroc et d'une orientation générale vers le développement ? La réponse à cette question est assez compliquée. On peut toutefois avancer les raisons suivantes :

– les négociants de l'Empereur opéraient dans une société dont les normes économiques et sociales n'avaient rien à voir avec les normes du capitalisme européen ;

– le système économique dans son ensemble était lié à la prospérité ou au contraire aux difficultés du makhzen. En effet, après la guerre maroco-espagnole de 1859, les entraves financières imposées au makhzen par le traité de paix se répercutèrent sur l'activité commerciale des ports marocains et notamment sur celle du port de Mogador. Les commerçants en souffrirent ;

– après l'ouverture commerciale du Maroc en 1856 et la fin du monopole du makhzen, les négociants de l'Empereur ne pouvaient plus résister aux assauts des firmes européennes. Ils étaient obligés de composer, puis de chercher à sauvegarder leurs propres intérêts en s'associant à ces firmes. A la fin, par le jeu des protections et des naturalisations, ils jugèrent plus avantageux de transférer une partie de leurs capitaux en Europe et de prendre une nationalité européenne. En 1871, on compta dans la cité 172 sujets britanniques dont la plupart étaient d'origine juive marocaine, naturalisés à Gibraltar ou même en Grande Bretagne.

1.3. Le niveau culturel de l'élite commerçante

Les premières générations de négociants de l'Empereur étaient de culture et de formation assez sommaires. Derrière les grands noms de commerçants célèbres et riches il y avait en fait des hommes, pragmatiques et intelligents certes, mais de niveau culturel et intellectuel très modestes.

Abraham Corcos (mort en 1883), qui fut grand commerçant du Sultan, vice-consul des Etats-Unis, ne parlait pas l'anglais et ignorait les autres langues européennes. Toute sa vie il ne parla et n'écrivit que le judéo-arabe. Ce n'est qu'au cours de la deuxième moitié du XIXe siècle, après l'ouverture des écoles de l'Alliance Israélite Universelle (AIU) et de *l'Anglo Jewish Association* (AJA) qu'une nouvelle génération de commerçants instruits et cultivés commença à arriver aux commandes des affaires. Mogador connut alors le raffinement et le goût de la culture et des belles choses. Les commerçants, juifs notamment, commençaient à prendre goût pour les costumes européens et marocains, de coupe élégante. Leurs femmes affectionnaient les belles parures et les bijoux rares. Leur intérieur était richement meublé, et les objets de valeur tels que tableaux, horloges et meubles de bois noble ne manquaient pas. Il était de coutume d'entendre jouer du piano lorsque l'on traversait les rues de l'ancienne casbah. Les commerçants s'étaient mis à rechercher l'instruction et la bonne éducation pour leur progéniture. Pour cela, les enfants des plus riches étaient envoyés souvent en Angleterre pour que fût complétée leur éducation. Les négociants nantis et cultivés prenaient goût pour le tourisme en Europe et pour le mode de vie anglais en vogue à l'époque.

1.4. Quelques membres de l'élite commerçante

Les acteurs de l'élite commerçante dont nous venons de parler n'étaient pas très nombreux comme nous l'avons dit précédemment. Plusieurs noms de familles illustres peuvent être rappelés :
- chez les musulmans : Al Labadi, Al Labar, Al Ouarzazi, Bouhillal, Ben Azzouz, Raghoun, Toufalazz ;
- chez les juifs : Abitbol, Acoca, Afriat, Aflalo, Amar, Amrane El Maleh, Anahory, Attia, Belisha, Benattar, Bensaoud, Bitton, Boujnah, Cohen Solal, Corcos, Coriat, Darmon, Delevante, Halevy, Levy Yuly, Ohana, Pinto, Toby, Zagury, etc.

L'étude des cas de trois familles juives importantes les Corcos, Afriat et Belisha et d'une famille musulmane : Toufalazz, nous donnera une idée, d'une part sur l'articulation du système économique qui prévalait à Mogador, notamment au XIXe siècle, et, d'autre part, sur l'évolution que pouvait connaître la famille d'un commerçant du Sultan (2).

1.4.1. La famille Corcos

La famille Corcos est originaire d'Espagne probablement des provinces de Valladolid et de León. Abraham Corcos, le premier membre connu de cette famille, vivait à Avila au XIIIe siècle (3). Une branche de la famille quitta son pays d'origine à l'expulsion de 1492 et s'établit en Italie où elle connut une certaine prospérité (4).

Une autre partie de la famille s'établit à Fès puis à Marrakech où sa notoriété devint assez grande en tous les cas à partir du XVIIIe siècle. Haïm Corcos et son fils Yeshua Corcos furent successivement présidents de la communauté israëlite de Marrakech au cours du XIXe siècle. C'étaient des personnalités remarquables et des commerçants respectés qui jouissaient de la protection et de la confiance des Sultans du Maroc (5).

Maïmoun Ben Isaac (mort en 1799) fut parmi les premiers commerçants à venir de Marrakech s'installer à Mogador sous la protection du Sultan Sidi Mohamed Ben Abdallah. Maïmoun Corcos n'était en fait qu'un précurseur de cette véritable dynastie qu'allait devenir la famille Corcos.

Ce n'est qu'en 1846 que Salomon Corcos et son fils Abraham quittèrent Marrakech et s'installèrent à Mogador sur invitation du Souverain Moulay

---

(2) L'étude des familles Corcos et Afriat a été effectuée sur la base des renseignements fournis par Daniel J. Schoeter dans Merchants of Essaouira et des informations appropriées consignées dans le dictionnaire d'Abraham Laredo les noms des juifs du Maroc.
Les généalogies des deux familles ont été établies en s'inspirant des travaux de Daniel J. Schroeter, toujours dans le même ouvrage, des indications complémentaires consignées sur le dictionnaire d'Abraham Laredo et des renseignements recueillis sur le livre de Jean Brignon et Ruth Grosrichard, *Histoire du Maroc XVIe-XIXe*, C.E.A., Rabat 1993.
L'étude de la famille Toufalazz a été mise au point sur la base des informations fournies par Mohamed Ben Saïd As Siddiqi dans *Iqaz As Sarira...*, et, Jean Louis Miège dans *le Maroc et l'Europe*. La généalogie a été établie par l'auteur suite aux renseignements recueillis notamment auprès de Mogdoul Toufalazz d'Essaouira.
(3) Abraham Laredo, *les Noms des juifs du Maroc*, CSIC, Madrid 1978, p. 1063.
(4) *Ibid.*, p. 1064.
(5) *Ibid.*, p. 1067.

Abderrahman qui les avait investis du titre de "négociants de l'Empereur". En 1853, à la mort de Salomon, les activités des Corcos passèrent entre les mains de ses deux fils, Abraham et Jacob venu de Marrakech. Ces deux frères allaient devenir des commerçants reconnus dans leur privilège par le makhzen et les autorités de la ville, et seraient les piliers de la dynastie des Corcos. Un dahir dit de "respectabilité et de considération" en date du 1er mai 1857 allait être établi en faveur des deux frères par le Sultan Moulay Abderrahman Ben Hicham. Ci-après la traduction du texte du dahir en français :

« *Grand sceau du Sultan Moulay Abderrahman Ben Hicham.*

« *Que l'on sache par le présent document – puisse Dieu en élever et glorifier la teneur – que ses détenteurs, les deux frères commerçants, protégés, Jacob Corcos et son frère Abraham sont parmi les commerçants les plus considérés par nous et parmi les plus dignes d'égards, étant donné qu'ils comptent parmi l'élite des négociants qui œuvrent pour le développement du port de Mogador et pour l'accroissement du Trésor public.*

« *De ce fait, ils jouissent de l'estime et du respect dûs à leurs semblables parmi les grands commerçants. Que l'on ne se mette point au travers de leur chemin et qu'on ne leur fasse subir aucun préjudice de quelque nature qu'il soit. Nos serviteurs et nos agents qui auront ce document entre les mains sont tenus de se conformer à ses dispositions.*

« *Par ordre de notre Majesté élevée en Dieu le 7 du mois de ramadan de l'année 1273 (équivalent au 1er mai 1857). (6)* »

Abraham et Jacob étaient les fournisseurs attitrés de la Cour du Sultan en produits exotiques et de luxe : chocolat, soierie, tissus nobles, etc. Ils avaient obtenu le monopole d'importation des tissus utilisés pour la confection des uniformes pour les hommes de l'armée du makhzen. C'étaient des importateurs de sucre et de thé et des exportateurs d'huile d'olive, d'amandes, de cire, de miel, de peaux et de plumes d'autruche.

Les deux frères étaient devenus des conseillers écoutés par le makhzen, en matière de politiques administrative et commerciale. Ils avaient, pour

---

(6) Jean Brignon et Ruth Grosrichard, *Histoire du Maroc XVIe-XIXe*, Centre d'études arabes, Ambassade de France, Rabat 1993, p. 45.
D'après Michel Abitbol, *Témoins et acteurs : les Corcos et l'Histoire du Maroc contemporain*. Jérusalem, 1977.

cela, tissé tout un réseau d'informateurs à travers le sud du Maroc et tenaient ainsi le Sultan renseigné sur l'état d'esprit qui prévalait chez les caïds du Souss et du Sahara et chez les personnalités qui dominaient le Bled es Siba. Les frères Corcos étaient très introduits dans l'entourage du Sultan, et du makhzen d'une façon générale, qui faisait preuve à leur égard de civilités régulières (7).

Les Corcos occupèrent les meilleures demeures de l'ancienne casbah et à un certain moment disposaient d'un nombre important de maisons qu'ils cédaient ou sous-louaient à d'autres commerçants, selon l'intérêt du moment. Ils aidaient, à leur manière, les négociants en difficulté et pouvaient même intervenir en leur faveur auprès des makhzen.

A partir de 1862, Abraham Corcos eut à remplir les fonctions de vice-consul des Etats-Unis d'Amérique à Mogador. Il étendit la protection dont il jouissait à des membres de sa famille et à ses agents dispersés à travers le Maroc. Ce privilège lui permettait d'avoir une influence politique considérable. Il était devenu un véritable réformateur au sein de la communauté israélite et de tout le Sud du Maroc. Il facilita par son influence l'implantation, dans la cité et dans le Sud, des écoles de l'Alliance israélite universelle et de l'*Anglo-jewish association* (8).

A la fin de sa vie Abraham Corcos était devenu l'intermédiaire incontournable entre le makhzen et les puissances européennes, entre les firmes étrangères et les chefs locaux du sud du Maroc et entre les organisations juives internationales et les autorités locales.

Le makhzen avait contribué fortement à la prospérité et à la puissance de la famille Corcos par ses prêts accordés avec générosité et par son aide octroyée en cas de difficultés.

Décembre 1877 vit la mort de Jacob Corcos qui fut remplacé par son fils David. Quant à Abraham Corcos, il mourut en 1883. Ses deux fils Meyer et Aaron furent confirmés par dahir comme négociants de l'Empereur.

Un cousin de Marrakech Akkan Corcos, fils de Haïm Corcos, vint à son tour s'installer dans la cité en 1865 et y acheta la charge de fermier des taxes ayant trait aux droits de porte. Il se rapprocha du makhzen, y créa amitiés et protection et fut admis dans l'élite commerçante de la cité. Un

---

(7) Daniel J. Schroeter, *Merchants of Essaouira*, CUP 1988, p. 37.
(8) *Ibid.*, p. 40 et 41.

dahir de respect et de considération lui fut octroyé en 1867, par le Sultan Sidi Mohamed Ben Abderrahman. Il le désignait comme « un des commerçants les plus distingués, qui a prêté de signalés services au profit du Trésor public (9) ».

Un autre cousin, de Mogador celui-ci, Moses Corcos devint vers la fin du XIXe siècle un commerçant important de la place. Il était marié avec Stella Duran Corcos née en 1858 à New York. Cette femme allait devenir la directrice de la première école de filles fondée à Mogador au XIXe siècle par l'*Anglo jewish association*. Son action permit de parfaire l'éducation de plusieurs générations de jeunes filles et de propager la culture et le mode de vie anglais dans la cité notamment au sein de l'oligarchie juive (10).

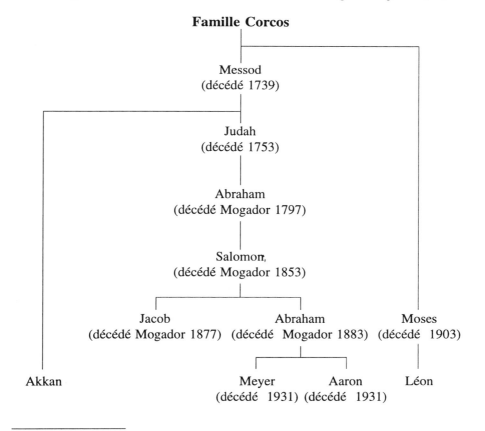

Famille Corcos

Messod (décédé 1739)
— Judah (décédé 1753)
— Abraham (décédé Mogador 1797)
— Salomon (décédé Mogador 1853)
  — Jacob (décédé Mogador 1877)
  — Abraham (décédé Mogador 1883)
    — Meyer (décédé 1931)
    — Aaron (décédé 1931)
  — Moses (décédé 1903)
    — Léon
— Akkan

---

(9) Abraham Laredo, *les Noms des juifs du Maroc*, CSIC, Madrid 1978, p. 1067.
(10) *Ibid*.

Léon Corcos, le fils de Moses et de Stella Corcos allait être également un grand négociant de la ville mais aussi un homme d'une grande culture et un arabisant de talent. Il comprit rapidement qu'Agadir allait devenir au XXe siècle un port important et le débouché naturel du Souss. Il investit alors une partie de sa fortune dans cette province méridionale et acquit quantité de terrains à Agadir dès le début du XXe siècle.

A la fin du XIXe siècle et au début du XXe la fortune de la famille Corcos était considérable. Le domaine d'action de ces commerçants était aussi varié qu'étendu. A Mogador ils étaient négociants, fermiers et spéculateurs immobiliers ; à Marrakech, leurs activités touchaient aussi bien le commerce que les transactions en biens immeubles ; à Safi et dans les Abda s'étaient des agriculteurs et des propriétaires fonciers importants, enfin à Agadir leur implantation était déjà commencée.

La collaboration des Corcos était activement recherchée et désirée, tant leur influence et leur pouvoir étaient grands. Jean-Louis Miège rapporte dans son ouvrage, *le Maroc et l'Europe,* les propos d'un commerçant marseillais de la fin du XIXe siècle : « Je tiens beaucoup à mes relations avec Dinar Ohana (gendre de Corcos) et mon ambition serait d'avoir aussi les Corcos que je connais depuis si longtemps et avec lesquels je n'ai rien pu faire jusqu'à présent. »

1.4.2. La famille Afriat

La famille Afriat est originaire du Souss, plus précisément du village d'Oufrane (ou Ifrane). Cette famille, installée depuis des siècles dans cette ville du Sud connut, d'après la légende, gloire et puissance puisqu'elle fonda vers le Ve siècle avant J.-C. un royaume, celui des Ephratim, qui aurait dominé tous les territoires et tribus du Sud du Maroc.

Dans une période plus récente, la famille Afriat était devenue riche, respectable et entourée d'une auréole de martyr depuis qu'en 1775 à Souq El Khamis des Aït Boubaker du Souss le bandit de grands chemins Bou Hlassa massacra plusieurs juifs de la région d'Oufrane avec à leur tête le pieux rabbin Judah Afriat. Ce sont les descendants du rabbin martyr qui vinrent s'installer à Mogador pour y commercer, et prospérer jusqu'à devenir de riches négociants à stature internationale [11].

---

[11] *Ibid.,* p. 359.

Le fils du rabbin Judah, Naftali Afriat travaillait au début du XIXe siècle à Guelmim pour le compte du fameux cheikh Bayrouk le roitelet de Oued Noun, qui cherchait à affermir son autorité sur la côte saharienne. En 1837 Joseph fils de Naftali Afriat vint à Mogador prospecter quelques contacts avec des consuls européens pour le compte du cheikh Bayrouk (12).

Après 1844 les frères de Joseph : Abraham, Messod et Jacob se débarrassèrent de la protection encombrante du cheikh et s'installèrent dans la cité. Tous devinrent de subtiles commerçants et notamment Abraham (dit Hazan Bihi) qui s'imposa très rapidement comme négociant de l'Empereur grâce aux relations privilégiées qu'il sut établir avec la cour du Sultan Moulay Abderrahman.

Hazan Bihi prospéra, et avec lui la famille Afriat s'enrichit et acquit prestige et puissance. La prospérité de la famille continua jusqu'à la fin du XIXe siècle grâce aux alliances qu'elle sut établir et aux intérêts qu'elle put engendrer à l'étranger. Les frères Afriat et notamment Abraham (Hazan Bihi) investirent dans la Banque d'Angleterre et dans des Banques françaises de Marseille. Ils devinrent actionnaires de la compagnie Paquet et représentants à Mogador de cette société ainsi que de plusieurs firmes européennes (13).

Entre 1860 et 1870 le chiffre d'affaire engendré par les transactions commerciales des frères Afriat était le plus élevé de la ville. A la même époque, ces mêmes commerçants payaient à eux seuls environ 17 % des recettes des douanes du port (13).

Abraham Afriat acquit le statut de protégé français et exerça un certain temps la fonction d'interprète honoraire au Consulat de France. Il menait un train de vie digne de sa position sociale, et possédait plusieurs maisons dans la cité, dont notamment, une immense demeure avec patio et jardin intérieur, située au derb Ahl Agadir, qu'il réservait pour ses réunions de détente avec ses amis. Une partie de ce qui reste du "Riad Hazan Bihi" se trouve au numéro 79 de la rue d'Agadir, dans ce qui correspond présentement à la maison natale de l'auteur de ces lignes.

---

(12) Daniel J. Schroeter, *Merchants of Essaouira,* CUP, 1988, p. 48.
(13) *Ibid.,* p. 49.

Il mourut à Alger en 1890. Son fils Salomon devint aussi prospère que son père. Il exerça notamment la fonction de représentant de la Banque Transatlantique dans la cité.

A partir de 1870, plusieurs membres de la famille Afriat s'installèrent à l'étranger. Ainsi Aaron et Selam Afriat s'établirent à Londres et mirent sur pied une grande entreprise de commerce, la Aaron Afriat and Company, qui consolida et développa les échanges entre la Grande Bretagne et le Maroc. Cette société, notamment, exportait à partir de Londres textiles et thé vert. Cette dernière denrée, dans une variété appelée le *Sow mee*, était commercialisée à partir de Mogador vers le Sud du Maroc sous le nom d'"Attay Afriat" (14).

L'émigration sous d'autres cieux n'entama pas la puissance et le prestige de la famille Afriat qui continua jusqu'au XXe siècle à exercer une forte influence sur le commerce de la ville. Salomon Afriat, commerçant notoire, fut durant les premières décennies du XXe siècle, une des personnalités les plus notables de la cité (14).

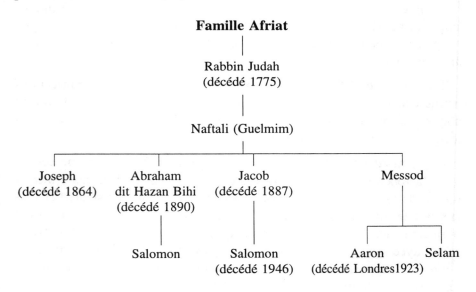

(14) Abraham Laredo, *les Noms des juifs du Maroc*, CSIC, Madrid 1978, p. 360.

1.4.3. La famille Belisha

La famille Belisha est originaire d'Espagne et appartient à la lignée des Lévy, devenue Loeb, après l'émigration d'une partie de ce groupe en Alsace, vers la fin du XVᵉ siècle. Lisha Loeb (1466-1517) vint s'installer à Marrakech en 1491 où il se mit au service du Sultan saâdien Mohamed Ech Cheikh. Cet engagement lui coûta la vie puisqu'il fut assassiné par les ennemis du Souverain. Son fils Moïse (1517-1577) fut connu sous le nom de Belisha en souvenir de son père Lisha. Un descendant de Moïse Belisha, le commerçant Yeshua Loeb Belisha (1738-1808), s'installa à Mogador dès sa fondation, avec le titre de "négociant de l'empereur". Yeshua Loeb Belisha était un commerçant prospère et influent. Sa femme, Mesouda Sumbal, finança la construction de la première synagogue de la ville. Yeshua Loeb Belisha eut deux fils : Moïse Loeb Belisha (1795-1861) et Mesoud David Belisha. Moïse prospéra comme "négociant de l'empereur" et mourut dans l'aisance. Ses deux fils Yeshua et Salomon furent confirmés dans le titre de "Tojar as soltane" par un dahir de 1876 du Sultan Moulay Hassan.

Famille Belisha

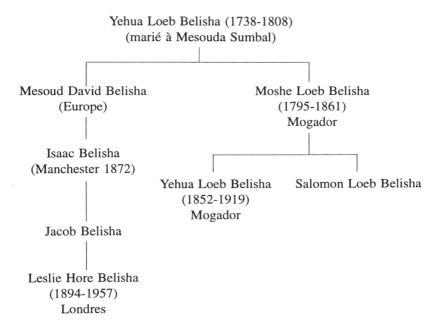

Mesoud David Belisha, le second fils de Yeshua Loeb Belisha, s'installa en Europe, probablement à Gibraltar, puis à Manchester où son fils Isaac Belisha devint, en 1872, président de la Communauté juive sépharade de cette dernière ville. Lorsque Jacob Belisha, fils de Isaac, mourut, il laissa un enfant en bas âge du nom de Leslie Belisha. La jeune veuve, mère de Leslie, épousa en seconde noce Sir Adair Hore qui adopta l'enfant. Ce dernier devint alors Leslie Hore Belisha. Il allait connaître, plus tard, un destin d'homme d'Etat exceptionnel puisqu'il fut, au sein de différents gouvernements britanniques : Secrétaire au Trésor (1932-1934) puis ministre des Transports, Secrétaire d'Etat à la guerre en 1937 et membre du cabinet de guerre en 1939. Il fut ennobli par la reine et devint pair d'Angleterre en 1954. Lord Hore Belisha marqua son passage dans le gouvernement britannique par plusieurs réformes, notamment dans le domaine des transports et de la circulation routière. Il fut pendant plusieurs années membre du comité de la communauté juive sépharade (15).

1.4.4. La famille Toufalazz

De toutes les familles musulmanes appartenant à l'élite commerçante, celle qui avait le plus de notoriété était sans aucun doute la famille Toufalazz.

La bonne fortune de cette famille commença durant la seconde visite du Sultan Sidi Mohamed Ben Abdallah à Mogador en 1784. A cette époque Ahmed Toufalazz, jeune immigré du Souss installé dans la nouvelle cité, exerçait le métier de meunier. Lors d'une tournée qu'effectua le Sultan auprès des différents artisans de la ville pour s'enquérir de leur situation, le Souverain remarqua Ahmed Toufalazz et apprécia le grand service qu'il rendait aux habitants de la ville. Il le recommanda au gouverneur qui lui assura sa protection.

Ahmed Toufalazz devint par la suite négociant en céréales et farine. Il prospéra au bout de quelques années jusqu'à devenir l'une des personnalités les plus en vue de la ville. Il sut donner une éducation et une instruction de qualité à son fils Mohamed qui devint de par sa culture et sa naissance l'ami intime du prince Moulay Abderrahman Ibn Hicham neveu du Sultan Moulay Soleiman (1792-1822) et son Khalifa à Mogador. A son avènement

---

(15) Haïm Zafrani, *Etudes et recherches sur la vie intellectuelle juive au Maroc,* 3ᵉ partie ; Paul Geuthner, Paris 1980, p. 303 à 311 ; *Encyclopédie britannique :* Hore Belisha.

le Souverain Moulay Abderrahman Ibn Hicham (1822-1859) octroya à son ami Mohamed Toufalazz un dahir de "Respect et de considération" (dahir at'taouqir Oua Lihtiram) qui équivalait à un véritable "ennoblissement" et impliquait le bénéfice de la protection impériale. Un autre dahir de 1838 accorda à Mohamed Toufalazz le privilège d'entrer dans le corps des Tojar As Soltane avec la jouissance des avantages qui étaient attachés à cette distinction. Son commerce d'import-export avec l'Angleterre consolida la fortune du jeune négociant qui, par un autre dahir de 1842, fut chargé par son Souverain de responsabilités financières au port. Le Sultan lui confia également la construction du fort, encore visible sur la petite île mitoyenne au port. Il exécuta l'opération qu'il finança grâce aux revenus provenant des loyers des maisons du makhzen dont il assurait la gérance. Jusqu'à sa mort en 1851, Mohamed Toufalazz demeura l'un des plus grands commerçants impériaux de la ville malgré les pertes en biens immeubles et en marchandises qu'il dut subir lors du bombardement de la ville par les Français en 1844. Ce fut un des plus grands importateurs de sucre et un exportateur d'huile d'olive et de peaux. Son commerce transitait exclusivement par le port de Londres (16).

Haddan Toufalazz fils de Mohamed Toufalazz reprit à son compte et avec succès, les activités de la famille, en plus de la fonction d'"amine" du port qu'il exerçait du vivant de son père. A sa mort en 1863 son frère Al Hadj Mahjoub continua les transactions commerciales de la famille.

A l'avènement de Al Hadj Mahjoub, la famille Toufalazz avait atteint l'apogée de sa richesse – constituée de biens immobiliers considérables et de monopoles commerciaux – et le summum de sa puissance économique consolidée et facilitée par les crédits octroyés généreusement par le makhzen.

Le 3 juin 1863 fut constituée la compagnie française "Nicolas Paquet" de navigation maritime, destinée à desservir le Maroc. Al Hadj Mahjoub fut l'un des premiers à souscrire au capital de la nouvelle société en devenant actionnaire au même titre d'ailleurs que Mokhtar Ben Azzouz, Abraham Corcos et Abraham Afriat (17).

A partir de 1869 Al Hadj Mahjoub commença à connaître des ennuis de trésorerie qui lui valurent des réclamations de ses partenaires commerciaux

---

(16) Mohamed ben Saïd As Siddiqi, *Iqaz as Sarira...*, Casablanca 1961, p. 72 et 73.
(17) Jean Louis Miège, *le Maroc et l'Europe*, PUF, Paris 1961, tome II, p. 440.

français et anglais. L'héritier de la famille parvint à surmonter ses difficultés financières en liquidant certaines de ses propriétés et en cédant quelques uns de ses droits à des commerçants juifs. Ces ennuis financiers n'entamèrent guère le crédit dont jouissait la famille Toufalazz auprès du makhzen. En effet, en 1882 le Sultan Moulay El Hassan fit appel aux compétences d'Al Hadj Mahjoub pour estimer la valeur des propriétés foncières et agricoles ainsi que des biens immeubles laissés par le caïd des Haha Abdallah ou Bihi à sa mort. En 1884 le Souverain lui confia la lourde tâche de construction des remparts de la ville de Tiznit (18).

Jusqu'à la fin de sa vie Al Hadj Mahjoub Toufalazz restera le négociant de l'Empereur lié au Sultan par ses activités de commerce et l'homme de confiance auquel le makhzen faisait appel pour l'exécution des tâches et des missions délicates.

La saga des Toufelazz se poursuivit notamment avec Mohamed Toufelazz qui reprit en main les destinées de la famille à la mort de son père Al Hadj Mahjoub.

Famille Toufalazz

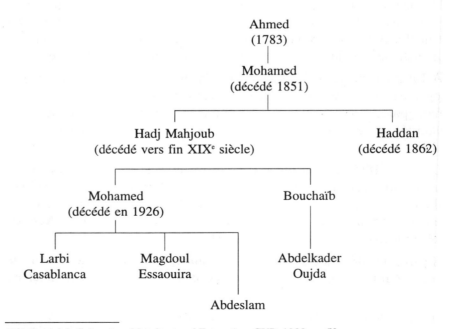

---

(18) Daniel J. Schroeter, *Merchants of Essaouira*, CUP, 1988, p. 53.

Le dynamisme des Toufelazz allait se manifester encore avec les générations suivantes, par d'autres actions, telles que l'implantation des activités sportives dans la cité.

2. La frappe de la monnaie

A sa fondation la ville de Mogador allait abriter un atelier monétaire du makhzen. Situé dans l'enceinte du Méchouar, cet atelier fonctionna d'une façon continue sous le règne de deux Sultans et celui d'un prince prétendant au Trône à savoir :
– Sidi Mohamed Ben Abdallah (1757-1790) ;
– Moulay Hichem Ben Mohamed (1790-1797) qui régna sur le Sud du Maroc comme prétentant au Trône ;
– Moulay Souleiman Ben Mohamed (1792-1822).

A partir de Moulay Abderrahman Ben Hicham (1822-1859) l'atelier de Mogador ne fut plus utilisé pour la frappe de la monnaie, sauf pour de très rares cas, et seulement sous le règne de ce dernier Sultan. Les pièces fabriquées étaient soit en argent, soit en cuivre. L'honneur de frapper des pièces d'or n'échut jamais à l'atelier mogadorien.

Les artisans qui fabriquaient les pièces d'argent étaient des bijoutiers juifs de la cité. Les motifs utilisés par les maîtres bijoutiers israïlites dans le travail de l'or et l'argent se retrouvaient sur ces pièces fabriquées dans l'atelier monétaire du méchouar. Très souvent, le dessin appelé "Rose de Mogador" – consistant en une rosace courbe généralement à six pétales – apparaissait, comme transposé d'un bijou, sur les pièces d'argent façonnées dans la cité des alizés.

La quantité de pièces fabriquées par l'atelier fut très importante. Cela était dû au développement du commerce extérieur du port impérial, productif en particulier de droits de douane.

2.1. La frappe de la monnaie sous le règne du Sultan Sidi Mohamed Ben Abdallah (1757-1790)

Durant le règne du Sultan fondateur, l'atelier de Mogador, qui fut ouvert en 1767, fabrique jusqu'en 1789 des pièces de un dirham en argent dont le poids est situé entre les limites de 2,50 g et 2,90 g. Des pièces d'argent d'une mouzouna ou un quart de dirham, dont le poids et situé au voisinage de 0,70 g, furent frappées en 1775, 1779 et 1789.

Ces pièces sont ornées de dessins, dont parfois la "Rose de Mogador", et portent la date et le lieu de la frappe en l'occurrence la ville objet de notre étude. Très curieusement quelques rares pièces frappées à Mogador portent la date en chiffres indiens au lieu des chiffres arabes habituellement utilisés. Cette curiosité est laissée à l'appréciation des numismates qui pourraient en donner la raison.

Vers 1789 l'atelier frappe des pièces de cuivre de un fels dont le poids est d'environ 3,50 g.

2.2. La frappe de la monnaie sous le règne du Prince Moulay Hicham Ben Mohamed (1790-1797)

Au cours de cette période d'interrègne, l'atelier produisit uniquement des dirhams en argent entre 1792 et 1794. Les pièces frappées étaient de même poids et de même configuration que celles correspondant au règne du Souverain fondateur.

2.3. La frappe de la monnaie sous le règne du Sultan Moulay Souleiman Ben Mohamed (1792-1822)

Sous le règne du Souverain Moulay Souleiman la production de l'atelier monétaire se ralentit fortement au profit de celui de Fès qui devenait de plus en plus prépondérant.

Entre 1800 et 1805, des pièces d'argent de un dirham furent frappées dans la ville des alizés. De même, entre 1800 et 1820 des pièces en cuivre de un, deux et trois Fels furent mises en circulation à partir de l'atelier monétaire de Mogador (19).

2.4. Remarque

A partir de 1820, l'atelier monétaire cessa pratiquement de fonctionner. Les Souverains suivants concentrèrent la frappe de la monnaie essentiellement à Fès et subsidiairement à Marrakech, Meknès et Rabat.

---

(19) Cf. Daniel Eustache, *Corpus des monnaies alaouites,* éd. Banque du Maroc, Rabat, 1984, tome II, p. 736 à 986.

Dès la fin du XIXe siècle, sous le règne du Sultan Moulay Hassan (1873-1894), la monnaie marocaine fut frappée essentiellement en Europe, notamment pour contrer les faussaires qui innondaient le pays de fausses pièces de monnaie. Un faux monnayeur notoire, le cadi de Taroudant, Abderrahman Ben Embarek Alktioui Ar Roudani fut d'ailleurs rappelé à l'ordre par le Sultan Moulay Hassan dans une lettre de 1889 restée célèbre dans la littérature numismatique marocaine, et muté à Mogador en 1891 pour être finalement relevé de ses fonctions en 1894, probablement en raison de ses antécédents de contrefacteur (20).

Deux dirhams en argent (recto-verso) frappés à Mogador en 1188 et 1253 de l'Hégire soit respectivement en 1774 et 1837. On remarque sur le dirham daté de 1188 que le nom de la ville est écrit avec la lettre "Sad". Sur l'autre dirham on remarquera l'année transcrite en chiffres indiens et le nom de la ville écrit avec la lettre "Sin". La date de 1837 correspond au règne de Moulay Abdrrahman Ben Hicham.

---

(20) Cf. Omar Affa, *Mas'alat an nouqoud fi tarikh Al Maghreb,* Université Cadi Ayad, Agadir, 1988, p. 340.

Pièce de un fels en cuivre frappée à Mogador en l'an 1229 de l'hégire soit en 1814.

Pièce d'un dirham en argent frappée à Mogador en 1792, et sur laquelle est gravée, en creux, une rose à six pétales dite "Rose de Mogador".

Chapitre VIII

Le commerce extérieur aux XVIIIe et XIXe siècles

En fondant Mogador en 1760, le Sultan Sidi Mohamed Ben Abdallah voulait faire de cette ville un entrepôt unique pour le commerce extérieur avec le Sud du Maroc, le Sahara occidental et le Soudan.

Le chirurgien anglais William Lemprière qui visita la ville des alizés en 1790 rapporte dans ses souvenirs qu'une douzaine de maisons de commerce appartenant à différents pays étaient installées dans le port impérial. Les négociants de la cité exportaient des mulets vers l'Amérique et envoyaient en Europe du cuir, des peaux, de la gomme sandaraque, des plumes d'autruche, du cuivre, de la cire, de la laine, des défenses d'éléphant, des dattes, des figues, des raisins secs, des olives, des huiles, des nattes, des tapis etc. Ils importaient du bois de construction, de la poudre, des canons (sic.), des draps, des toiles, du plomb, du fer en barre, de la quincaillerie, du thé, du sucre, des épices, etc. Lemprière ajoute que la ville commerçait, non seulement avec l'Europe par voie maritime mais aussi par voie terrestre, au moyen de caravanes, avec l'Afrique noire, les villes d'Alger, Tunis, Tripoli, Le Caire et La Mecque.

Dès 1830 le port enregistra un trafic de beaucoup supérieur à celui des autres ports marocains. Les produits exportés étaient variés : on trouvait les produits nationaux et régionaux : cuir, peaux, miel, amande, cire, laine, blé, mais aussi ceux provenant du Sahara et du Soudan. Chaque année il arrivait de Tombouctou deux caravanes importantes, en avril et en décembre, amenant des denrées africaines. Des caravanes partaient avec les produits venus d'Europe : sucre, thé, textile, etc. Outre un entrepôt commercial, la ville était un centre où les affaires commerciales étaient traitées, où les partenariats étaient conclus et où les contrats étaient signés.

Cette activité commerciale n'avait jamais cessé, tout le long du XIXᵉ siècle, d'être l'objet de rivalités entre le makhzen qui voulait la soumettre à ses décisions et les nations d'Europe qui voulaient la soustraire à cette tutelle, pour mieux la dominer.

Le mouvement commercial du port avait, en premier lieu, un caractère international. Il y avait là, toutefois, un trafic à caractère régional qui intéressait notamment l'arrière pays des Haha et Chiadma, l'ensemble du Souss et Marrakech, Mogador étant l'avant-port de cette dernière capitale.

1. Le trafic commercial régional

Les commerçants de Mogador avaient tissé tout un réseau d'échanges à travers le Sud du Maroc. Les marchés hebdomadaires étaient alimentés par les produits d'importation arrivant à la cité. De petites caravanes convergeaient vers la ville, apportant des campagnes environnantes ou méridionales, les produits agricoles destinés à l'exportation, mais aussi, à l'alimentation des habitants. Les grands négociants avaient leurs marchands commissionnaires qui vendaient sur les marchés ruraux, à Marrakech, ou dans les autres villes du Sud, les produits cédés par les négociants, souvent à crédit. Ces marchands touchaient des commissions sur les opérations commerciales ainsi réalisées. Les produits importés, transitant par Mogador, étaient distribués suivant des trajectoires commerciales connues. Un grand axe de commerce réunissait le Sud marocain et le Souss aux régions de Haha et Chiadma ; un autre axe unissait la ville à Akka et à Tindouf pour rejoindre la ligne qui allait à Tombouctou. Des pistes commerciales partaient de ces axes pour desservir l'ensemble des régions du Sud et du Haouz et créer un courant d'échanges dont le pôle était la ville de Mogador.

Entre Marrakech et son avant-port, le trafic était intense et concernait des activités aussi bien commerciales qu'extra-commerciales. En effet, si Mogador servait d'entrepôt et de débouché pour ce grand marché de l'Empire qu'était Marrakech – ce qui était à l'origine d'un trafic caravanier important en produits importés ou à exporter – la cité était souvent émettrice vers Marrakech de trafics particuliers à caractère administratif : convois escortés transportant des fonds en provenance des douanes, caravanes transportant des produits exotiques ou de luxe pour la cour, etc.

Les maouassim, organisés dans le Sud du Maroc, donnaient lieu à des manifestations commerciales où les négociants trouvaient des occasions extraordinaires pour fructifier leur commerce. Le moussem de Tazeroualt, dans le Souss, ou celui de Regraga, dans le Chiadma, étaient de véritables foires régionales vers lesquelles convergeaient à des périodes déterminées de l'année, des caravanes lourdement chargées, notamment en provenance de Mogador.

Ce réseau régional ayant pour pôle la ville des alizés s'intégrait à d'autres réseaux d'échanges commerciaux à caractère régional également tels que ceux d'Illigh ou de Guelmim. Certains commerçants opéraient allègrement sur plusieurs réseaux à la fois.

2. Le commerce international

Le commerce international, vers ou à partir de Mogador, se faisait par voie maritime, pour ce qui concerne les échanges avec l'Europe, et par voie terrestre, lorsque le commerce était pratiqué avec le Sahara occidental et le Soudan.

2.1. Le commerce par voie maritime

2.1.1. Les différentes périodes de développement de l'activité commerciale maritime

Depuis sa fondation et jusqu'à la fin du XIXe siècle, le port de Mogador connut des phases variées dans le développement de son activité commerciale maritime. Ainsi on a pu distinguer, six périodes dans l'activité du commerce par voie de mer de la ville des alizés.

1re période : l'essor de l'activité commerciale maritime de 1765 à 1772.
2e période : la grande poussée de l'activité commerciale maritime de 1773 à 1791.
3e période : le ralentissement de l'activité de 1792 à 1815.
4e période : la reprise lente de 1815 à 1832.
5e période : la poussée du trafic de 1833 à 1844.
6e période : la lente régression à partir de 1844.

Nous allons, dans ce qui suit, passer en revue ces différentes périodes.

1ʳᵉ période : l'essor de l'activité commerciale maritime (1765-1772)

Cette période correspond au démarrage du trafic maritime en direction ou à partir du nouveau port. Le mouvement annuel moyen de navires se montait à une vingtaine de bateaux battant en particulier les pavillons danois, britannique et français.

Cette phase de démarrage prit fin avec la fermeture définitive du port d'Agadir en 1773 et le report de son trafic sur le port de Mogador.

2ᵉ période : la grande poussée de l'activité commerciale maritime (1773-1791)

Le mouvement de navires atteignait à cette époque une moyenne annuelle de trente cinq bateaux dont plus du tiers battaient pavillon français et reliaient la ville des alizés à Marseille.

3ᵉ période : le ralentissement de l'activité (1792-1815)

Cette longue période fut marquée par deux événements de portée mondiale et qui eurent des répercussions importantes sur la vie économique du port. Il s'agit, de l'indépendance des Etats-Unis d'Amérique, et du blocus continental européen, résultat des guerres de la Révolution française et de l'Empire.

L'activité maritime du port, dominée à 50 % par le pavillon britannique, décrut considérablement pour tomber à vingt navires par an. Cette période vit la disparition du pavillon français et l'apparition du pavillon américain. Chaque année, deux à cinq bateaux de commerce des Etats-Unis reliaient New York et Salem au port de Mogador. Les navires de commerce battant pavillon marocain effectuaient environ 8 % du trafic du port et assuraient des liaisons avec Les Canaries, Lisbonne, Marseille et Livourne.

4ᵉ période : la reprise lente (1815-1832)

Cette période débuta avec la fin des guerres de l'Empire, la reprise économique européenne et en 1822 l'avènement du Sultan Moulay Abderrahman Ben Hicham (1822-1359) qui portait plus d'intérêt au commerce international à partir de Mogador que son prédécesseur Moulay Souleiman (1792-1822). L'activité reprit donc, timidement, dans le port. Elle était caractérisée par :
- une lente progression des mouvements de navires (25 bateaux par an) ;

- la prépondérance du pavillon britannique ;
- l'absence de navires français ;
- le maintien du trafic américain avec environ cinq bateaux par an ;
- le ralentissement du trafic maritime sous pavillon marocain ;
- l'apparition timide de bateaux hollandais (2 par an environ) ;
- enfin l'entrée en scène du pavillon sarde avec trois à quatre bateaux par an qui reliaient le port de Mogador à celui de Gênes au Nord de l'Italie.

5ᵉ période : la poussée du trafic (1833-1844)

Cette période fut la plus remarquable et la plus prospère. Le trafic allait connaître une croissance notable. En 1832, on nota 22 entrées de navires puis brusquement 57 en 1833 et 75 entrées de bateaux en 1834. Le trafic se stabilisa, par la suite, aux environs de 53 navires par an.

Mogador devint ainsi, et de loin, le port principal de l'Empire, assumant environ 50 % des échanges maritimes du pays. En 1834, et ce fut l'une des années les plus florissantes, 58 % du trafic maritime du Maroc s'effectuait par la ville des alizés. Tétouan, avec son avant-port de Rio Martin, tenait la seconde place.

L'activité maritime était caractérisée par la prépondérance des pavillons britannique et sarde dont chacun couvrait à peu près le tiers des mouvements de navires. Le pavillon américain, quant à lui, effectuait quelques 5 % du trafic. Les navires français faisaient leur réapparition à partir de 1834 avec quelques unités maritimes chaque année.

6ᵉ période : la lente régression (à partir de 1844)

Le 15 août 1844 la marine de guerre française procéda au bombardement de la ville et du port de Mogador. Par cette agression, la France porta un coup au commerce international du port impérial.

A partir de 1844, et jusqu'à la fin du XIXᵉ siècle et même le début du XXᵉ, un lent déclin de la part du port, dans les échanges extérieurs marocains, vit le jour et se maintint, aggravé, notamment, par l'apparition d'autres centres d'intérêt tels que les ports de Mazagan, Safi, Tanger, Larache et Casablanca dont les parts dans le volume global du trafic ne cessaient de croître, et par la nouvelle politique du commerce extérieur mise en place à partir de 1856 et que nous étudierons plus loin.

Le port de Mogador en 1861, d'après une gravure d'époque, effectuée par le Comte du Roscoat.

Port de Mogador tel qu'il a été au cours du XIXe siècle et au début du XXe.

Toutefois la part du trafic du port qui revenait à la Grande Bretagne restait toujours prépondérante. Le pavillon britannique effectuait à lui tout seul un trafic qui, en valeur, dépassait largement la moitié de la valeur du trafic total.

Le tableau ci-après, nous donne pour 1851, 1853 et 1855, le trafic du port, en valeur, réparti entre la Grande Bretagne et le reste du monde. La valeur est exprimée en Livres sterling.

Années	Valeur du trafic avec G. Bretagne	Valeur du trafic avec reste monde	Part de la G. Bretagne
1851	127 757	97 349	56 %
1853	282 922	61 365	82 %
1855	364 608	87 167	80 %

Source : Khalid Ben Assaghir, *Al Maghrib oua Britania Al Oudma,* éd. Ouilada, Rabat 1989, p. 216.

Telles sont les périodes, aussi différentes les unes des autres, que connut le trafic maritime du port et qu'a esquissées Jean-Louis Miège dans son article « L'espace économique d'Essaouira au XIXe siècle », paru en 1993 dans le numéro 4 de la revue *Maroc-Europe*. Ce même auteur, dans le même article, donne une idée de la nature des mouvements de navires dans le Port royal. Il écrit à ce propos :

« Mogador est de toutes les cités portuaires marocaines, celle qui reçoit le plus de navires de grande navigation, celle où l'on trouve les types les plus divers de navires, celle enfin où le tonnage moyen est de loin le plus élevé. Tous ces traits témoignent de l'ampleur de son rayonnement, du caractère autant océanique que méditerranéen de son activité. »

2.1.2. La nature du trafic

• A la fin du XVIIIe siècle Mogador était en relations commerciales essentiellement avec six ports d'Europe. Sa balance commerciale en quantité avec les ports en question se présente en 1787 comme suit :

Ports	Importations en livres	Exportations en livres
Amsterdam	1 411 154	1 314 367
Londres	1 690 898	850 144
Cadix	2 090 139	1 437 177
Marseille	453 629	1 166 949
Livourne	671 209	596 556
Lisbonne	38 092	216 588

Les importations consistaient en divers produits dont notamment :
- du fer, de l'acier des épices, du sucre et des toiles d'Amsterdam ;
- de la draperie de Londres ;
- des cuirs d'Amérique du Sud et de Cadix ;
- du soufre, du fil d'or, des soieries, du sucre en poudre et des objets d'utilisation courante de Marseille.

Mogador exportait notamment :
- du blé vers Cadix ;
- de l'huile d'olive en grande quantité vers Marseille ;
- de l'ivoire, de la gomme, du maroquin, de la cire, du miel, des amandes, des peaux, etc. vers les autres ports (1).

• James Grey Jackson, consul britannique à Mogador et négociant notoire nous donne une idée du volume de quelques exportations en 1804 dans son livre An account of the Empire of Morocco :

Amandes	917 500 livres
Gomme	463 600 livres
Cire	195 000 livres
Plumes d'Autruche	555 livres
Ivoire	800 livres

Le même ouvrage, pour la même année nous donne une idée de la quantité de quelques produits importés :

Soieries	2 910 livres
Cotonnades	50 000 Yards
Sucre en pain	56 220 livres
Sucre brut	9 200 livres
Cuivre en feuilles	1 035 livres
Plomb	1 000 livres
Verres	21 boites
Vaisselle de Chine	360 douzaines de tasses avec soucoupes

Les deux listes des exportations et importations ne sont guère exhaustives, tant les produits échangés étaient nombreux et variés, mais elles nous donnent une idée sur le trafic qui transitait par la cité à la fin du XVIIIe siècle et au début du XIXe.

---

(1) Ahmed Farouk, Aperçu du trafic du port de Mogador, *Hespéris-Tamuda*, 1988-1989, p. 93.

Le commerce extérieur aux XVIIIe et XIXe siècles

• Mogador exportait également vers l'Europe d'importantes cargaisons de laine venue de Abda, de Doukkala et du Tadla. En 1834, les exportations de laine représentaient 50 % des exportations totales de laine du Maroc. Le blé était également vendu à la même époque à Gibraltar, Cadix et Gênes. Mogador était ainsi et de loin le principal port marocain. En 1834, il assuma 58 % des échanges maritimes de l'ensemble de l'Empire chérifien.

• Une mention particulière doit être faite sur l'importation d'un produit dont la consommation allait devenir générale dans l'ensemble du Maroc au cours du XIXe siècle. Il s'agit du thé, plante aux vertus multiples, à la base d'une boisson consommée aussi bien par le riche que par le pauvre.

Mogador était célèbre par le thé qu'elle importait et qui était commercialisé à Marrakech et à travers le Sud du Maroc et le Sahara, sous le nom d'"Attaï Assouiri", devenu depuis synonyme de "thé de qualité". Les habitants de la cité en étaient de gros consommateurs et les plus raffinés ajoutaient de l'ambre gris au breuvage, ce qui lui donnait, semble t-il, un goût délicat.

Bien que le thé fût connu et consommé au Maroc depuis la fin du XVIIIe siècle, sa diffusion ne devint générale qu'à partir de 1856 lorsque les prix mondiaux du produit baissèrent fortement du fait de la libéralisation du marché de la denrée en question et également à la suite de l'assouplissement de la législation marocaine en matière d'importation. Le thé se trouvait alors sur les marchés de Tanger, Rabat, Larache et Mogador.

Le tableau ci-après nous donne les quantités de thé importées par le port de Mogador, le total des importations de thé par le Maroc de 1860 à 1895 et en pourcentage la part des importations de Mogador dans les importations globales de cette denrée :

Années	Quantités en kg importées par Mogador	Quantités en kg importées au Maroc	Part de Mogador en %
1860	14 340	35 000	41
1865	40 360	–	–
1870	100 335	–	–
1875	55 000	106 000	52
1880	54 500	196 000	28
1885	90 390	306 350	29
1890	106 000	488 100	28
1895	253 970	–	–

Mogador avait commencé par être le premier port importateur de thé du Maroc et ceci durant plus d'un siècle, soit depuis la fondation de la cité jusqu'en 1875. Ni Tanger, ni Larache, ni Rabat n'atteignirent les chiffres d'importation de thé enregistré par le port impérial. Avant 1856, les droits de douane perçus localement étaient moins lourds qu'ailleurs ce qui favorisait fortement l'importation.

En 1875, la part de Mogador dans les importations marocaines de thé était de 52 % comme ont peut le constater sur le tableau. De 1880 à 1890 elle n'était plus que de 28 % environ. Depuis elle ne cessait de décroître jusqu'à osciller autour de 20 % à la fin du XIXe siècle. Ce que la ville avait proportionnellement perdu, les autres ports l'avaient récupéré.

La Grande Bretagne était la maîtresse incontestée du marché du thé à Mogador et ceci depuis l'introduction de la denrée au Maroc. Il y eut bien quelques percées effectuées par Marseille et Hambourg à la fin du XIXe siècle mais cela ne suffisait pas pour concurrencer Londres (2).

2.1.3. La balance des échanges

Au début du XIXe siècle

Le tableau ci-après, nous donne une idée sur les variations du commerce maritime transitant par le port entre 1836 et 1842. Les importations et exportations sont données en valeur exprimée en francs-or 1840. Les importations, comme on peut le constater, étaient d'une façon générale, légèrement plus prépondérantes, en valeur.

Année	Importations	Exportations
1836	5 071 000	4 497 000
1838	4 314 000	4 675 000
1840	5 697 000	4 486 000
1842	3 876 000	2 808 000

Source : Jean-Louis Miège, *le Maroc et l'Europe,* PUF, 1961, tome II, page 146.

---

(2) Jean-Louis Miège, « Origine et développement de la consommation de thé au Maroc », *Bulletin économique et social du Maroc,* 1956.

Au milieu du XIXe siècle

L'année 1860 vit apparaître les premiers bateaux à vapeur desservant le Maroc. Les incertitudes que connaissaient la navigation à voiles disparaissant, le trafic commercial commençait à connaître une croissance soutenue. Le volume des produits échangés devenait beaucoup plus important d'année en année jusqu'en 1875, mais la part du port dans les échanges extérieurs globaux ne cessait de décroître lentement.

Le tableau ci-après établi sur la base des renseignements statistiques recueillis à l'époque par les consulats de France et de Grande Bretagne donne une idée sur l'évolution en valeur des échanges au cours de la dernière moitié du XIXe siècle, les valeurs sont exprimées en Livres sterling.

Périodes	Importations Moyennes annuelles	Exportations Moyennes annuelles
1850 à 1866	186 000	235 000
1867 à 1874	288 000	337 000
1875 à 1887	204 000	190 000

On constate qu'entre 1867 et 1874 le commerce international atteignit son maximum en valeur, mais aussi en volume comme on pourrait le constater d'ailleurs sur les documents adéquats ; par ailleurs, en valeur, les exportations excédaient les importations. A partir de 1875, les importations allaient croître jusqu'à dépasser légèrement en valeur les exportations sans qu'il y eût toutefois un lourd déficit commercial (3).

A la fin du XIXe siècle

A la fin du XIXe siècle, et depuis l'occupation du Soudan par les troupes françaises, et notamment la prise de Tombouctou en 1894, le port n'exportait plus que :

---

(3) Le tableau résume les données statistiques, groupées dans l'annexe D de l'ouvrage de Daniel J. Schroeter, *Merchants of Essaouira,* traitant du commerce extérieur de Mogador et provenant des rapports dressés par les consulats britannique et français. Des statistiques analogues mais légèrement divergentes et concernant toujours le commerce extérieur de Mogador, se trouvent dans l'ouvrage de Jean-Louis Miège, *le Maroc et l'Europe,* tome 3, page 64.

- des peaux de chèvres venues du Sud vers la Grande Bretagne, la France et même les Etats-Unis ;
- des amandes du Sous et de l'arrière pays vers l'Allemagne et la Grande Bretagne et subsidiairement vers la France ;
- des huiles, de la cire et différentes variétés de gommes utilisées dans les industries chimiques et pharmaceutiques, vers l'Allemagne, la France et la Grande Bretagne.

Les principaux produits importés essentiellement de Grande Bretagne et de France et accessoirement d'Allemagne étaient : les cotonnades, le thé, le sucre, les bougies, divers ustensiles et les soieries.

Eugène Aubin, dans son livre, *le Maroc d'aujourd'hui,* nous donne quelques chiffres sur le commerce extérieur de Mogador à la fin du siècle dernier :

**Commerce total du port de Mogador
en valeurs exprimées en francs français 1899**

	Importations	Exportations
1898	6 460 000	7 570 000
1899	5 970 000	8 360 000

**Commerce avec la France
en valeurs exprimées en francs français 1899**

	Importations	Exportations
1898	1 200 000	510 000
1899	1 600 000	470 000

**Commerce avec la Grande Bretagne
en valeurs exprimées en francs français**

	Importations	Exportations
1898	3 630 000	4 150 000
1899	2 980 000	3 950 000

**Commerce avec l'Allemagne
en valeurs exprimées en francs français 1899**

	Importations	Exportations
1898	410 000	1 670 000
1899	600 000	1 970 000

Remarque : Comme on peut le constater, à la fin du XIXᵉ siècle, la prépondérance du commerce britannique était toujours une réalité. En effet, plus de 50 % de la valeur du trafic du port se faisait avec la Grande Bretagne. En outre, les exportations totales du port dépassaient en valeur l'ensemble des importations.

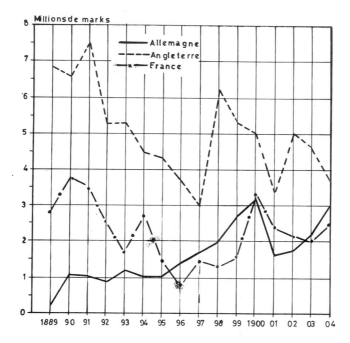

Commerce du port de Mogador en valeur sur graphique.
Source : Pierre Guillen : *l'Allemagne et le Maroc de 1870 à 1905,* PUF, Paris 1967, p. 467.

2.1.4. Les liaisons maritimes au cours de la 2ᵉ moitié du XIXᵉ siècle

Jusqu'en 1850, les voyages les plus rapides en voiliers, entre Mogador et Marseille, demandaient une vingtaine de jours ; avec l'introduction des bateaux à vapeur, la durée de la même traversée tomba à huit jours. Les compagnies de navigation françaises et britanniques allaient, dès le départ, monopoliser le commerce maritime du port impérial. En effet, en mars 1853 fut constituée une compagnie française de navigation maritime reliant Marseille à Mogador : la "Cohen et compagnie", soutenue par les grands commerçants juifs qui y étaient d'ailleurs actionnaires. Un bateau, dénommé "le Prophète", était mis en service pour le transport des marchandises entre les deux ports via Oran, Gibraltar et Tanger. Léandre Porro était l'agent représentant local de la compagnie. En 1855 le bateau fut réquisitionné par le gouvernement français pour le transport de troupes durant la guerre de Crimée (1854-1855). Il avait déjà effectué plusieurs rotations entre le port phocéen et la ville des alizés.

En avril 1856 fut créée à Marseille la "Société Phocéenne d'armements maritimes Altaras Caune et Compagnie" qui se proposait d'établir un service régulier de transport de fret entre Marseille et la ville des alizés avec escale à Gibraltar et à Tanger. Très vite cette société abandonna la ligne et partit trafiquer sous d'autres cieux. Elle fut remplacée par la "Bazin Gay et Compagnie" qui dès l'automne 1856 établit une ligne entre le port méridional français et Mogador.

Une compagnie britannique la "London, Lisboa and North African Line" se mit à desservir, dès 1857, Lisbonne, Gibraltar, Tanger, Mogador et Las Palmas.

Ces dessertes étaient cependant insuffisantes et les commerçants de la ville avaient souvent recours à l'affrètement de bateaux pour le transport de leurs marchandises. Jean Louis Miège cite, en remarques, dans son livre "le Maroc et l'Europe", des cas d'affrètement dont nous citons quelques exemples :
– le commerçant britannique Perry installé dans la ville affréta le 16 août 1858 le bateau Alpha de Mogador à Londres ;
– le négociant britannique Curtis affréta également en août 1858 le bateau Elfe de Mogador à Cadix ;
– un groupe de commerçants israélites affréta en décembre 1858 le navire Warrior entre Mogador et Lisbonne.

Le 3 juin 1863 la Compagnie française de navigation maritime Nicolas Paquet fut constituée à Marseille avec la participation de capitaux marocains appartenant notamment à des commerçants juifs et musulmans dont : Abraham Corcos, Abraham Afriat, Al Hadj Mahjoub Toufelazz et Mokhtar Ben Azzouz. Cette compagnie se proposait de mettre en place une desserte régulière bimensuelle les 7 et 22 de chaque mois, à partir de Marseille jusqu'à Las Palmas en passant par Mogador.

Le premier vapeur neuf acheté en 1872 par la compagnie Paquet et mis en service sur la ligne Marseille-Mogador-Las Palmas s'appelait le

"Souérah". Cela donne bien une idée sur l'intérêt que portait la compagnie en question à la cité des alizés.

Ainsi donc, vers 1865, les liaisons régulières entre Mogador et l'Europe s'établissaient ainsi :
– de Londres : une liaison directe par mois ;
– de Marseille : deux liaisons directes par mois.

Des lignes régulières étaient donc ainsi créées en plus des dessertes occasionnelles avec les ports de Marseille, Londres, Gibraltar, Cadix, Oran, Las Palmas. Des lignes maritimes touristiques desservant les Canaries et les Madères à partir de Gibraltar incluaient la ville des alizés dans leur circuit, ce qui ne manqua pas de faire naître un embryon de tourisme dans la cité et ses environs immédiats. A cet effet d'ailleurs, la compagnie de navigation maritime britannique "Forwood" assurait à la fin du XIXe siècle et au début du XXe, un service régulier par bateaux entre l'Angleterre, Gibraltar, le Maroc, les Canaries et les îles Madères. Avec un départ hebdomadaire de Londres et de Darmouth, cette compagnie était devenue la régulatrice du commerce et du tourisme britanniques le long de la côte atlantique marocaine, notamment sur la ligne Tanger-Mogador que les bateaux de la Forwood parcouraient en soixante cinq heures.

Les départs pour la Mecque et les retours de pèlerinage, par bateau à vapeur, étaient devenus une des activités saisonnières du port.

2.2. Le commerce par voie terrestre

Jusqu'à la prise de Tombouctou par les troupes françaises en 1894, le commerce transsaharien sur l'axe Mogador-Guelmim-Tindouf-Tombouctou, était florissant. Malgré les dangers réels que représentait la traversée du Sahara et en dépit des rigueurs du voyage, jamais le cabotage maritime le long de la côte occidentale africaine ne put, avant les dernières années du XIXe siècle, remplacer les routes caravanières commerciales qui traversaient le désert et qui étaient empruntées pendant une grande partie de l'année. Le voyage transsaharien était périlleux. Ainsi, en 1805, une caravane comprenant 2 000 personnes et 1 800 chameaux disparut en plein désert complètement décimée par la soif.

C'était donc par caravanes que les produits africains tels que plumes d'autruche, ivoire, poudre d'or et gomme arrivaient à Mogador pour être ensuite exportés vers Londres ou Marseille. C'était également par caravanes que les produits importés d'Europe tels que textiles, coutellerie, sucre, thé et café quittaient la ville pour s'éparpiller le long de la route trans-saharienne entre les divers centres commerciaux, avant qu'une partie n'arrivât à Tombouctou.

Dans la deuxième moitié du XIXe siècle il y avait une grande caravane annuelle qui allait de Mogador à Tombouctou, en septembre, pour un voyage qui durait entre soixante et soixante dix jours. Cette caravane drainait un commerce florissant qui avait pour tête de ligne le port de Mogador, pour relais Arouan, Taodeni, Tindouf et Guelmim et pour commanditaires les "négociants de l'Empereur". Cette caravane comprenait, au départ de la cité, quelques 2 000 dromadaires transportant chacun une charge utile en marchandises de 150 kg environ. A Taodeni, plusieurs autres milliers de dromadaires, récupérés à Tindouf, étaient chargés de sel acheté aux salines locales et destiné à être vendu à l'arrivée. 20 % des dromadaires étaient vendus à Tombouctou pour éviter le retour à vide. A Guelmim et à Tindouf une partie de la marchandise transportée était vendue sur place à des commerçants qui se chargeaient à leur tour de diffuser les produits acquis, dans les foires et marchés environnants.

Un courant caravanier drainait les produits africains suivant l'itinéraire inverse de Tombouctou vers Mogador où arrivaient deux caravanes par an, en avril et en décembre.

En plus de ces grands flux caravaniers, des convois plus petits de cent à deux cents dromadaires sillonnaient en tout temps le désert et les régions du Sud du Maroc portant les marchandises là où les grandes caravanes ne passaient pas.

L'arrivée des caravanes transsahariennes provoquait toujours une nette reprise dans l'activité du port. On estime, en effet, qu'au milieu du XIXe siècle, plus de 16 % des exportations annuelles du port étaient constituées par les produits en provenance de l'Afrique noire (ivoire, gomme). Si on ajoute à ces produits ceux provenant de la région de Oued Noun, cela représentait 33 % des exportations.

Ci-après un tableau donnant le détail des produits transportés par une caravane en provenance de Tombouctou en 1887 (4).

---

(4) Daniel J. Schroeter, *Merchants of Essaouira*, UP 1988, p. 94 ; Jean-Louis Miège : *le Maroc et l'Europe*, PUF, 1961, tome II, p. 149 et 152.

Charges de dromadaire	Produits	Poids en kg
40	Plumes d'autruche	6 000
85	Ivoire	12 700
30	Encens	4 500
20	Tissus du Sahara	3 000
35	Poils de chameau	5 250
225	Gomme arabique	33 750
45	Cire	6 750

Cette même caravane transportait, en outre, 8 750 mitqal de poudre d'or et 520 esclaves noirs, ces derniers furent débarqués sans doute ailleurs qu'à Mogador. On constate que le trafic le plus important était constitué par la gomme, l'ivoire et les plumes d'autruche.

Parmi les négociants de l'Empereur qui s'adonnaient à ce commerce caravanier, les plus prestigieux étaient : Dinar Ohana : commanditaire de caravanes et négociant en plumes d'autruche, et At Taleb Ben El Hadj El Mekki Bouhillal : commanditaire de caravanes et négociant en gomme et ivoire. Ces commerçants avaient leurs agents dans les haltes et mellahs qui jalonnaient la route caravanière. A Tombouctou résidaient de nombreux marchands marocains originaires généralement de Fès ou du Touat.

2.3. Les financements du commerce extérieur

Bien que les montants des transactions conclues fussent très importants, compte tenu de la quantité et de la valeur des marchandises qui transitaient par la cité et par son port, aucun système bancaire, dans le sens moderne du terme, ne servait de support aux opérations commerciales qui s'effectuaient. L'usage de la lettre de change était certes devenu répandu au cours des dernières décades du XIXe siècle mais cela ne suppléait que partiellement à l'absence d'un système bancaire classique.

Comme il n'y avait donc pas de système bancaire, et que l'argent était comme toujours le nerf de toute transaction, les opérations commerciales qui devaient être basées normalement sur le crédit bancaire étaient remplacées par des associations commerciales faites sous forme de commandites. Ces associations se nouaient généralement entre un grand commerçant et un boutiquier sans fortune sur la base d'un contrat notarié.

Il y avait deux types de contrat : l'emprunt et le partenariat. Dans chacun des deux cas, les bénéfices étaient partagés suivant des quotas convenus d'avance. Les risques sont supportés par les deux parties dans le cas du partenariat et par le prêteur seul dans le premier cas. Ces associations d'inspiration islamique avaient cours entre la plupart des commerçants. Les Juifs appliquaient les mêmes principes qui sont d'ailleurs en conformité avec la loi hébraïque. Les mêmes normes de partenariat étaient appliquées entre les marchands commanditaires, et les notables ruraux (5).

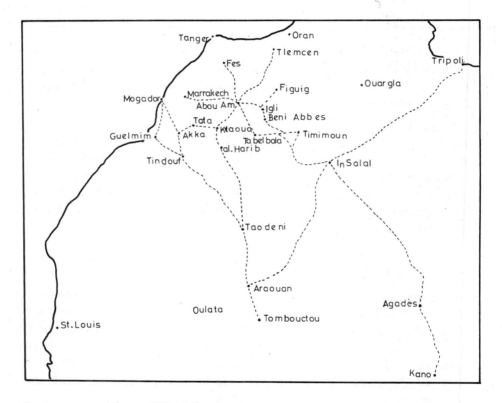

Routes commerciales au XIXᵉ siècle.

---

(5) Roger Le Tourneau dans son livre, *Fès avant le Protectorat*, traite, dans le détail, au chapitre consacré à la vie économique, toutes les différentes formes d'associations commerciales existant dans la ville de Fès au cours du XIXᵉ siècle. Les mêmes formes d'associations se retrouvaient à Mogador à la même époque.

Chapitre IX
La politique du commerce extérieur aux XVIIIe et XIXe siècles

On a souvent comparé Mogador durant la période allant de 1764 à la fin du XIXe siècle, à un port de la Chine impériale où l'Empereur dominait le commerce extérieur, protégeait les activités artisanales de la ville et affectait logements et entrepôts à des négociants qui lui étaient dévoués et qui oeuvraient exclusivement pour l'intérêt de leur Souverain (1).

En fait la comparaison est judicieuse puisque le Sultan fondateur – comme l'Empereur de Chine – voulant être maître du commerce extérieur, obligeait les étrangers à passer par ces intermédiaires qu'étaient les commerçants royaux. C'était là un moyen de contrôler le commerce extérieur et de contenir la domination européenne sur le Maroc.

Le Port impérial connut en fait, à la fin du XVIIIe siècle et tout au long du XIXe siècle, trois périodes successives, chacune caractérisée par une politique de commerce extérieur particulière.

1. Première période : le commerce extérieur avant 1844

Avec la fondation de la ville le Sultan Sidi Mohamed Ben Abdallah initia une ouverture économique contrôlée, vers l'Europe. Il encouragea le commerce international, le développa, mais pratiqua tout au long de son règne un protectionnisme rigoureux. L'instrument de sa politique était cette élite, constituée de commerçants qu'il soutenait par ses crédits et par les monopoles qu'il plaçait entre leurs mains. Cette même politique fut

---
(1) Daniel J. Schroeter, *Merchants of Essaouira,* CUP 1988, p. 3.

poursuivie sous le règne de Moulay Souleiman (1792-1822) mais sans dynamisme particulier quoique ce Sultan eût cependant visité quatre fois la ville pour s'enquérir de sa situation économique et commerciale.

Une reprise énergique dans le commerce extérieur apparut à l'avènement du Sultan Moulay Abderrahman (1821-1859). Ce souverain avait vécu un certain temps à Mogador comme Khalifa de son oncle Moulay Souleiman et gouverneur du Haouz. Il était donc sensible aux questions commerciales et l'intérêt qu'il portait au commerce international notamment, était dû non seulement au séjour qu'il effectua dans la cité mais aussi aux contacts qu'il avait eus et qu'il continuait à avoir avec les commerçants de la ville.

Sous le règne de Moulay Abderrahman, le corps des commerçants du Sultan se renforça en nombre et consolida en outre ses positions économiques.

Le Souverain procéda par ailleurs à une modification importante dans l'administration même de la ville et du port. Il faut noter que depuis la fondation de la cité et jusqu'en 1829, il fut de tradition de nommer généralement un caïd de l'arrière pays, gouverneur de Mogador. Cette règle porta ses fruits puisqu'elle permit l'intégration économique de la ville à son arrière-pays. Moulay Abderrahman qui gouverna la ville de 1815 à 1822, comprit qu'il fallait dépasser cette politique et intégrer, dans un deuxième temps, la cité dans les circuits commerciaux internationaux. Il était donc nécessaire de nommer un gouverneur, indépendant de l'arrière-pays, sensible aux questions économiques et commerciales, connaissant les nations européennes et capable de procéder à la relance commerciale du port et de la cité. Le choix du Sultan se porta sur un administrateur du Makhzen ancien caïd de Tétouan, issu d'une vieille famille de cette dernière ville et rompu aux questions économiques, commerciales et financières : il s'agit de Abdelkhalaq Aachaach qui fut donc désigné en 1830 gouverneur de Mogador, administrateur du port et régisseur des douanes et taxes portuaires en remplacement du caïd de Haha Abdelmalek Ben Mohamed Ben Bihi. Cette même politique vit la nomination par la suite des gouverneurs également originaires de Tétouan : Allal Az Zamrani (1833-1842), Al Arbi Torrès (1842-1854), Mohamed Bricha (1852-1859), et qui furent aussi régisseurs des douanes et taxes portuaires.

Par ce nouveau style d'administration de la ville et de gestion du port, le commerce extérieur reprit un essor important. Le taux de fréquentation du port augmenta ainsi que le volume du trafic. Durant la décade 1834-1844 de 50 à 60 vaisseaux accostaient chaque année au port. Les importations annuelles en valeur étaient de 100 000 Livres Sterling ; quant aux exportations, elles étaient de 200 000 Livres Sterling (2). Le commerce international s'amplifiait certes, mais le protectionnisme rigoureux était de règle, ce qui ne plaisait guère aux nations européennes qui ne cessaient de harceler le Sultan pour qu'il mît fin aux monopoles du makhzen et procédât à la suppression, sinon à la baisse des droits de douane.

Ce protectionnisme allait être durement secoué par les coups de boutoir des nations européennes et notamment par les actes de guerre de 1844 : bombardement de Tanger et de Mogador par les Français, de 1859 : guerre avec l'Espagne et prise de Tétouan et par l'accord commercial signé par le makhzen avec la Grande Bretagne en 1856. Ces actes de guerre et accord commercial auraient raison du protectionnisme instauré par le makhzen. L'Europe finirait par imposer sa volonté dans le domaine du commerce extérieur.

2. Le bombardement de 1844

En 1844 eut lieu un événement essentiel qui allait avoir sur les destinées de la ville de Mogador et sur ses activités commerciales des conséquences importantes : il s'agit du bombardement de la cité en août 1844 par les Français.

La ville allait en effet être mêlée au conflit franco-marocain de 1844. On sait la lutte que soutint contre la France, établie en Algérie, l'Emir Abdelkader qui trouva appui moral et matériel auprès du Sultan du Maroc Moulay Abderrahman (1822-1859).

Le conflit entre le Maroc et la France éclata en 1844 à la suite de divers incidents à la frontière maroco-algérienne. Une série de faits et d'actes de guerre eurent alors lieu au cours du mois d'août 1844 :
- le 6 août 1844 une escadre française commandée par le prince de Joinville bombarda la ville de Tanger ;
- le 14 août 1844 eut lieu la fameuse bataille d'Isly qui montra la supériorité des armes françaises ;

---

(2) *Ibid.,* p. 117.

— le 15 août 1844 la même escadre française commandée par le prince de Joinville attaqua l'île, le port et la ville de Mogador (3).

2.1. L'Escadre française

L'escadre française qui bombarda le 6 août 1844 la ville de Tanger et ensuite celle de Mogador le 15 août était commandée par François-Ferdinand, prince de Joinville, troisième fils du Roi de France Louis-Philippe. Le prince était âgé de 26 ans seulement.

L'escadre partit de Toulon à la mi-juin 1844. Elle se composait dans son ensemble de quinze bâtiments tant à voiles qu'à vapeur à savoir :

— 3 vaisseaux de ligne :
- le Suffren : commandant Lapierre ;
- le Jemmapes armé de 103 canons : commandant Montagniès de La Roque ;
- le Triton : vommandant Bellanger.

— 3 frégates :
- la Belle-Poule : commandant Hernous ;
- l'Asmodée : commandant Dufrénil ;
- le Groenland.

— 4 bricks :
- l'Argus : commandant Jean-Gérard ;
- le Volage : commandant Clavaud ;
- le Rubis : commandant Sadaiges ;
- le Cassard : commandant Roque-Maurel.

— 3 corvettes :
- le Pluton : commandant Adolphe Bouet ;
- le Gassendi : commandant Maissin ;
- la Vedette.

— 2 avisos :
- le Phare : commandant Brouzet ;
- le Pandour : commandant Duparc.

---

(3) Jacques Caillé, *les Français à Mogador en 1844*, éd. Syndicat d'Initiative.

Un corps expéditionnaire de 1 200 hommes avait été embarqué sur ces différents bâtiments. Ce corps était pourvu d'un matériel et de provisions permettant une longue occupation des villes visées.

L'escadre fit escale à Oran puis se regroupa à Cadix. Au début de juillet 1844 l'aviso le Phare partit de Cadix pour Mogador. A son bord se trouvait l'officier du génie le capitaine Coffinières chargé de prospecter les environs de la ville, de relever avec précision l'emplacement des différentes fortifications et d'estimer la manière la plus efficace de s'emparer de la cité. Le capitaine Coffinières remplit sa mission sans trop d'inquiétude.

Le 8 août 1844 l'escadre mit le cap vers le Sud, après avoir bombardé Tanger le 6 août, et procédé à son regroupement à Cadix.

La flotte française arriva au large du port le 11 août 1844. Les vents alizés saisonniers soufflaient fortement. La mer était houleuse et d'une couleur ocre. Les vents semblaient redoubler de force chaque jour. Le commandant de l'escadre choisit d'attendre un temps plus clément avant d'exécuter son plan de bombardement et d'occupation de la ville.

Le 12 août 1844 une frégate britannique le Warspite arriva également sur les lieux pour observer la flotte française, suivre le cours des événements et aussi récupérer le consul et les sujets britanniques vivant dans la cité. La ville s'étant barricadée aucun mouvement de personnes ne fut autorisé par le gouverneur Larbi At Torrès. D'ailleurs depuis l'arrivée de l'escadre française, le prince de Joinville ne montra aucun désir d'entrer en contact avec les autorités locales ou d'entamer des négociations sur une reddition éventuelle de la ville.

2.2. La bataille

La façade maritime du site était défendue par de nombreuses pièces d'artillerie installées dans plusieurs fortifications :
- la fortification de la sqala de la casbah : 44 pièces ;
- la fortification de la sqala du port : 24 pièces ;
- le fortin de la petite île au voisinage du port : 8 pièces ;
- les batteries de l'île qui étaient au nombre de quatre, chacune comportant 6 à 7 obusiers anglais.

Le 15 août 1844 le Prince de Joinville décida de déclencher les hostilités sans avertir. Ce même jour à 13 h 30 ordre fut donné aux vaisseaux de ligne le Suffren, le Jemmapes et le Triton d'appareiller et de se mettre à portée de canon des batteries qui défendaient la ville. A 15 h les trois vaisseaux ouvrirent le feu sur les batteries des fortifications. Ces dernières répliquèrent avec vigueur. Au même moment les batteries de l'île entrèrent en action. Les vaisseaux français étaient pris entre deux feux. Le commandement français décida de réduire au silence les canons de l'île. Les deux corvettes : le Pluton, le Gassendi et l'aviso "le Phare" furent dépêchés sur les lieux. Les marins et matelots qui en débarquèrent montèrent à l'assaut de la garnison de l'île qui comprenait 320 hommes décidés à se défendre jusqu'au bout.

Le corps de débarquement français qui mit pied à terre comprenait 500 hommes commandés par le capitaine de corvette Duquesne. Les soldats français tentèrent plusieurs fois de s'emparer des bastions, et chaque fois ils furent repoussés avec fureur. Les Marocains se défendaient avec acharnement. Le capitaine de corvette Duquesne fut blessé ainsi que son adjoint le lieutenant Coupvent-Desbois. De part et d'autre, les morts et les blessés s'écroulaient. Devant cette défense acharnée, les Français firent appel à la flotte qui appuya l'attaque grâce à ses canons qui réduisirent les batteries au silence.

Le combat continua avec violence jusqu'à l'élimination physique de la moitié de la garnison de l'île. Le caïd entouré de ses soldats se barricada dans la mosquée. L'édifice religieux fut bombardé puis pris d'assaut. Le caïd fut fait prisonnier ainsi que 160 soldats. Les assaillants français eurent une centaine de tués et blessés (4).

L'effort de l'envahisseur se concentra alors sur la ville. Le 16 août 1844 les bombardements de la cité reprenaient. Les batteries répliquaient avec fureur. Devant cette résistance, le commandement français décida de faire le blocus du port et de continuer d'occuper uniquement l'île. Une division de canonniers rejoignit l'escadre, renforçant ainsi sa puissance de feu.

---

(4) Dans son récit, rappelé ci-dessus, Jacques Caillé affirme que le caïd de la garnison de l'île était Larbi At Torrès. Il fut battu et retenu comme prisonnier puis emmené en Algérie avec les autres soldats capturés. En fait, Larbi At Torrès était le gouverneur de la ville, et durant le bombardement il était en poste dans la cité même, ce qui est tout à fait normal. A aucun moment il ne fut fait prisonnier. C'est d'ailleurs là le point de vue de Mohamed Ben Saïd As Siddiqi dans, *Iqaz As Sarira*.

L'envahisseur décida alors de débarquer dans le port 500 hommes sous les ordres du commandant Hernoux et du capitaine Bouet. Le débarquement eut lieu sous la protection des feux croisés du brick le Canard, de la corvette le Pluton, de l'aviso le Pandour, de la fregate l'Asmodée et du brick le Rubis. Le corps de débarquement s'empara du port après de violents combats, mais n'alla pas plus loin. Toute aventure au-delà de la Porte de la marine pouvait être meurtrière. La ville était en proie à plusieurs incendies et à des scènes de pillage dans ses quartiers nord.

Les envahisseurs désarmèrent les remparts du port en précipitant à la mer plusieurs canons. Parmi les pièces jetées à l'eau, il y avait un canon composé d'un affût métallique représentant un lion en pleine course. Les quatre pattes de l'animal formaient les quatre roues et la crinière supportait la pièce armée (5). C'est sans aucun doute ce canon qui donna le nom de "Porte du lion" à la porte de la ville qui conduit aux environs du port. Les soldats n'hésitèrent pas à piller les magasins du port et à emporter tout ce qui pouvait l'être.

Le 17 août 1844, le prince de Joinville décida d'envoyer les 160 prisonniers de l'Ile en Algérie auprès du maréchal Bugeaud, de continuer l'occupation du rocher et de procéder au blocus de la ville à partir des vaisseaux éparpillés sur la côte et d'un petit fortin qui se trouvait sur la "petite île" au voisinage du port.

Le bombardement dura donc deux jours au cours desquels 1 240 bombes furent lancées sur la cité.

C'est au cours de ce fait d'armes que fut tué, sur les remparts fortifiés, et derrière son canon, l'artilleur Ali Ben Daoud. Un petit mausolée contenant sa dépouille serait élevé à côté de la Sqala de la Casbah, en hommage à son sacrifice (6).

Les sites et quartiers qui eurent à souffrir le plus des bombardements furent les fortifications, les remparts, le quartier juif du Mellah et les deux quartiers de Ahl Agadir et d'Al Baouakhir (7).

Profitant de la confusion, des maraudeurs venus en majorité de la région de Chiadma mais aussi de Haha firent irruption dans le Nord de la ville après avoir défoncé la porte de Bab Doukkala. Il s'en suivit des scènes de

---
(5) Cf. Jacques Caillé, *les Français à Mogador en 1844,* Syndicat d'Initiative.
(6) Cette affirmation est faite sur la base d'une croyance très répandue dans la ville.
(7) Mohamed Ben Saïd As Siddiqi, *Iqaz As Sarira,* p. 69.

pillages et de destructions, ce qui accéléra l'exode d'une partie de la population vers la campagne environnante.

L'autorité de la ville réussit après un certain temps à mettre fin à ces agressions en pourchassant et en arrêtant les voleurs.

Le blocus ne fut pas de tout repos pour les envahisseurs. Coupés du littoral ces derniers ne pouvaient compter que sur leurs réserves pour leur approvisionnement. Même l'eau devait être importée de Cadix et le séjour sur une île aride ne comportait que des désagréments.

2.3. La paix revenue

Le 10 septembre 1844 fut conclue à Tanger entre les plénipotentiaires désignés une « convention pour régler et terminer les différends survenus entre la France et le Maroc ».

Prise de Mogador par l'escadre du Prince de Joinville, 1844. Tableau de Durand-Brager (1814-1879), Musée de la marine, Paris.
Au centre : la frégate «la Belle-Poule», portant 60 bouches de feux ; ce navire de combat fut lancé à Cherbourg en 1834.

Dès le 17 septembre 1844 les soldats français évacuèrent l'île et mirent fin au blocus de la ville.

Le départ des Français ramena la confiance parmi la population réfugiée dans la campagne environnante, qui retourna dans ses foyers. Mais l'arrière pays demeura longtemps en proie à l'anarchie et le makhzen mit plusieurs mois pour rétablir l'ordre dans les Haha et Chiadma et récupérer les biens enlevés par les maraudeurs. Les tribus impliquées dans le pillage de la ville furent sanctionnées par le makhzen qui leur imposa des amendes à payer : 30 mitqals pour un homme marié ; 20 mitqals pour un célibataire.

Ces montants furent ramenés respectivement à 20 et 10 mitqals après médiation auprès du makhzen du cheikh de la zaouia naciriya Sidi Abou Baker Ben Ali (8).

Le traité de Lalla Marnia (18 mars 1845) ratifié par le Maroc en juin 1845 liquida ce qui resta du contentieux franco-marocain.

Le 4 juillet 1845 le corvette à vapeur le Véloce parut devant Mogador avec à son bord les prisonniers de l'île et leur chef.

Reconnaissant de loin leur ville les captifs se réunirent sur le pont du navire et entamèrent en chœur une fatiha. Les officiers et marins français furent vivement impressionnés par le calme et la ferveur de ces hommes qui surent être braves dans le combat, dignes dans la captivité et si émus lorsqu'ils rendirent hommage à Dieu pour leur délivrance.

Les prisonniers furent accueillis en pleine mer par des groupes de nageurs. Lorsqu'ils mirent pied au port la ville entière était là pour les saluer (9).

2.4. Impressions

Cette "visite" tapageuse, bruyante et dramatique des Français à la cité des alizés fut un de ces ratés de l'Histoire qui n'eut aucune conséquence positive.

---

(8) Cf. Daniel J. Schroeter, *Merchants of Essaouira,* CUP, 1988, p. 164.
(9) Mohamed Ben Saïd As Siddiqi, *Iqaz...,* p. 69 ; Jacques Caillé, *les Français à Mogador en 1844.*

Dans les souvenirs populaires, cet épisode de l'histoire de la ville, trouva refuge dans les histoires de grands-mères. Le bombardement servit de toile de fond à quantités d'histoires pour enfants dans lesquelles on raconte la férocité des envahisseurs, la force de la foi et la baraka des saints de la ville qui firent, taire les canons des étrangers et lâcher des vents de sable sur les frégates ennemies.

Une légende juive prétend que la maison du grand rabbin de Mogador, Haïm Pinto, dont le tombeau est actuellement un lieu de pèlerinage, fut ouverte à toutes les personnes qui fuyaient les quartiers dévastés. La demeure du saint homme fut, dit-on, miraculeusement épargnée, aussi bien par les bombes que par les pillards.

Certaines maisons du quartier Beni Antar et du mellah gardent, plantés dans leurs murs des boulets tirés par les canonnières françaises.

C'est là tout ce qui reste de cette aventure française, enfin, pas tout à fait, puisque selon Edmond Doutté, dans son livre *En tribu* (1914), « une poésie... sur le bombardement de Mogador est connue non seulement des chanteuses de profession, mais aussi de beaucoup d'autres Mogadoriens ».

Actuellement, le texte de cette poésie semble avoir été définitivement perdu.

3. Deuxième période : le commerce extérieur de 1844 à 1856

La ville, son port et ses habitants sortirent meurtris de ce bombardement destructeur et terriblement injuste.

Si la raison officielle qui provoqua le bombardement fut d'ordre politique : recours à la canonnière pour dissuader le Sultan Moulay Abderrahman de continuer à soutenir l'Emir Abdelkader d'Algérie, en fait la raison profonde était d'ordre économique : il s'agit de détruire, ou au moins d'ébranler, le système de commerce extérieur mis en place par les Souverains Alaouites, qui assurait une certaine indépendance commerciale àl'Empire Chérifien et qui, par conséquent, gênait les visées expansionnistes des nations européennes. N'eût été cette raison, à quoi bon bombarder une ville au commerce prospère ? La défaite d'Isly était suffisante et largement dissuasive !

Le bombardement de 1844 établit un autre cadre de relations avec la France, et avec l'Europe d'une façon générale. La présence des Européens au Maroc devenait effective et arrogante. Le makhzen commençait à ne plus être maître de la situation et le commerce extérieur menaçait petit à petit de lui échapper.

Le makhzen réagit cependant en essayant de maintenir son contrôle sur le commerce extérieur de la ville. Il imposa des monopoles, qu'il confia à ses propres commerçants et, prohiba l'exportation de certains produits. Des négociants expérimentés furent amenés de Tétouan et implantés à Mogador avec en primes monopoles et crédits du makhzen, et pour mission, de relancer vigoureusement le commerce international, tout en le préservant de la concurrence européenne. Ces commerçants ne purent résister à la pression des négociants européens soutenus par leurs Etats. Les gouverneurs Torrès et Bricha mirent en place des réformes structurelles dans la gestion financière du port. Ces réformes ne donnèrent pas les résultats escomptés. Le makhzen donna encore un autre tour de vis en augmentant les droits de douane, parfois jusqu'à 75 % ad valorem sur les importations et en imposant àpartir de 1850 un monopole d'Etat sur les principaux produits : céréales, laine, sucre, café, thé, tabac, peaux. Ce monopole pouvait être cédé selon le produit, par le Makhzen, au commerçant de son choix. Cette politique ne faisait qu'attiser les récriminations des nations européennes qui encourageaient la contrebande et le trafic illégal par le port de Oued Noun avec l'aide des roitelets locaux (10).

Le navire fuyait de partout !

A bout de souffle le makhzen abrogea en 1854 tous les monopoles d'Etat à l'exception de quelques produits insignifiants : tabac, sulfures et armes à feu et ramena les droits de douane sur les produits importés à 10 % *ad valorem.*

Le monopole de l'Etat chérifien et le protectionnisme rigoureux étaient bel et bien terminés. Sur l'insistance du ministre britannique à Tanger Sir John Drummond Hay, le makhzen, après maints refus et dérobades, se résigna à signer en 1856 avec la Grande Bretagne un traité de commerce qui marqua le point de départ d'une nouvelle ère dans les relations

---
(10) Daniel J. Shroeter, *Merchants of Essaouira*, CUP, 1988, p. 161.

commerciales entre le Maroc et l'Europe, caractérisée par la domination progressive du commerce européen. Jean-Louis Miège l'appelle : le traité de Nankin du Maroc.

4. Troisième période : le commerce extérieur après 1856

La caractéristique essentielle du traité de commerce de 1856 avec la Grande Bretagne fut celle d'imposer au Maroc la liberté de commerce. Le traité avait comme particularité de supprimer les monopoles d'Etat sur les produits d'importation, d'abolir les taxes à l'exportation, d'annuler les péages et les diverses impositions et de réduire les droits de douane à 10 % *ad valorem*. Les clauses de cet accord furent étendues de fait à tous les négociants européens quelle que soit leur nationalité. Par ce traité le makhzen abandonnait son droit de justice sur les Européens et sur les sujets marocains en relation commerciale avec eux.

Le traité de 1856 faisait perdre à Mogador le régime douanier avantageux qui était le sien et qui se caractérisait par des droits de douane inférieurs à ceux exigés dans les autres ports du Maroc.

Forte des avantages accordés par l'accord, une nouvelle vague de commerçants venus d'Europe commença às'installer à Mogador après 1856. Les nouveaux négociants étrangers implantaient de nouvelles habitudes dans la ville, faisaient des émules, distribuaient les protections, créaient de nouveaux problèmes et faisaient souvent preuve d'arrogance envers les représentants du makhzen. Cette période notamment vit s'installer dans la cité puis émerger comme grands commerçants les négociants britanniques suivants : Georges Broome, James Curtis, John Damonte, John Grâce, William Grace, et David Perry (11).

La guerre avec l'Espagne, déclenchée par ce pays de façon tout à fait arbitraire en 1859 se termina, entre autre, par la prise de Tétouan et la main mise par l'Espagne, à titre d'indemnité de guerre, sur la moitié des recettes douanières de huit ports marocains dont Mogador, sur une durée de vingt ans. Vers la fin de l'année 1861 une flotte espagnole composée de trois bateaux de guerre vint s'immobiliser au large de la cité et menaça de bombarder la ville si une rançon compensatoire àl'indemnité de guerre due

---

(11) *Ibid.*, p. 166.

par le Maroc n'était pas versée au commandant de la flotte. Cédant devant la menace, le gouverneur de la ville Abdelkader Al Attar ramassa la somme demandée de cinq millions de piastres auprès des commerçants et détaillants et la remit aux maîtres chanteurs (12).

Plus tard, au cours de l'année 1864 vinrent s'installer aux commandes des douanes du port, les contrôleurs espagnols (recaudadores) chargés de récupérer pour leur gouvernement l'indemnité de guerre fixée. Avec ces agents étrangers s'installaient l'abus de confiance et l'arbitraire.

Après toutes ces péripéties les négociants étrangers étaient devenus évidemment les maîtres du commerce extérieur de la ville. En 1863, leur nombre était tel que le Sultan Sidi Mohamed Ben Abderrahaman (1859-1873) décida de construire la nouvelle casbah pour loger les nouveaux commerçants et faire entreposer leurs marchandises. L'opération de construction dura six ans et fut entreprise par deux cents ouvriers et maçons dirigés d'abord par l'architecte Hadj Taïeb Boujayda Ar Rabati puis par l'architecte El Houssaïn Guennoun El Fassi qui termina les travaux (13). Les négociants furent logés dans le nouveau quartier moyennant un loyer annuel équivalent à 6 % du coût de la construction qu'ils finirent par accepter de payer après bien des rechignements. La nouvelle casbah était devenue le symbole de la prépondérance étrangère dans la cité à la fin du XIXᵉ siècle.

Les maisons avaient été conçues conformément aux besoins et au mode de vie des commerçants européens. Elles sont construites en pierre. La porte extérieure est souvent ornée d'un encadrement en bois, clouté, dans lequel s'ouvre une porte donnant sur un vestibule. Celui-ci conduit au rez-de-chaussée qui comprend en général de grandes salles et une cour qui peut être utilisée comme entrepôt.

Les étages supérieurs sont réservés à la vie domestique. Les chambres sont spacieuses et d'ordinaire communiquent entre elles de sorte que l'on peut passer d'une salle à une autre, directement, sans utiliser la galerie de distribution. Les pièces sont quelquefois pourvues de cheminées et de parquet en bois. Les terrasses sont hautes et permettent d'avoir une vue sur le port et la haute mer. Une chambre percée de larges fenêtres est parfois

---

(12) Mohamed Ben Saïd As-Siddiqi, *Iqaz As Sarira,* Casablanca, 1961, p. 84.
(13) *Ibid.,* p. 88.

juchée dans un coin surélevé de la terrasse et peut constituer un excellent observatoire à partir duquel on peut scruter le mouvement des navires et l'activité portuaire. Les entrepôts sont spacieux, solidement charpentés et entrecoupés de voûtes construites en pierre de taille de grès marin, qui s'entrecroisent perpendiculairement de façon harmonieuse.

En 1865, au moment de la construction de la nouvelle casbah, on comptait dans la cité 52 maisons de commerce :
- 37 marocaines dont 7 dirigées par des Musulmans et 30 par des Juifs protégés britanniques pour la plupart,
- 11 britanniques,
- 1 italienne,
- 1 française installée sous la raison sociale : Emile Bonnet et Compagnie.

5. Evolution de la situation économique

Qu'en était-il de Mogador, de sa croissance et de sa prospérité ? Deux exemples vont nous donner une idée sur la situation économique de la ville.

1er exemple :
- en 1821 : les recettes provenant des droits de douane se montaient à : 40 640 Livres Sterling ;
- en 1848 : les recettes provenant des droits de douane se montaient à : 37 824 Livres Sterling.

Or, entre 1821 et 1848, il y eut un accroissement notable du trafic commercial au port. Cette baisse des recettes est due à celle du taux de droit de douane ramené à 10 %. Si cette mesure avait relancer les importations l'Etat n'en avait pas profité puisque ses recettes avaient baissé (14).

2e exemple :

Il s'agit de l'analyse d'un document comptable du type recettes-emplois, établi sur une période de 17 mois à cheval sur les années 1858-1859, par le Gouverneur régisseur des douanes du port de Mogador et

---

(14) Daniel J. Schroeter, *Merchants of Essaouira*, CUP, 1988, p. 130.

classé à la Direction des Archives royales à Rabat. Cette analyse va nous permettre de faire des constatations à partir desquelles peuvent être tirées des conclusions édifiantes (15).

– Constatations :

• Sur une période de 17 mois continus à cheval sur les deux années 1858-1859, les recettes provenant des droits de douane perçues au port représentaient 27 % du revenu découlant des versements contractuels effectués par les commerçants du Sultan.

• Une part équivalente à 87 % du revenu découlant des versements contractuels effectués par les commerçants du Sultan était réversée à d'autres commerçants sous forme de crédits.

• Les dépenses courantes (dépenses militaires, entretien de la ville, etc.) qu'effectuait le makhzen dans la cité se montaient au cours de la même période à une somme supérieure aux recettes douanières de 40 %.

– Conclusions :

Soit R : revenu provenant des versements des commerçants du Sultan.
Soit r : revenu provenant des recettes des douanes.
Soit C : montant des crédits accordés à d'autres commerçants du Sultan.
Soit D : dépenses courantes du makhzen à Mogador.

$$r = R \cdot \frac{27}{100} = \frac{27\,R}{100} = 0,27\,R$$

$$C = R \cdot \frac{87}{100} = \frac{87\,R}{100} = 0,87\,R$$

$$D = r \cdot \frac{40}{100} \cdot r = r\left(1 + \frac{40}{100}\right) = \frac{140\,r}{100} = \frac{140}{100} \cdot \frac{27\,R}{100}$$

$$D = 0,388\,R$$

Soit donc le total des recettes :

$$R + r = R + \frac{27\,R}{100} = 1,27\,R$$

---

(15) A partir de cet exemple cité par Daniel J. Schroeter, il nous a été possible de tirer des conclusions, sur la base d'un calcul comptable, p. 130.

Soit le total des emplois :

C + D = 0,87 R + 0,388 R = 1,25 R

Le total des emplois était à peu près égal à celui des recettes en 1858-1859.

A partir de 1864, les Espagnols allaient amputer les recettes douanières de leur moitié et cela sur une durée de 20 ans. L'équilibre serait donc rompu au détriment de la prospérité de la ville.

L'indemnité de guerre imposée par l'Espagne allait donc ébranler l'équilibre économique de la ville, et c'était bien ce que cherchait l'Espagne et les autres pays européens.

6. La concurrence commerciale

Le commerce par voie maritime, au milieu du XIXe siècle, était partagé en grande partie entre la Grande Bretagne et la France qui, à elles deux, assuraient plus de 95 % du transport de frêt maritime du port, avec une nette prépondérance pour la Grande Bretagne.

A la fin du XIXe siècle, la compétition entre les puissances européennes fit réajuster le partage du trafic de sorte que les proportions étaient devenues de l'ordre de : 50 % pour les transporteurs britanniques, 28 % pour la marine marchande française et le reste partagé entre les transporteurs maritimes espagnols et allemands.

Les compagnies maritimes européennes se faisaient une concurrence acharnée au port de Mogador. Les transporteurs allemands étaient les plus virulents et n'hésitaient pas àrecourir au dumping tarifaire. Les chargeurs locaux en profitaient pour négocier fermement les prix de transport et prenaient l'habitude de ne plus accepter des contrats qui les liaient aux transporteurs pour une longue durée. L'opiniâtreté des chargeurs était telle qu'en 1890, les principaux commerçants de la ville dont : Afriat, Corcos et Al Ouarzazi refusèrent de renouveler leur contrat de transport avec la compagnie britannique de transport maritime Forwood, à moins d'une révision sérieuse des clauses du contrat. Ils menacèrent de recourir aux services du concurrent allemand. Forwood révisa ses conditions. Plus encore, en 1892, et sous l'instigation du commerçant Isaac Afriat, des négociants créèrent une société d'affrètement de navires la "Salvador

Steamship Company" qui se proposait d'assurer le transport vers l'Europe, et notamment vers Marseille, à un prix inférieur de 25 % à celui pratiqué par la compagnie française Paquet. Cette manœuvre obligea cette dernière société à baisser ses tarifs de 20 % (16).

Le temps du duopole Forwood-Paquet était bien révolu.

---

(16) Jean-Louis Miège, *le Maroc et l'Europe,* PUF, 1961, tome IV, p. 373.

Chapitre X
La vie économique et sociale au XIXe siècle

Le commerce international constituait l'activité économique essentielle du port tout au long du XIXe siècle. Cela a fait l'objet d'analyse détaillée dans les chapitres précédents. Dans ce qui va suivre, nous allons nous intéresser, en particulier, outre à la vie sociale dans la cité, aux réformes économiques et aux activités artisanale et commerciale qui existaient à l'intérieur de la ville et sur les côtes de Haha et Chiadma.

1. Les réformes administratives et fiscales

La guerre avec l'Espagne de 1859-1860, qui se termina par l'occupation de Tétouan, eut un côté positif : elle obligea le makhzen à réformer sa fiscalité et à améliorer la gestion des recettes dans les ports et dans les différentes villes de l'Empire. La ville des alizés fut évidement touchée par ce vent de changement dont l'objectif était de freiner la corruption, de rentabiliser les services publics et d'améliorer les recettes provenant de la ponction fiscale afin que le makhzen pût régler l'indemnité de guerre imposée par l'Espagne.

1.1. Les réformes dans l'administration portuaire

Dans le cadre du train de réformes promulguées dans l'Empire chérifien pour juguler la corruption, le Sultan Sidi Mohamed Ben Abderrahman nomma en 1862, un ensemble de fonctionnaires pour administrer le port et gérer ses finances. Ces commis de l'Etat étaient salariés du makhzen et leurs fonctions étaient incompatibles avec toute activité commerciale (1). Cet ensemble de fonctionnaires comprenait :

---
(1) Daniel J. Schroeter, *Merchants of Essaouira*, CUP, 1988, p. 135.

- deux régisseurs (Oumana) dont un originaire de la ville ;
- un commandant du port ;
- un adjoint au commandant du port ;
- quelques notaires (adoul).

Les régisseurs, ainsi désignés, avaient la haute main sur les recettes des douanes et sur celles provenant des taxes payées dans les différents marchés de la ville. Les oumana géraient donc l'ensemble de la fiscalité portuaire et urbaine. A partir de 1866, ce corps de régisseurs fut renforcé par d'autres fonctionnaires.

Parallèlement à ces nominations, le makhzen procéda à l'instauration dans le port d'une véritable comptabilité, normalisée, tenue dans des livres et documents comptables clairement définis qu'on fit venir d'Angleterre. On commença à enregistrer, sur les nouveaux documents, des renseignements, jusque là non retenus, concernant les navires de commerce, tels que :

- nature du bateau : à voiles ou à vapeur ;
- origine et destination du bateau ;
- tonnage transporté ;
- durée du voyage ;
- nature des différents produits transportés ;
- droit de douane correspondant à chaque produit ;
- date d'après le calendrier grégorien.

Afin de diviser les tâches, et dans un souci d'assainissement, il fut procédé à une séparation claire entre les recettes fiscales gérées par les régisseurs désignés et les rentes habituelles propres au makhzen telles que : loyers, bénéfices sur prêts aux commerçants, etc., pour la gestion desquelles un prévôt (mohtassib) fut désigné.

Les réformes furent poursuivies jusque sous le règne du Sultan Moulay El Hassan (1873-1894). En 1880, le makhzen installa dans la cité un haut fonctionnaire d'un autre genre, l'"amine el moustafadat" avec de grandes attributions : toutes les rentes, recettes sur taxes et péages perçus dans la ville et l'arrière-pays pour le compte du makhzen, à l'exclusion des recettes douanières et celles des Habous, étaient récupérées par ce haut fonctionnaire. C'était en quelque sorte un chef percepteur de la ville et de sa province.

Le but de ce train de réformes était de lutter contre la corruption des anciens préposés aux douanes et rentes du makhzen et, par conséquent, de récupérer le maximum de recettes afin que l'Etat pût rembourser les indemnités de guerre dues à l'Espagne, et assurer normalement le financement du Trésor public.

Le makhzen établit, en outre, plusieurs systèmes de contrôle croisés et limita la durée de fonction des régisseurs à trois ans. Les fonctionnaires corrompus étaient sévèrement punis. Tel fut le cas pour Hadj Ammad Ben M'Bark Amallah. Ce dernier fut régisseur des douanes au port à partir de 1863. En 1872, il fut arrêté pour détournement de fonds publics et emprisonné à Fès où il mourut la même année. Ses biens furent séquestrés et vendus aux enchères. Amallah avait attiré l'attention sur lui en construisant une belle et vaste maison, au quartier El Baouakhir, dont il ne pouvait financer la construction qu'en puisant sur les fonds qui lui étaient confiés. C'était justement ce qu'il faisait. Il fut pris en flagrant délit. Son souvenir demeure encore attaché à cette maison connue du quartier El Baouakhir, mitoyenne à la mosquée du même nom, qu'il avait construite pour ne jamais y habiter (2).

La rénovation devait également toucher l'infrastructure portuaire. En effet, en 1863 l'ingénieur britannique Craig débarqua dans la cité avec une mission précise qui lui avait été confiée par le makhzen : celle d'édifier une jetée pour les barcasses et de construire une darse reliée à la mer par un canal qui pourrait être emprunté par les barques même à marée basse. Le projet fut malheureusement abandonné pour des raisons financières, probablement.

1.2. Les réformes fiscales

Les réformes administratives furent, à la même époque accompagnées de réformes fiscales dont le but était de créer d'autres ressources destinées à alimenter régulièrement le Trésor public et à compenser les pertes subies par les indemnités de guerre versées à l'Espagne.

---

(2) Mohamed Ben Saïd As Siddiqi, *Iqaz...*, p. 103.

1.2.1. La fiscalité urbaine

L'innovation principale fut l'instauration en 1860 dans toutes les villes du Maroc d'un droit de porte et de taxes spéciales sur divers produits tels que : peaux, cuir, fruits, huile d'olive, tabac, etc. Les recettes provenant de ces impôts et taxes faisaient l'objet souvent de fermages effectués dans des conditions difficiles. La ville de Mogador était évidemment touchée par cette mesure mais ce ne fut qu'en 1863 que la perception des droits de porte y fut donnée en fermage à Mekki Ghazil de Marrakech qui, après une vaine tentative de fructification de sa concession, abandonna l'opération au profit d'un autre fermier qui ne fut pas plus heureux dans son entreprise. En mai 1868, le fermage des droits de porte fut octroyé à douze commerçants juifs de la ville moyennant une somme de 6 000 rials exigible trois mois après la date d'octroi de la concession et pour une durée continue de trois ans. Les commerçants fermiers étaient soutenus par Abraham Corcos qui jouait en quelque sorte le rôle de banquier de l'opération.

Dès le départ, la perception des droits de porte posait des problèmes au makhzen et aux concessionnaires : les commerçants étrangers ainsi que leurs protégés refusaient de s'acquitter des droits de porte pour leurs marchandises. Pire encore, les transporteurs de marchandises se prévalaient, souvent à tort, pourvu qu'ils fussent payés pour cela, de travailler pour des commerçants européens. L'"évasion fiscale" était générale.

Le fermage de 1868 fut une perte pour les concessionnaires. D'autres tentatives de concession eurent lieu en 1872 et 1874 avec des commerçants juifs de Marrakech mais ce fut en pure perte, encore une fois, pour les fermiers.

L'évasion fiscale, non seulement était générale, mais elle s'était organisée, et, de véritables réseaux de cheminement des marchandises, sous la couverture de la protection étrangère, s'étaient installés entre le Sud du Maroc et le port impérial.

Cette situation obligea le makhzen à abandonner le système de fermage. A partir de 1877 les régisseurs (oumana) perçurent directement les droits de porte sans recourir à la concession.

La perception des taxes sur divers produits, commercialisés dans des marchés spécialisés, tels que tabac, cuir, peaux, fruits, etc., faisait également l'objet de fermages mais connaissait les mêmes difficultés que celles afférentes au recouvrement des droits de porte.

Les recettes provenant de l'application de ces nouveaux impôt et taxes n'atteignaient pas le niveau escompté du fait en grande partie de l'évasion fiscale. A Mogador, en 1868, les recettes provenant des droits de douane furent cinq fois plus importantes que celles procurées par tous les autres impôts et taxes et furent dix sept fois plus importantes que les recettes engendrées par l'application des droits de porte de la ville (3).

En 1885, après paiement intégral de l'indemnité de guerre à l'Espagne, le Sultan Moulay El Hassan supprima par dahir, ces impôt et taxes devenus d'ailleurs impopulaires et peu rentables pour le makhzen (4).

1.2.2. La fiscalité rurale

La réforme de la fiscalité rurale fut entreprise àl'avénement du Sultan Moulay El Hassan (1873-1894). Des régisseurs (oumana) chargés, à la place des caïds, de la collecte des impôts légaux (achour et zakat) furent mis en place dans les tribus de Chiadma en 1879 et de Haha en 1881, la ville devenant un centre administratif important avec compétence régionale en matière fiscale et le lieu de résidence du chef percepteur (amin el mustafadat). Même les zaouia étaient devenues imposables sur leurs richesses. Les régisseurs étaient en outre chargés de prendre possession des terres devenues propriétés du makhzen à la suite du décès de leurs anciens propriétaires, généralement des caïds, jugés déloyaux envers leur Souverain. Les impôts étaient payés en espèces ou en nature. Les régisseurs étaient responsables de la vente des produits recueillis au titre de paiement des impôts. Par les faits, ces impôts restaient discriminatoires, puisqu'ils n'étaient payés que par les petits paysans, les grands propriétaires étaient, soit associés à des Européens, soit bénéficiaires eux-mêmes du statut de protégés et par conséquent refusaient de payer les impôts. C'était cette situation déséquilibrée qui dissuada le Sultan Moulay El Hassan d'appliquer le tertib, cet impôt agricole général, dont la conception était issue du traité de Madrid de 1880.

---

(3) Daniel J. Schroeter, *Merchants of Essaouira*, CUP, 1988, p. 158.
(4) Cf. Jean-Louis Miège, *le Maroc et l'Europe*, PUF, 1961.

2. Les activités industrielle, artisanales et commerciales

2.1. Situation de l'industrie, de l'artisanat et du commerce

L'espace urbain réservé au commerce et à l'activité artisanale était constitué par l'artère allant de Bab Sebaa à Bab Doukkala, par celle joignant la casbah au mellah et par les rues et places adjacentes. Les activités commerciales et artisanales de la ville se trouvaient donc concentrées sur une aire réduite. L'activité la plus prépondérante était le commerce, l'artisanat avait une importance plutôt limitée.

Quant à l'industrie, elle existait au cours du XIXe siècle et jusqu'au début du XXe siècle sous une forme embryonnaire. Il y eut bien, en 1886, et sur encouragement du makhzen, une tentative d'exploitation du gisement de fer de Jabal Al Hadid, dans le Chiadma, par le négociant Kaddour El Fellah. Cette entreprise, qui aurait pu être prometteuse, tourna court, deux ans après son lancement, faute de techniciens et de moyens de manutention et de transport adéquats. Quelques industries prirent toutefois racines dans la cité vers la fin du XIXe siècle :
– une fabrique d'eau gazeuse créée en 1886 par Irvine et Cie ;
– un atelier de conserve mis en place la même année par André et Quessada ;
– un moulin à vapeur installé en 1892 par l'Anglais Broome ;
– une savonnerie fonctionant sous la houlette du Français Jean Maurin ;
– enfin, deux pressoirs à huile appartenant à Jacquetty, Jaussard et Cazeneuve (5).

L'artisanat employait environ 5 % de la population de la cité, selon l'Alliance Israélite Universelle, qui se référait plutôt à la population juive et 6 % d'après les estimations de la légation britannique. C'était donc une activité qui occupait une partie assez faible de la population. Mogador était beaucoup plus une ville de commerçants mais aussi de salariés qu'ils fussent fonctionnaires du makhzen, des douanes et de l'armée ou encore employés chez des négociants, dans des firmes européennes ou au service de légations étrangères. Les corporations artisanales communément rencontrées étaient celles des fabricants de babouches, des tailleurs traditionnels, des bourreliers, des forgerons, des ferblantiers, des charpentiers, des pêcheurs, des tisserands, des bijoutiers, etc.

---

(5) *Ibid.*, tome IV, p. 125 et p. 338.

La vie économique et sociale au XIXe siècle

Certaines activités étaient réservées traditionnellement aux juifs, il s'agit notamment de l'horlogerie, la bijouterie et la fabrication de chaussures ; d'autres activités étaient du ressort des musulmans : la maçonnerie, la poterie, la tannerie, la sellerie, le tissage, la pêche et la marqueterie qui n'avait pas encore à cette époque pris l'importance qu'elle allait avoir au début du XXe siècle.

La manutention sous toutes ses formes avait une grande importance. Un corps de manutentionnaires existait au XIXe siècle et était constitué de porteurs professionnels recrutés parmi les hommes des Ahl Agadir et des Beni Antar, exclusivement.

Les différentes activités commerciales s'exerçaient dans des marchés spécialisés. Il existait, au XIXe siècle et même jusqu'à nos jours les marchés suivants : le marché des tissus *(souk el jadid)*, le marché de la filature *(souk el ghazel)*, le marché aux grains *(rahba)*, le marché aux poissons *(souk el hout)*, le marché aux puces *(joutia)*. Un marché d'esclaves existait, clandestinement, dans des lieux différents. Ses activités étaient limitées à cause de l'intervention des consuls européens qui cherchaient à faire supprimer ce commerce marginal, devenu intolérable à la fin du XIXe siècle.

En dehors de la ville, à Bab Sebaa, se tenait le grand souk permanent, auquel aboutissaient les caravanes en provenance du Souss et de Marrakech, et qui transportaient notamment les peaux de chèvre salées, les sacs d'amandes, les outres d'huiles et différentes sortes de gomme. Les transactions s'effectuaient aux pieds des remparts et les marchandises ne franchissaient la porte de la cité qu'une fois acquises par un acheteur. Les peaux salées demeuraient étalées sur le sol, à sécher au soleil avant leur embarquement.

Les commerçants et artisans musulmans étaient groupés en corporations professionnelles dirigées chacune par un prévôt appelé "amine". Les différentes corporations étaient affiliées aux nombreuses confréries religieuses existant dans la cité. Ainsi, les épiciers et marchands de thé et de sucre étaient presque tous tidjanis ou naciris. Les menuisiers et charpentiers étaient, soit des aïsaouis, soit des qadiris. Les tanneurs, originaires généralement du Draa, étaient tous membres de la confrérie Naciriya. Les bouchers étaient affiliés aux Hamadcha, quant aux portefaix et aux marins pêcheurs, ils appartenaient en grand nombre à la confrérie

Kittaniya. Ces différentes affiliations furent d'ailleurs confirmées par une étude réalisée, bien plus tard, en 1923, par la Direction des Affaires Indigènes.

2.2. La pêche artisanale

La tradition maritime avait toujours existé dans le site de Mogador depuis l'Antiquité. Le port et les havres notamment de la côte Sud de l'arrière pays avaient toujours eu leurs célébrités maritimes, leurs vieux loups de mer connus pour leur habileté professionnelle, leur connaissance des secrets de l'océan et l'ascendant qu'ils exerçaient sur leurs équipages.

La pêche traditionnelle était une activité importante dans la vie économique de la cité et de sa région. Elle s'exerçait le long de la côte de Haha et de Chiadma et autour des îlots. Les colonies de pêche étaient connues : Imsouen, Tafadna, Aghbalou, Sidi Kaouki, les îles, Moulay Bouzerktoun, Sidi Abdallah El Battach, etc. L'ensemble de cette côte – qui d'après la tradition locale était et est toujours placée sous la protection des Saints Regraga dont les mausolées jalonnent le rivage – était poissonneuse et fournissait aux habitants un complément de nourriture surtout pendant les périodes de disette. La ville hérita ainsi une tradition culinaire dans laquelle le poisson est un ingrédient essentiel. Tout au long du XIXe siècle et jusqu'au XXe siècle, la pêche fut exercée à Mogador et dans sa région de façon artisanale. Il s'agissait d'une activité qui venait de loin et qui prenait racine profondément dans la tradition de l'arrière-pays.

Les pêcheurs étaient organisés en une puissante corporation placée sous le patronage du Saint local Sidi Mogdoul. En été, ils se réunissaient dans son mausolée et s'y livraient à de grandes réjouissances accompagnées de musique de confréries religieuses et suivies de prières. Ils remettaient des dons en espèces, effectuaient des sacrifices rituels de béliers ou de taureaux et prenaient part à des repas collectifs.

La pêche était pratiquée toute l'année, bien que la meilleure période fût celle comprise entre les mois de mai et d'octobre durant laquelle la capture de la tasargalt était organisée sur toute la côte sud-ouest.

Les pêcheurs utilisaient pour les sorties en mer une pirogue légère appelée communément *flouca* en arabe ou en tachalhit *agharrabou* de dimensions réduites : 8 m x 1,60 m. Chaque embarcation pouvait transporter six à sept marins dont deux rameurs. Ces barques étaient fabriquées à la fin du XIXᵉ siècle dans le voisinage immédiat du port par M'Barek ou Farès, célèbre charpentier originaire du Souss dont le souvenir est resté vivace chez les anciens pêcheurs de la ville et de sa région.

Les engins et matériel de pêche – qui sont d'ailleurs toujours utilisés – étaient constitués par une senne, petit filet fabriqué à l'aide de plantes textiles de l'arrière pays, des lignes de fond pour la capture des grosses pièces et des palangres pour piéger les poissons sur le rivage.

Le poisson capturé était vendu aux enchères ou au détail dans le marché réservé à cet effet. Le tiers du produit de la vente revenait à l'entretien et au renouvellement de l'embarcation, et les deux tiers de ce même produit étaient partagés entre les membres de l'équipage, la part du raïs étant prépondérante.

Cette tradition de pêche était parvenue à Mogador et s'y était acclimatée fortement grâce surtout au rôle des habitants du village de Diabet, gardiens légitimes du rivage local, et, qui au cours des XVIIIᵉ et XIXᵉ siècles avaient accueilli les pêcheurs de Haha et du Souss et avaient adopté leurs habitudes professionnelles. Ces mêmes coutumes se propagèrent à la fin du siècle dernier plus au Nord dans un curieux mouvement de colonisation, et l'on raconte encore l'épopée de ce raïs appelé Mohamed Estomo qui partit à la fin du XIXᵉ siècle de la cité des alizés pour organiser à son compte des villages de pêche à Moulay Bouzerktoun, Sidi Abdallah El Bettach et Souira Qédima, et qui réussit dans son entreprise (6).

---

(6) Robert Montagne, « Les marins indigènes de la zone française du Maroc », revue *Hespéris*, 1923, 2ᵉ trimestre ; Ahmed Ben Al Hadj Ar Ragragui dans *Achoumous Al Mounira...* affirme que la surveillance du rivage du site de Mogador était confiée par le makhzen aux habitants de Diabet, bien avant la fondation de la ville. Cet auteur a eu connaissance de dahirs impériaux anciens, précisant cette mission.

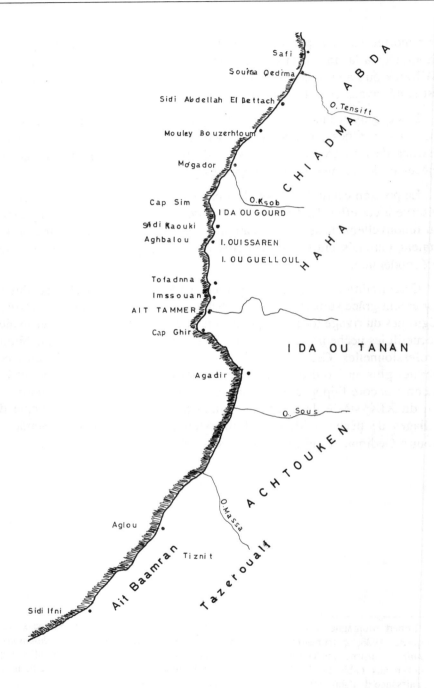

Villages de pêche

2.3. La bijouterie

Les bijoux comptaient pour beaucoup dans la parure des femmes de la cité, qu'elles fussent musulmanes ou juives, les bijoux en or étant particulièrement affectionnés.

L'artisanat de la bijouterie fut de tout temps prospère dans la ville et notamment au XIXe siècle et au cours de la première moitié du XXe. Il était alors presque entièrement aux mains d'artisans juifs talentueux qui surent, au fil des années, donner à cette activité ses lettres de noblesse.

Le trafic caravanier avec le Soudan faisait parvenir quantité de poudre d'or à Mogador. La présence du métal précieux avait favorisé la naissance de la bijouterie et du travail de l'or. Cet artisanat fut alors pris en main, dès le début, par les Juifs en provenance du Sud et notamment par ceux, parmi eux, qui travaillaient l'argent et avaient l'habitude de fabriquer bracelets, anneaux de pied, colliers et fibules pour les femmes du Souss et du Sahara. Le passage du travail de l'argent à celui de l'or s'était fait sans encombre.

Afin de satisfaire les exigences de leurs clients – riches commerçants juifs en quête de nouveautés – dont les goûts s'étaient transformés au contact de la civilisation moderne et du mode de vie européen, les bijoutiers étaient obligés de faire un effort dans la création et la conception des joyaux qu'ils fabriquaient. Le travail des bijoutiers subissait ainsi une certaine influence européenne et une évolution dans la consistance des bijoux et dans les motifs gravés sur l'or commençait petit à petit à voir le jour. C'était ainsi que naquit un nouveau style dans le domaine de la bijouterie marocaine : le *design mogadorien* ou *Ed'Dag Essaouiri*.

Le *design mogadorien* concerne exclusivement les bijoux en or. Il est caractérisé par une certaine simplicité dans la forme du bijou, une régularité des lignes dans l'aspect général du joyau et l'usage parfois de filigranes discrets. Les ornements qui décorent le bijou sont toujours en forme d'arabesques ne comportant jamais de dessins géométriques. Le motif le plus caractéristique du *design mogadorien* est constitué par une rosace courbe à 4 ou 6 ou même 8 pétales symétriques, que l'on appelle "la rose de Mogador". Ce dessin se retrouve quelquefois sur les pièces de monnaie frappées dans la cité des alizés.

Les ornements sont gravés à la main et non tracés par les parois d'un moule. Les bijoux fabriqués rappellent par leur forme et leur usage, ceux produits par le joaillerie européenne.

3. La vie intellectuelle

3.1. La vie intellectuelle musulmane

En fondant Mogador, le Sultan Sidi Mohamed Ben Abdallah voulait certes en faire un centre de négoce important et un port consacré au commerce international, mais il désirait également que la ville de sa création fût, au même titre que les capitales impériales, une cité où les sciences de l'époque pussent prospérer et être diffusées. Une structure d'enseignements élémentaire et supérieur fut donc mise en place dès la fin du XVIIIe siècle.

Comme dans toutes les villes du Maroc l'enseignement élémentaire était assuré par un ensemble d'écoles coraniques dispersées un peu partout dans la médina ; les plus en vue étaient rattachées à une zaouia ou à une mosquée célèbre. L'enseignement dispensé était analogue à celui de toutes les écoles coraniques des autres villes du Maroc aussi bien par le programme que par la pédagogie basée essentiellement sur la mémorisation du Coran, des poèmes panégyriques et des traités rimés de grammaire arabe.

Un embryon d'enseignement "universitaire" libre existait depuis les premières années de la fondation de la ville. Cet enseignement était organisé sous la forme de cénacles tenus dans les principales mosquées de la ville et animés par des hommes lettrés spécialement destinés à cette activité. Des ouléma de grande renommée étaient encouragés par le makhzen à venir, du Souss et de différentes villes du Maroc, s'installer dans la cité et assurer des cours de sciences islamiques dans les grandes mosquées de la ville. Des étudiants suivaient ces cours de façon permanente ou temporaire et avaient à leur disposition des lieux de résidence affectés à cet effet par l'administration des Habous. On peut encore voir aujourd'hui à côté ou à l'intérieur des grandes mosquées, des cellules appelées "medersa" qui étaient destinées autrefois à loger les étudiants qui suivaient l'enseignement dispensé. Mohamed Ben Saïd Es-Sadiqi dans son livre *Iqaz As Sarira* donne tout au long de son ouvrage les noms de différents cadis, théologiens et hommes de lettres et de sciences, qui résidaient dans la cité au cours de différentes périodes, et qui dispensaient des cours très appréciés, dans différentes mosquées de la ville. Parmi les lettrés les plus célèbres, deux méritent une attention particulière.

Il s'agit d'abord de Mohamed Outsakat, savant brillant et théologien renommé, dont les cours, donnés à la mosquée de la Casbah, étaient suivis par un auditoire important. Le sultan Moulay Souleiman (1792-1822) avait une profonde estime pour cet homme de lettres, surtout depuis qu'il eut réussi à neutraliser le brigand et thaumaturge du Souss, Bou Hlassa, après l'avoir énergiquement combattu. Il y a également Ali Ben Abdessadeq qui fut nommé cadi de la cité en 1868. C'était un homme de lettres talentueux et un conférencier brillant. Lors d'un périple qu'il avait effectué en Algérie, il connut l'émir Abdelkader et entretint avec lui, une correspondance, pendant un certain temps.

3.2. La vie intellectuelle juive

Le cœur de la tradition intellectuelle des mellahs du Maroc et notamment de celui de la ville objet de notre étude, s'était constitué autour des croyances religieuses dans lesquelles les juifs puisaient leur inspiration. Cette dimension culturelle traditionnelle est certes importante et mérite l'attention de l'analyste. Elle a fait l'objet d'études détaillées, par d'éminents spécialistes qui ont consacré leurs recherches aux Mellahs du Maroc (7). Le courant intellectuel qui est important à nos yeux et qui marqua la fin du XIXe siècle à Mogador et dans les grandes villes du Maroc, fut celui provoqué par l'ouverture des écoles de l'Alliance israélite universelle (A.I.U.).

L'A.I.U. fut créée à Paris le 17 mai 1860 par un certain nombre de personnalités juives françaises dont l'avocat Narcisse Leven, le célèbre poète Eugène Manuel et l'homme politique Adolphe Crémieux, l'auteur et l'inspirateur du décret, de même nom, qui intégra les Juifs d'Algérie au sein de la nation française. L'A.I.U. se fixa comme objectif d'aider les Juifs et le Judaïsme de trois manières différentes :

– en contribuant à l'émancipation et au progrès moral des Juifs par l'éducation et le secours sanitaire ;
– en apportant l'aide à tous les juifs qui souffrent du fait de leur appartenance à la communauté israelite ;

---

(7) Se référer par exemple à l'ouvrage *Diaspora en terre d'Islam, les communautés israélites du Sud marocain,* par Pierre Flamand, Casablanca, IR.

– en encourageant toutes les publications pouvant contribuer à mettre un terme aux souffrances des juifs (8).

Dès 1866, le consul de France Auguste Beaumier demanda au comité central de l'A.I.U. d'ouvrir des écoles à Mogador afin de venir en aide à la communauté de cette ville en lui apportant l'instruction. En fait, le consul Beaumier voulait voir la langue et la culture française s'épanouir, puis se répandre parmi la population de la ville au détriment de l'anglais qui était la langue du commerce et celle préférée de l'oligarchie juive. La même année, une école de garçons fut ouverte par l'A.I.U. dans le quartier de la casbah. L'existence de cette école fut combattue par l'oligarchie, avec à sa tête Reuben El Maleh, qui préférait encourager l'enseignement de type anglais placé sous l'égide d'institutions britanniques. L'école ferma ses portes en 1869.

Après de dures négociations entre le consul Beaumier et les chefs de l'oligarchie des deux casbahs l'école rouvrit ses portes en 1875 pour les refermer en 1878 au cours des épidémies de typhus et de variole, conséquentes à la famine, qui ravagèrent la ville.

L'ouverture permanente de l'école de l'A.I.U. n'eut lieu qu'en 1888 après le ralliement à la cause de l'Alliance de Joseph Amran El Maleh grand rabbin de la cité, et homonyme du président de la communauté israélite de la ville, qui avait fini lui-même par agiter le drapeau blanc de la reddition et par rejoindre les rangs des défenseurs de l'action de l'A.I.U.

Une école pour garçons était donc ouverte. A la fin des années quatre-vingt-dix, elle comptait quelques 200 élèves encadrés par un directeur et deux instituteurs. Parmi ces élèves, 75 environ étaient considérés comme indigents, étaient donc nourris par la cantine de l'école et bénéficiaient de distributions de vêtements. Le soir, était organisé un cours pour adultes qui réunissait un auditoire d'une vingtaine de personnes. Cette école fut dirigée de 1891 à 1896 par Isaac Benchimol, originaire de Tétouan, ancien élève de l'Ecole normale israélite orientale de Paris et ancien professeur aux écoles de l'A.I.U. de Tanger et de Tétouan (9).

---

(8) Michael M. Laskier, *the Alliance israélite universelle and the jewish communities of Morocco 1862-1962*, Suonip 1983, p. 32.
(9) Eugène Aubin, *le Maroc d'aujourd'hui*, éd. Armand Colin, Paris 1912, p. 8 ; *Livre d'Or du Maroc (1934-1935)*, édition A. Brochier, Casablanca, 1934.

Les premiers lauréats de l'école de l'A.I.U. allaient bientôt apparaître sur le marché local de l'emploi. Ils furent tous pris par les banques et les firmes commerciales européennes installées dans la ville, comme employés de bureau, comptables ou représentants de commerce. A la fin du XIXᵉ siècle et au début du XXᵉ, la préférence dans l'emploi leur était donnée systématiquement.

Les résultats obtenus par l'école de l'A.I.U. encouragèrent certaines familles musulmanes, bien timidement, à inscrire leurs enfants dans cette institution francophone de l'enseignement primaire. Quelques jeunes garçons musulmans allaient se retrouver ainsi sur les bancs de l'école de l'A.I.U. à côté de leurs camarades israïlites. Ils ne furent certes pas nombreux, mais certains anciens élèves allaient devenir plus tard d'éminentes personnalités sur le plan régional et même àl'échelle nationale.

3.3. Remarques générales sur la vie intellectuelle au cours du XIXᵉ siècle

Au XIXᵉ siècle la vie intellectuelle à Mogador se réduisait à très peu de choses.

A côté de l'école de l'A.I.U. de langue française et de celle du "Board of Deputies" de langue anglaise, fréquentées par des élèves de la communauté israélite de la ville, les missions catholique et protestante avaient entrepris, sans succès, quelques tentatives d'ouverture d'écoles primaires. Le caractère semi religieux de l'enseignement missionnaire dissuadait les parents, musulmans et juifs, d'envoyer leurs enfants dans ces établissements, qui fonctionnaient ainsi de façon irrégulière.

Contrairement à la ville de Tanger où, dès 1883, naquit une presse locale avec l'apparition de l'hebdomadaire en langue espagnole *Al Maghreb al Aksa*, puis en 1884 celle du *Réveil du Maroc*, hebdomadaire en français et du *Times of Morocco*, mensuel en langue anglaise, la ville de Mogador n'eut pas de presse locale. Il fallait attendre le début du XXᵉ siècle pour voir la tentative de publication de *la Gazette de Mogador* par le journaliste Georges Ohayon.

Nous n'avons pas connaissance d'une quelconque activité de production littéraire dans la cité, au cours du XIXᵉ siècle. Mohamed Ben Saïd

As Sadiqi dans son œuvre *Iqaz As Sarira* signale la mort en 1875 du mohtassib Ahmed Tazzamouqat qui tenait une chronique détaillée de la vie à Mogador entre 1845 et 1865. Cette œuvre est restée sous forme manuscrite.

4. Les missions chrétiennes

4.1. La mission franciscaine

A peine la ville construite et les premiers négociants européens installés, les missionnaires espagnols de l'ordre de Saint François d'Assise ouvrirent au culte catholique une chapelle dédiée à Notre Dame de l'Ascension. L'activité de cette mission franciscaine dura de 1770, date de son installation, à fin 1790. Après une interruption de quatre années la mission reprit son activité en 1795 pour l'arrêter en 1811, pendant les guerres napoléoniennes, et l'occupation de l'Espagne par les troupes françaises.

Durant cette première période, la mission franciscaine fut reconnue officiellement par les autorités publiques, et, même protégée, au même titre que les autres congrégations catholiques de l'Empire, par un dahir du 21 novembre 1786 du Sultan Mohamed Ben Abdallah, et par un autre dahir du 5 mars 1794 du Sultan Moulay Souleiman. Ces deux textes dispensaient les prêtres de payer les droits de porte, les taxes portuaires et les droits de douane sur les produits importés de leur territoire d'origine (10).

En 1870 la mission franciscaine reprit de nouveau ses activités. Les prêtres espagnols installèrent leur chapelle dans le quartier de la Qasbah, dans une maison fournie à la mission par le consul de France Auguste Beaumier. Il faut dire, qu'à cette époque, la France de Napoléon III était redevenue la fille aînée de l'Eglise. Ce fut le père Manuel Pablo Castellanos qui dirigea la mission de 1870 à 1875.

Le Père Castellanos deviendra célèbre par la publication en 1878 d'une Histoire du Maroc *(Historia de Marruecos)* très connue en Espagne mais, par contre, peu consultée au Maroc. Cet ouvrage est caractérisé par une

---

(10) J. Caillé, « Auguste Beaumier consul de France », revue *Hespéris*, 1950, 1ᵉʳ et 2ᵉ trimestre ; Isaac Laredo, *Memorias de un viejo Tangerino,* éd. Bermejo Madrid, 1935, p. 130.

grande quantité d'informations et d'anecdotes historiques mais se distingue par un manque d'objectivité navrant.

D'après divers écrits de l'époque et des témoignages de personnalités contemporaines tel le consul de France Auguste Beaumier, cette mission franciscaine de la fin du XIXe siècle était composée de prêtres "rigides et intolérants" qui, lorsqu'ils « s'adressaient à la petite poignée de fidèles vivant à Mogador n'hésitaient pas à les invectiver en chaire (10) ».

Cette mission était active au sein de la communauté européenne et ne faisait pas oeuvre de prosélytisme, en tout cas pas ouvertement.

*C'est au premier étage, de l'immeuble de fond, de la rue Ibn Zohr, située au pied de la porte Sud de la sqala de la casbah que se trouvait la première église franciscaine de Mogador.
La courbure de la partie supérieure de la fenêtre du lieu de culte garde encore une forme ogivale.*

En 1939 une église franciscaine fut construite en dehors de l'enceinte de la ville entre la plage et la porte de Bab Marrakech.

4.2. Les missions protestantes

4.2.1. Aperçu historique

Si la mission franciscaine s'occupait exclusivement des Européens catholiques, les missions protestantes, essentiellement anglaises, étaient, elles, tournées entièrement vers le prosélytisme en milieu marocain. Les sociétés missionnaires anglaises ne s'intéressèrent au Maroc que tardivement. Cet intérêt était dirigé en premier lieu vers les juifs marocains.

En effet, l'installation de commerçants juifs de Mogador, à Londres et à Manchester, permit à la "London society for promoting christianity among the jews" de débarquer pour la première fois au Maroc, et en particulier à Mogador en 1844 d'abord, puis après une longue interruption, de revenir en 1875 en la personne du pasteur missionnaire J.-B. Crighton Ginsburg. Ce personnage, haut en couleur, fut particulièrement maladroit et eut de nombreux démêlés avec les habitants de la ville. Autour de lui se forma un groupe de propagandistes français : Miscowitch, Dahan, Norallah et Zerbib. Ce dernier remplaça Ginsburg à son départ pour Constantinople en 1886.

La London society connut un déclin jusqu'au début 1889, date qui vit arriver Cuthbert Navin et sa sœur Jessica en provenance de Londres en qualité de délégués de la "Southern Morocco Mission" (S.M.M.) fondée par John Anderson chef de la "Ayrshire christian union". Ils furent bientôt rejoints la même année par sept autres missionnaires anglais.

Dans l'esprit des dirigeants de la S.M.M., la cité des alizés était une tête de pont, pour la propagande religieuse, vers les villes et villages du Sud du Maroc et notamment vers Marrakech. La S.M.M. ouvrit des missions à Marrakech, Mazagan et Safi. En 1900 avec ses quatre stations et ses dix neuf missionnaires, la S.M.M. représentait près du quart de l'activité des missions protestantes au Maroc.

4.2.2. Action de ces missions

L'action missionnaire se décomposait en plusieurs actes :
– le travail proprement missionnaire qui comportait la distribution et le commentaire des Ecritures. Ce travail de propagande fut effectué notamment dans le mellah ;

– l'action médicale, par la création de dispensaires, car il est un fait connu, qu'avant de conquérir les âmes, il faut conquérir les cœurs par des actions humanitaires. En 1892, la S.M.M. ouvrit un dispensaire dans la rue Taourirt. Dans ce dispensaire, et du souvenir de vieux Souiris, la lecture et le commentaire des Ecritures précédaient les consultations ;

– l'action éducative par l'ouverture d'écoles. A cet effet, en décembre 1901 miss Katie Mac Nab de la S.M.M. ouvrit une école pour fillettes aux environs de la rue des Alouj puis à la rue d'Agadir. Cette école eut peu de succès.

4.2.3. Bilan des missions protestantes

L'action missionnaire connut dans l'ensemble du Maroc, et notamment à Mogador, peu de succès et obtint des résultats quasiment nuls.

En vingt ans d'activité moins d'une dizaine de juifs furent convertis à Mogador mais sans la certitude d'une seule vraie conversion. Dans l'ensemble du Maroc le chiffre des "convertis", tous douteux, n'atteignait pas la trentaine.

Il est évident que l'énergie dépensée par les missions était sans commune mesure avec les résultats obtenus (11).

Les Juifs se gaussaient de la parole prêchée par les "péqirouch" (c'est ainsi qu'ils appelaient les missionnaires protestants) quant aux musulmans ils étaient imperméables à tout prosélytisme (12).

Il est certain que des missionnaires anglais furent chargés par leur pays de missions politiques particulières et furent un élément d'information important pour leur chancellerie. C'était peut être l'amorce d'une manoeuvre politique anglaise, dans une région importante, considérée comme faisant partie d'un pays convoité par la France et l'Espagne.

Que reste-t-il de cette action missionnaire protestante ? Rien ou presque rien sinon, jusqu'à il y a quelques années, le nom d'une rue aux murs aveugles : la rue Zerbib, mitoyenne à Dar Souiri, dans la nouvelle casbah.

---

(11) Jean-Louis Miège, « Les missions protestantes au Maroc (1875-1905) », revue *Hespéris,* 1955, 1er et 2e trimestre.
(12) R. B. Cunninghame Graham, *Mogreb El Acksa, a journey in Morocco,* London 1898, p. 25.

Chapitre XI
Les conditions de vie au XIXe siècle

Le niveau de l'activité commerciale de la ville au cours du XIXe siècle, ainsi que la prospérité, variable, des négociants, ne reflétaient certainement pas les conditions de vie de la grande majorité de la population de la cité. L'absence de documentations précises ne permet pas de se faire une idée exacte de la vie quotidienne du petit peuple, des réalités qu'il affrontait et des difficultés qu'il endurait. Cependant, un certain nombre d'informations entrecoupées entre elles, nous permettent de faire une approche globale de ce qu'était la vie du commun des citoyens, vers la fin du XIXe siècle. La vie quotidienne à la fin du XVIIIe siècle et au début du XIXe siècle ne devait pas être très différente de celle de la deuxième moitié du XIXe siècle laquelle nous est parvenue grâce aux témoignages des consuls et voyageurs européens, des historiens marocains et des écrits laissés par l'Administration du makhzen.

1. La vie générale de la population

1.1. La population

Avant d'aborder l'analyse de la vie générale de la population de la ville, il y a lieu d'abord de connaître le chiffre de cette population au cours des différentes périodes du XIXe siècle et son évolution. L'absence de recensement et d'estimations basées sur une approche scientifique sérieuse nous oblige à nous reporter aux appréciations approximatives laissées par différents témoins de la vie à Mogador au XIXe siècle. Pour cela nous avons retenu les appréciations du commerçant-consul de Grande Bretagne Grey Jackson, des négociants britanniques Grace et Broome, des consulats de France et d'Espagne du voyageur Graberg di Hemso du pharmacien Catalan installé à Tanger Camillo Bonelli et de l'historien franciscain espagnol Castellanos. Ces estimations réparties sur l'ensemble du XIXe siècle se trouvent sur le tableau qui va suivre. Le nombre total d'habitants indiqué est égal à la somme des populations musulmane et juive, la population étrangère ayant été peu nombreuse bien qu'elle fût importante économiquement.

Source	Année	Population musulmane	Population juive	Population totale
Grey Jackson	1800	–	–	10 000
Di Hemso	1834	12 500	4 000	16 500
Consul Beaumier	1847	8 000	4 000	12 000
Grace	1856	12 000	4 000	16 000
Consul Beaumier	1867	6 000	6 000	12 000
Consulat d'Espagne	1875	10 500	7 500	18 000
Castellanos	1878	8 300	7 700	16 000
Bonelli	1882	16 000	4 000	20 000
Broome	1896	7 500	7 500	15 000

Que peut-on réellement conclure à la vue de ce tableau, sur le niveau de la population urbaine au XIXe siècle, et sur son évolution ?

La population totale de la cité devait être d'environ 20 000 habitants à la fin du XIXe siècle composée d'un tiers de juifs et de deux tiers de musulmans, après avoir été de 10 000 habitants, à peu près, au début du même siècle, composée de juifs et de musulmans probablement dans une proportion moindre que celle de la fin du siècle pour les Juifs du fait que le gros de ces derniers était arrivé au milieu et à la fin du XIXe siècle. On peut donc supposer, sous toute réserve, qu'au début du siècle en question la population était d'environ 10 000 habitants composée de un cinquième de juifs de quatre cinquièmes de Musulmans soit : 2 000 Juifs et 8 000 Musulmans. Une armée, composée de fantassins, d'artilleurs et de fusiliers marins, demeurait en permanence dans la cité. Ahmed Ben Al Hadj Ar Ragragui, dans son livre, *Achoumous Al Mounira...*, rapporte qu'une garnison de quelques 2500 hommes séjourna continuellement dans la ville des alizés jusqu'au début du XX⁰ siècle. Les soldats, qui touchaient un salaire mensuel et avaient droit à un uniforme, assuraient la sécurité aussi bien dans la cité que dans l'arrière-pays. Cette armée, encadrée par des officiers à l'uniforme rutilant, avait l'habitude d'organiser de belles parades, les vendredi et jours de fêtes, au cours desquelles les honneurs militaires étaient rendus au gouverneur.

1.2. Les conditions de vie de la population musulmane

La population musulmane était bien administrée. Mohamed Ben Saïd As Sadiqi dans son livre, *Iqaz As Sarira*, donne tout au long de son ouvrage les noms et carrières administratives d'une série de gouverneurs, qadis, mohtassibs, notaires qui s'étaient succédés à différentes périodes et dont la plupart, d'après l'auteur, avaient une grande valeur intellectuelle et professionnelle et exerçaient leurs fonctions avec abnégation, compétence et rigueur à la grande satisfaction de l'ensemble des citoyens.

Par ailleurs, la ville avait toujours été dotée d'équipements collectifs suffisants : fontaines, bains, entrepôts, fours, moulins, etc., et nulle part il n'est rapporté que la cité souffrait de perturbation ou d'un retard quelconque en matière d'équipements publics. La ville était bien approvisionnée en produits agricoles par l'arrière-pays et les vergers situés aux pieds des remparts fournissaient fruits et légumes. Boutiques, épiceries et marchés devaient être bien achalandés. Toutefois, au cours des disettes provoquées par la sécheresse qui sévissait dans le Sud du Maroc autour des années 1835, 1855, 1868 et 1878 les prix des denrées alimentaires grimpaient fortement. A titre d'exemple de 1867 à 1869 les prix arrivèrent à des niveaux jamais atteints auparavant si bien que le blé était payé en 1869 six fois le prix qu'il avait en 1867. La population avait donc, dans ces différentes périodes, à subir une inflation éprouvante. La sécheresse provoquait l'abattage massif du bétail ce qui impliquait l'effondrement du marché des peaux. Cette situation conjoncturelle n'était pas sans avoir des effets néfastes sur les autres marchés, ceci autour des années que nous avions citées. Ces périodes de disette et de pénurie poussaient certains commerçants à spéculer sur les denrées alimentaires. Ce phénomène avait été très souvent observé au cours du XIX⁰ siècle. C'était d'ailleurs une façon pour les marchands véreux de la ville de s'enrichir et ils ne s'en privaient pas. La population avait souvent souffert de cette inflation entretenue, provoquée par les spéculateurs.

Au cours du XIXe siècle des emplois rémunérés par un salaire décent et régulier étaient rares et en tous les cas inexistants au sein de l'Administration locale.

Les hauts fonctionnaires et employés du makhzen touchaient des salaires ridiculement bas et qui restaient invariables pendant des décennies. Ces agents de l'Etat s'arrangeaient évidemment pour vivre grâce aux avantages que leur procurait leur fonction. Les salariés les plus brimés étaient les hommes de troupes qui avaient une solde fixe misérable et quelques petits avantages tel que le droit à un uniforme tous les ans. Ce "privilège" était aux yeux des soldats tellement important que sa suppression subite, et sans explication, en 1859 par le gouverneur Mohamed Ben Zakour, entraîna une mutinerie, au sein de la garnison de la ville, au cours de laquelle cet administrateur fut violement bousculé et des coups de feu furent tirés. La révolte se termina par la démission du gouverneur et le rappel à Marrakech des officiers et hommes de troupes mutinés qui prirent soin, une fois arrivés dans la capitale, d'aller se réfugier dans le mausolée du Saint Sidi Bel Abbès, et ils eurent bien raison (1).

La vie religieuse s'organisait autour des mosquées et lieux de culte nombreux dans la cité dès sa fondation et au rythme des fêtes religieuses musulmanes. Il était de tradition que le prêche et la prière du vendredi fussent dirigés à la mosquée de la casbah par un imam de Haha et par un imam de Chiadma à la mosquée de Ben Youssef. Un imam d'origine citadine officiait à la mosquée des Baouakhir (2).

La vie spirituelle était alimentée par les mouvements soufis représentés dans la ville pratiquement par toutes les confréries existantes au Maroc et qui y avaient chacune sa zaouia. Ces mausolées existent toujours d'ailleurs. Artisans de Marrakech et bourgeois de Fès et de Tétouan étaient à l'origine de l'introduction des mouvements soufis à Mogador. Toutefois, la zaouia

---

(1) Mohamed Ben Saïd As Siddiqi, *Iqaz as Sarira,* Casablanca, 1961, p. 79.
Cette malheureuse affaire se termina par la nomination d'un nouveau gouverneur, Abdelkarim Ar Razini, en remplacement de Mohamed Ben Zakour, et par le pardon impérial qui fut accordé aux soldats et officiers mutinés qui, en outre, eurent droit à l'uniforme qu'ils réclamaient. Il faut rappeler que cet incident coïncida avec la mort du Sultan Moulay Abderrahman et l'intronisation de son fils Sidi Mohamed Ben Abderrahman (1859). En pareille circonstance le pardon impérial pouvait généralement être accordé, et ce fut bien le cas.
(2) *Ibid.,* p. 37.

qadiryia, qui se trouve au mellah el qadim, fut construite par le Sultan fondateur, la zaouia naciryia sise au derb ahl Agadir fut fondée par le Makhzen en la personne du gouverneur Allal Az Zamrani vers 1840 et la zaouia jazoulia située également au derb ahl Agadir fut fondée vers 1899 par un adepte du mouvement originaire de Chiadma : Hadj M'Barek Ben Allal El Bouzerktouni El Bardaï (3).

Au printemps le moussem annuel des Regraga était l'occasion d'une journée de grande liesse populaire.

1.3. Les conditions de vie de la population juive

Tout au long du XIXe siècle la population juive du mellah connut les mêmes heurs et malheurs que la population musulmane de la médina. En dehors des négociants de l'Empereur qui habitaient dans la casbah, initialement, la majorité des juifs vivaient dans le quartier nord-ouest de la ville connu aujourd'hui sous le nom de "Mellah el qadim" (ancien mellah). Une partie de la communauté habitait également dans certaines ruelles de différents quartiers de la médina. En 1809, le Sultan Moulay Souleiman, dans un souci de sécurité concernant d'ailleurs toutes les villes côtières du Maroc, ordonna le regroupement des juifs dans le quartier appelé aujourd'hui "mellah". Cette mesure ne concernait pas évidemment les riches commerçants juifs de la casbah qui demeuraient chez eux, au voisinage des négociants et consuls européens, du port et de la maison du gouverneur.

A partir de cette époque, la situation des Juifs du mellah est connue avec une certaine précision du fait des rapports établis par les différentes délégations philanthropiques qui visitaient les mellahs du Maroc et notamment celui de Mogador. Déjà en 1844, à la suite du bombardement de la ville par les Français, un comité, dont le but était d'aider les juifs qui avaient souffert de cette agression, fut créé à Londres sous le nom de "Commitee for the relief of the sufferers at Mogador". Ce Comité envoya de l'aide aux victimes du bombardement et des pillages qui avaient suivi. Après la guerre maroco-espagnole de 1859-1860, un membre de la communauté juive de Londres Moses Haim Picciotto fut délégué au Maroc pour s'enquérir de la situation générale des Juifs. Il fut l'auteur d'un

---

(3) *Ibid.*, p. 68 et 154.

rapport traitant notamment de l'état général du mellah de Mogador et dans lequel il critiquait l'oligarchie de la casbah qui était, à son avis, indifférente à la pauvreté des habitants du quartier juif.

En février 1864, le président de la communauté israélite britannique Sir Moses Montefiore arriva dans la cité pour enquêter sur la situation des juifs. Il fut l'hôte d'Abraham Corcos. Il visita le mellah et fut frappé par : l'exiguïté du quartier pour une communauté relativement importante, la promiscuité qui y régnait, le dénuement dans lequel se trouvaient les familles pauvres et enfin l'insuffisance des équipements collectifs. Sir Moses Montefiore intervint auprès du makhzen pour l'amélioration des conditions de logement à l'intérieur du mellah. Il demanda en particulier l'agrandissement du quartier juif et son extension sur le quartier mitoyen du Chebanat.

L'action de Sir Moses Montefiore se plaçait dans le cadre général de l'entreprise qu'il mena auprès du makhzen pour l'amélioration des conditions de vie des juifs de l'ensemble de l'Empire chérifien. Le personnage entreprit d'ailleurs, dans la même période, des démarches analogues auprès du tsar de Russie, Nicolas I (1825-1855) et du Sultan de Turquie Abdulmajid (1839-1861).

Une autre organisation philanthropique s'intéressait aux juifs, il s'agit de l'Anglo-Jewish Association de Londres qui, en 1871, inaugura au mellah une campagne de vaccination contre la variole, finança des travaux d'assainissement du quartier et y installa une fontaine publique (4).

En 1888, l'Alliance israélite universelle (AIU) ouvrit une école dans le mellah après que deux tentatives d'ouverture d'école eussent lieu quelques années auparavant.

En fait, l'action de ces organisations humanitaires étrangères n'était pas du tout prisée par l'oligarchie juive de la casbah qui voyait dans ces interventions une menace contre sa suprématie. Les organisations philanthropiques, en réplique, étaient très critiques vis-à-vis de cette oligarchie.

La "classe moyenne", formée par les artisans et petits commerçants habitant le mellah, donna naissance en 1874 à un mouvement réformateur

---

(4) Daniel J. Schroeter, *Merchants of Essaouira*, CUP, 1988, p. 200.

local qui s'organisa en groupes philanthropiques, pour aider les plus pauvres, et contribuer à l'instruction et à la formation des jeunes. Les actions de ces entités étaient financées par une taxe spéciale établie sur la viande cacher. Ces groupes entreprirent notamment en 1875 des travaux d'assainissement du mellah. Ils étaient en liaison avec les organisations européennes de bienfaisance et étaient également très critiques envers l'oligarchie de la casbah (5).

D'après l'historien franciscain espagnol Manuel Castellanos qui vécut à Mogador de 1870 à 1875, la communauté juive de cette ville devait s'élever à la fin du XIXᵉ siècle à environ 7 700 personnes dont 7 000 vivaient au mellah et 700 habitaient dans les deux casbah. Elle était toujours dirigée par les grands commerçants de la cité. Sa vie religieuse active se partageait entre plusieurs synagogues réparties entre le mellah et les deux casbahs. La plus prestigieuse, la synagogue Attia, située au derb El Alouj à côté du consulat de Grande Bretagne, était fréquentée surtout par les membres de l'oligarchie. Les Juifs des casbahs et ceux du mellah étaient, la plupart du temps, dans une situation d'opposition larvée. Cet antagonisme ne s'appaisa qu'en 1899 par la nomination d'un comité israélite comprenant 22 membres : 11 du mellah et 11 des casbahs. Le conflit allait reprendre quelques années plus tard.

En dehors de l'activité des grands négociants, la vie économique de la communauté tournait autour du commerce et de l'artisanat. Le repos sabbatique était respecté scrupuleusement et avec lui s'arrêtait l'activité économique de la ville, tellement le poids économique de l'oligarchie et de la classe moyenne juive était important. L'activité économique de la ville était également ralentie très fortement durant les grandes fêtes juives. Ces ralentissements, qui étaient en fait de véritables chutes en valeur dans les transactions, peuvent encore être relevés sur les documents comptables du XIXᵉ siècle tels que les livres comptables des droits de porte et des taxes de marché.

1.4. Les conditions de vie de la population européenne

– La population européenne était très réduite au cours de la dernière moitié du XVIIIᵉ siècle. Elle était composée de mercenaires en service dans

---

(5) *Ibid.*, p. 202.

les fortifications, de consuls et de quelques marchands. Le monopole du makhzen et le rôle des négociants de l'Empereur limitaient l'action des commerçants européens et rendaient leur présence difficile à se maintenir. Il faut dire que le makhzen faisait tout pour décourager leur installation ; malgré cela, des comptoirs britanniques (Croft, Wiltshire, Court) et génois (Léonardi Casaccia) s'étaient établis dans la cité. Cette faible colonie européenne, à laquelle il faut ajouter une poignée de missionnaires franciscains devait se monter à quelques dizaines de personnes (6).

— Au cours de la première moitié du XIXe siècle cette population était restée très faible en nombre. Son évolution à partir de 1832 s'était poursuivie très lentement :

    1832 : 17 personnes
    1836 : 21 personnes
    1850 : 28 personnes
    1854 : 30 personnes

A partir de 1856, la population européenne amorça une nette croissance qui allait se poursuivre d'ailleurs jusqu'à la fin du XIXe siècle et bien après :

    1858 : 78 personnes
    1864 : 173 personnes
    1867 : 148 personnes (7)

— Cette augmentation était liée à la conclusion du traité de commerce maroco-britannique de 1856 qui mit fin au monopole du makhzen, instaura le libre échange, et ouvrit par conséquent la voie à la concurrence européenne. Le groupe le plus important était formé par les négociants britanniques qui étaient les premiers à bénéficier du traité commercial. Ce gonflement de la population étrangère posa, comme nous l'avons vu, des problèmes de logement importants qui poussèrent le Makhzen à construire la nouvelle casbah.

A la fin du XIXe siècle, on comptait dans la ville moins de 300 européens dont une centaine de catholiques : Louis Miège, dans son livre, *le Maroc et l'Europe*, parle, quant à lui, de 400 étrangers.

---

(6) Jean-Louis Miège, le *Maroc et l'Europe*, PUF, Paris 1961, tome II, p. 473.
(7) *Ibid.*, tome II, p. 474.

1.4.1. La colonie britannique

– Le groupe national le plus important était constitué par les britanniques. Le recensement de la légation de Grande Bretagne du 30 décembre 1892 donna le chiffre de 132 Britanniques vivant dans la cité, mais dont plus de la moitié étaient des Juifs autochtones naturalisés. Par ailleurs, la proportion de Gibraltariens et de Maltais était très importante.

La communauté britannique était constituée par des négociants aisés, des commerçants, des artisans et des représentants de firmes britanniques habitant dans les deux casbahs. Les membres de cette communauté vivaient autour de leur consul, installé dans l'imposante légation de Grande Bretagne, située dans l'Ancienne casbah, au bas de la rue El Alouj. Ils avaient leur club de chasse et de pêche et se rencontraient tous, à l'occasion de fêtes nationales ou collectives. Le jubilé de la reine Victoria fut d'ailleurs célébré avec éclat à Mogador en 1897.

Certaines familles britanniques étaient devenues célèbres aussi bien dans la ville que dans le Sud du Maroc et même auprès du makhzen. C'était le cas de la famille Ratto dont le souvenir était resté vivace très longtemps chez les anciens Mogadoriens. Manuel Ratto naquit à Séville en 1825 d'une mère Espagnole et d'un père Génois résidant à Gibraltar. Il épousa une Gibraltarienne et vint s'installer dans la cité en 1852 comme agent de la compagnie Paquet pour tout le Sud du Maroc, et comme intermédiaire de cette compagnie auprès du makhzen et du Sultan Moulay El Hassan. A sa mort en 1889, son fils José Ratto dit "Pepe Ratto" – et c'est sous ce dernier nom qu'il est connu des anciens Souiris – prit la relève de son père, et même le dépassa dans ses activités aussi variées qu'importantes. Pepe Ratto épousa une Anglaise miss Damonte qui allait lui donner six enfants tous nés à Mogador. Il devint sujet britannique en 1879. C'était un agent actif de la légation britannique. Il assurait parfois l'intérim du consul de Grande Bretagne. Il avait suivi le Sultan Moulay El Hassan en 1886 dans sa dernière expédition dans le Souss. Bref, il était mêlé à toutes les actions qui intéressaient la Grande Bretagne. Cette activité d'agent, un peu spécial, ne l'empêchait pas de faire du commerce et de s'enrichir. Il était le représentant de la compagnie de navigation maritime Forwood et de la Société de cotonnades de Manchester, W. Graham, et possédait à Ghazoua à quelques kilomètres au sud de la ville, sur un plateau rocailleux où poussent des agaves et qui surplombe l'océan un célèbre hôtel appelé "hôtel de Tagouidert" ou encore "Palm Tree

House" où il recevait les touristes Anglais venus au Maroc chasser le sanglier. Pepe Ratto jouait ainsi un rôle commercial et politique très important dans tout le Sud du Maroc (8).

1.4.2. La colonie espagnole

– Le deuxième groupe national important en nombre était celui des Espagnols. Les recensements de la mission franciscaine de 1892 donna le chiffre de 48 résidents espagnols dont les intérêts étaient suivis par le consulat d'Espagne, installé dans une vaste demeure de la rue de Marrakech dans l'ancienne casbah, à quelques pas de la légation britannique.

La communauté espagnole était constituée surtout d'émigrés d'Andalousie chassés par la mauvaise fortune et venus chercher une vie meilleure sous les alizés. Les Espagnols constituaient le gros du personnel domestique qualifié, travaillant surtout au service des résidents britanniques. C'étaient également des artisans : maçons, cordonniers, etc. des boutiquiers, des tenanciers de débits de boisson, des aubergistes, etc. Il y avait même un ancien forçat, Pepe El Cubano, échappé du pénitencier de Ceuta, et venu s'installer dans la cité où il exerçait le métier de puisatier. Il se convertit soi-disant à l'Islam, ce qui ne l'empêchait pas de se signer religieusement et avec ferveur chaque fois qu'il s'engouffrait dans un puits (9). L'hebdomadaire tangérois, *the Times of Morocco,* soulignait dans son numéro du 1er juin 1889 la « basse classe d'Espagnols à Mogador et les troubles qu'elle provoque ». Cette remarque suffit à nous donner une idée sur la composition de cette communauté à la fin du XIXe siècle. La présence de cette colonie ibérique, et sa conduite, servaient à merveille les desseins expansionnistes de l'Espagne. Elles donnaient des occasions à ce pays d'intervenir à sa guise dans la politique intérieure du Maroc pour, soi-disant, protéger les intérêts des Espagnols installés, non seulement à Mogador, mais dans l'ensemble de l'Empire, appliquant ainsi le principe qui veut que « lorsqu'un pays n'a ni la force ni la richesse pour appuyer ses prétentions, il cherche à les justifier par le nombre de ses sujets en cause et la multiplicité des intérêts qui en résultent ».

---

(8) *Ibid.,* p. 481.
(9) Juan Potous Martinez, « Vida en Mogador hace 40 anos », *Revista mauritania,* n° 149, avril 1940, p. 130.

Les conditions de vie au XIXᵉ siècle

1.4.3. La colonie française

— Un autre groupe national relativement important était constitué par les Français. Le recensement de la légation française de 1893 donna le chiffre de 44 résidents dont 11 hommes, 6 femmes et 23 enfants. Le même recensement indiquait 14 Algériens sujets français et 31 protégés.

Parmi les Français, les plus célèbres étaient :

Joseph Jacquetty : négociant très actif arrivé en janvier 1870 ;
Théodore Zerbib : missionnaire protestant arrivé en août 1877 ;
Joseph André : négociant arrivé en septembre 1887 ;
D.R. Boulle : agent de la compagnie Paquet arrivé en novembre 1892.

Au cours du XIXᵉ siècle, ce groupe national connut le passage au consulat de France d'Auguste Beaumier, d'abord de juin 1846 à mars 1849 comme drogman-chancelier auxiliaire attaché au consul en titre, Solange-Bodin, puis de mars 1866 à juillet 1875 comme consul de France avec résidence à Mogador.

Marseillais de naissance, puisqu'il naquit dans la cité phocéenne en 1823, Auguste Beaumier fut un excellent consul qui savait défendre les intérêts des commerçants français de façon efficace. C'était un travailleur remarquable et un fin négociateur. Outre, par son travail de consul, Auguste Beaumier marqua son passage par trois ensembles d'actions importantes :

• Il aménagea la maison consulaire de France située au haut de la rue El Alouj, et en fit l'une des résidences les plus belles et les plus confortables de la cité. Pour cela, il apporta avec lui de France quantité de matériaux destinés à parfaire l'aménagement de la résidence : plusieurs milliers de briques rouges de Marseille, des dizaines de mètres de linteaux et de plinthes en bois de sapin, des centaines de mètres de toile pour tapisserie, des cheminées avec leur tuyauterie, des vitres, des serrures, des sonnettes, des équipements de chauffage, etc. La maison consulaire fut ainsi aménagée, à la convenance de Beaumier qui voulait ainsi en faire une résidence confortable et surtout digne de servir de lieu pour les réceptions qu'il allait organiser lors des différentes occasions officielles.

• Le consul Beaumier entreprit un important travail d'érudit. En effet, ayant appris l'existence dans la bibliothèque de la mosquée El Mouassin de Marrakech du manuscrit du célèbre ouvrage d'Ibn Abi Zarh El Fassi, *Raoudh El Qirtas,* qui relate l'histoire de l'occident musulman jusqu'au milieu du XIVe siècle, il loua les services d'un lettré de la ville et l'envoya à Marrakech à ses frais pour lui faire une copie manuscrite de l'ouvrage. Une fois en possession du document, il en entreprit la traduction en français. La version française due à Auguste Beaumier de *Raoudh El Qirtas* fut publiée en 1869.

Pendant son séjour dans la cité le consul Beaumier publia une dizaine d'études différentes sur le Maroc, concernant des domaines aussi variés que la météorologie, la situation sanitaire, le commerce avec le Soudan, les itinéraires de voyages, etc. Il encourageait ses concitoyens à écrire sur le Maroc. Ainsi, sur son instigation, un médecin qui résida un certain temps à Mogador, le docteur Thévenin, rédigea un opuscule sur le climat de la ville et son influence sur les maladies pulmonaires. Un autre Français Paul Lambert publia une notice relative à Marrakech, sur l'encouragement du consul.

Le Consul Auguste Beaumier

• Auguste Beaumier était pour beaucoup dans la diffusion de la langue et de la culture française dans la ville. Par son action et ses multiples démarches il contribua de manière décisive à l'implantation à Mogador de l'école de l'Alliance israélite universelle (A.I.U.) de Paris, malgré l'opposition de l'oligarchie juive qui était restée très anglophile (10). Plus tard, l'école de l'A.I.U. allait prendre le nom de "Ecole Auguste Beaumier", par reconnaissance et en hommage à ce défenseur, avant l'heure, de la francophonie. Il mourut à Bordeaux en janvier 1876.

1.4.4. La colonie allemande

– A la fin du XIXe siècle, les Allemands, formaient une petite colonie très unie. De 8 membres en 1890, cette communauté, installée sur le tard, dans la cité des alizés, est passée à 16 membres en 1900.

---

(10) Jacques Caillé, « Auguste Beaumier, consul de France au Maroc », revue *Hespéris,* 1950, 1er et 2e trimestre.

La colonie allemande était dirigée par Heinrich Von Maur, un vice-consul de choc, homme à poigne, nationaliste ardent, qui n'hésitait pas à s'exhiber en uniforme d'officier d'artillerie lors des grandes occasions. En 1891, il fonda un club de joueurs de quilles ouvert aux seuls Allemands de la cité. Il possédait à Aïn El Hajar une oliveraie dotée d'une piscine et d'une maison de campagne où il aimait recevoir ses compatriotes de passage. La petite communauté allemande comptait parmi ses membres, en cette fin de XIXe siècle, outre le vice-consul et sa femme, quelques commerçants, 3 à 4 pilotes de barcasses à vapeur au service de l'Administration chérifienne et un médecin, le docteur Albrecht Lanke installé dans la ville depuis 1891.

Les commerçants les plus notoires étaient : Hermann Marx, dirigeant de la société de même nom, qui exportait des produits agricoles marocains et surtout Heinrich Von Maur, vice-consul et patron de la compagnie Weiss und Maur, installée à Mogador depuis 1881, qui exportait également vers l'Allemagne des denrées agricoles et commercialisait les produits allemands dans l'ensemble du Maroc. Hermann Marx et Heinrich Von Maur étaient très actifs et parcouraient le Souss et l'extrême Sud du Maroc dans le cadre de leurs activités.

1.4.5. Autres étrangers

La mission catholique franciscaine avait enregistré à la fin du XIXe siècle deux résidents italiens.

Un couple d'indiens, sujets britanniques, avait résidé dans la cité jusqu'aux premières années du XXe iècle. Il organisait des spectacles de prestidigitation (11).

1.4.6. Quelques aspects de la vie des étrangers

La vie quotidienne de la colonie étrangère devait être morose mais n'était sûrement pas dépourvue de charme. Les loisirs liés aux plaisirs de la mer et du plein air ne manquaient pas. Il était de coutume pour les Européens de la ville de se retrouver en famille, chaque fin d'après midi,

---

(11) Juan Potous Martinez, « Vida en Mogador hace 40 anos », *Revista mauritania,* n° 149, avril 1940, p. 130.

sur la plage, pour arpenter le bord de mer et discuter en regardant jouer les enfants. Dès le coucher du soleil, les ombrelles étaient repliées, les familles réunies et tout le monde prenait la direction de Bab Sebaa (12). La communauté étrangère était en liaison avec l'Europe grâce surtout à la poste britannique. Le courrier en provenance des différents pays européens était groupé à Tanger. Un vapeur anglais, qui assurait le service hebdomadaire entre cette dernière ville et Mogador, apportait le courrier qui était réuni dans les consulats concernés. Les étrangers allaient récupérer, auprès de leur agence consulaire, les envois qui leur étaient destinés.

La vie des Européens était empreinte de quiétude mêlée de monotonie. Rares étaient les incidents qui venaient troubler cette tranquillité, comme par exemple l'arrivée en 1875 de la canonnière allemande "Nautilus" au large de la cité. Cette irruption d'un bateau de guerre germanique, dans les eaux maritimes immédiates du port, remplit d'inquiétude les consuls européens en poste dans la ville, qui voyaient dans cette action, les préludes à l'occupation de l'île de Mogador par la couronne des Hohenzollern. Le commandant du "Nautilus", Zembsch, débarqua au port et alla saluer le gouverneur Amara Ben Abdessadeq, avec lequel il eut d'ailleurs un entretien plein de cordialité.

Il y eut aussi, fin décembre 1877, l'arrivée en rade du port, du bateau de guerre espagnol "Blasco de Garay", commandé par le capitaine de frégate Fernando Benjumea. Le navire était venu récupérer le consul d'Espagne, José Alvarez Pérez, et les commissaires marocains Omar Ben Amara, Mohamed El Qori et Abdallah Ben Boubker, désignés par le Sultan Moulay El Hassan pour faire partie de la commission mixte maroco-espagnole, chargée de localiser sur la côte Sud du Souss, l'emplacement de l'ancienne Santa Cruz de Mar Pequena, où l'Espagne comptait installer une pêcherie. Santa Cruz de Mar Pequena serait beaucoup plus tard identifiée dans ce qui deviendrait l'enclave espagnole d'Ifni (13).

---

(12) *Ibid.*
(13) Pierre Guillen, *l'Allemagne et le Maroc de 1870 à 1905,* PUF, Paris, 1967, p. 87 et 511-518.
R.B. Cunninghame Graham, *Moghreb El Acksa. A journey in Morocco,* Duchworth, London, 1921, p. 34.
Douglas Porch, *the Conquest of Morocco,* A. Knopf, New York, 1983, p. 19.
Manuel Fernandez Rodriguez, *Espana y Marruecos en los primeros anos de la Restauracion (1875 1894),* éd. CSIC- CEH, Madrid, 1985, p. 47.

Les conditions de vie au XIXᵉ siècle

Il y eut également en 1896, l'arrivée dans la cité, d'un individu tapageur et truculent, qui se faisait appeler Karim Bey et prétendait représenter les intérêts de l'Araucanie-Patagonie, région d'Argentine qui n'avait aucune stature internationale, et de son soi-disant souverain le roi Orélie-Antoine. Le personnage s'installa dans une maison de la ville, hissa sur le toit de sa demeure un pavillon de fantaisie, et demanda à bénéficier de l'immunité et des avantages liés aux fonctions d'un agent consulaire d'une grande puissance. En fait l'individu était un aventurier autrichien du nom de Geyling qui projetait, ou rêvait, d'ouvrir, pour son compte, un port dans le Souss afin de commercer directement avec l'Europe. L'irruption de cet énergumène sema le trouble dans la communauté étrangère et le doute parmi les Marocains. Le Gouverneur de la ville, Ali Ben El Hadj Tétouani excédé, mit fin à ce scandale en chassant le malotru.

1.5. Le passage de Charles de Foucauld

La vie à Mogador à la fin du XIXᵉ siècle fut marquée également par le passage et le séjour discrets, mais historiquement importants, de l'explorateur français le vicomte Charles de Foucauld.

Le voyage au Maroc de Charles de Foucauld débuta à Tanger le 20 juin 1883. Ce fut à cette date que l'explorateur, âgé alors de 28 ans, déguisé en rabbin moscovite au nom d'emprunt de Joseph Aleman, accompagné d'un vrai rabbin d'Algérie, Mardochée Abi Serour – personnage aventurier, haut en couleur – qui lui servait de guide, débarqua dans le port du Nord du Maroc en provenance d'Algérie, via Gibraltar.

Commença alors un long parcours pour l'explorateur qui le

Le père Charles de Foucault, dans son ermitage de Beni Abbès, dans le Sahara, vers 1901.

mena dans une grande partie de ce que l'on appelait *bled as siba* ou régions de l'Empire non contrôlées complètement par le makhzen. Il visita ainsi les Jebala, les régions de Taza et de Sefrou, le Tadla, le Grand Atlas, le versant sud de l'Anti-Atlas, le Souss et arriva à Mogador le 28 janvier 1884. Il demeura dans cette ville jusqu'au 14 mars 1884.

Voici ce qu'il écrivit sur la ville des alizés dans son livre, *Reconnaissance au Maroc,* qu'il mit au point au terme de son expédition et qu'il publia en 1888 :

« Mogador, dont le nom est écrit en grosses lettres sur nos cartes, est loin d'être le port important que nous pourrions nous figurer. Celui qui s'attendrait à trouver une ville en relations constantes avec l'Europe serait déçu. En hiver surtout, les moyens de communiquer sont rares et irréguliers. Au bout de 45 jours seulement, je reçus de Paris la réponse à des lettres expédiées le lendemain de mon arrivée. Cet état tient au peu de commerce que fait aujourd'hui Mogador ; ce port n'a plus d'affaires qu'avec les Chiadma, les Haha, les Chtouka, les Ilalen, le Sahel, Tindouf et par là Tambouktou. Il possède le monopole de la majeure partie du trafic du Soudan, de celui qui se fait par les Tajakant. C'est le plus bel apanage qui lui reste. Quant au bassin du Souss, quant au Sahara occidental et central, de l'oued Aqqa à l'oued Ziz, ils font leurs achats à Marrakech, et cette capitale reçoit tout de Djedida (Mazagan). Le grand centre commercial du Maroc est la ville de Marrakech ; au Sud de l'Atlas, Fès fournit le cours de l'oued Ziz et la région du Sahara qui est à l'est de ce fleuve ; Mogador approvisionne le Sahel et la petite portion du bassin du Dra située à l'ouest de l'oued Aqqa ; Marrakech alimente tout le bassin du Souss, l'immense bassin du Dra, sauf les réserves que nous venons de faire, et jusqu'aux districts arrosés par les affluents de droite du Ziz, tels que le Todra et le Ferkla. »

Charles de Foucauld demeura dans la cité un peu plus de six semaines pour se reposer et surtout pour récupérer un courrier et de l'argent en provenance de France, qu'il attendait impatiemment.

A son arrivée le 28 janvier 1884, l'explorateur se dirigea immédiatement vers le Consulat de France, où il fut reçu d'abord froidement, puis, une fois que le Chancelier Montel prit connaissance des qualités du visiteur, avec empressement et respect, à tel point que Foucauld dit dans son ouvrage à propos de son accueil au consulat de France à :

« Ce que fut pour moi Monsieur Montel durant mon séjour à Mogador, les services de tout genre qu'il me rendit, rien ne saurait l'exprimer. Puisse tout voyageur, en pareille circonstance, rencontrer même accueil, même sympathie, même appui. Heureux ceux dont le pays est représenté par des hommes semblables, en qui un compatriote inconnu trouve dès le premier jour, avec la bienveillance et la protection du magistrat, le dévouement d'un ami. »

Le voyageur français logea à l'hôtel Saadia, hôtel-pension de la vieille casbah, arrangé à l'européenne et tenu par des juifs de Tanger. Il déjeunait tous les jours chez le chancelier Montel et dînait seul dans son hôtel. Le reste du temps, Foucauld le passait à mettre de l'ordre dans ses notes de voyage et à écrire. Il se faisait le plus discret possible, et pour cause ! L'explorateur le dit clairement dans une des lettres qu'il envoya à cette époque à sa sœur :

« Je tiens beaucoup à ce qu'on ne me remarque pas trop, pour que le gouvernement marocain n'eût pas vent de mes projets, et ne cherche pas à me créer des obstacles sur ma route : sa politique, depuis de longues années, est d'empêcher, par tous les moyens possibles, les Européens de voyager dans l'intérieur de l'Empire. »

Sitôt l'argent et le courrier récupérés, le voyageur quitta la ville le 14 mars 1884 en direction du sud. Il revisita le Souss suivant un autre itinéraire, parcourut les environs de Tata, Tazenakht, traversa le Tafilalet, puis se dirigea vers Debdou et enfin vers Oujda pour entrer en Algérie le 23 mai 1884.

A part les observations sur la situation du commerce extérieur, et celles ayant trait à la situation météorologique quotidienne, Charles de Foucauld a écrit très peu de choses sur Mogador. Il semble qu'il fût resté, la plupart du temps, cloîtré dans son hôtel, occupé à écrire, à réfléchir et à attendre. La ville des alizés semble lui avoir donné peu d'inspiration, ce qui est tout à fait normal, notre voyageur cherchait plutôt à explorer et à décrire les régions inconnues du Maroc, ce qui n'était guère le cas de Mogador.

1.6. La vie des nantis

La classe nantie était constituée par les Tojar as soltane musulmans et juifs et les riches commerçants et consuls européens qui habitaient dans les deux casbah, dans de vastes demeures, entourées d'un personnel domestique important.

Le destin de la ville reposait sur les épaules de cette élite dont la vie à été largement décrite tout au long des chapitres précédents.

1.7. Les reliques du passé

Les cimetières, situés tous hors de la ville ancienne, conservent encore les reliques de la vie d'autrefois.

Les deux anciens cimetières musulmans, situés à Bab Marrakech, aujourd'hui disparus, gardaient religieusement, jusqu'au milieu des années quatre-vingt, les restes des premiers habitants de la cité. Une esplanade, neutre, où se dresse un bâtiment altier recouvre de ses dalles brillantes, ces lieux de repos éternel où se trouvent encore les cendres de ceux qui firent la cité des alizés.

Le cimetière juif, sis à Bab Doukkala, clos depuis longtemps, conserve encore toutes ses tombes, couchées l'une à côté de l'autre, se touchant même parfois, dans un moutonnement dense de dalles blanchâtres qui barrent tout passage, et obligent le visiteur à l'immobilité. Au milieu de cet océan de monuments funéraires trône le mausolée de Haïm Pinto, le grand rabbin de la cité, pendant la première moitié du XIXe siècle.

La plupart des Européens établis à Mogador firent souche dans la cité. Leurs traces sont encore visibles. L'historien Henri Terrasse écrit dans la préface du livre de Charles Penz, *Personnalités et familles françaises d'Afrique du Nord* (éd. SGAF, Paris, 1938), ces lignes touchantes à propos de la destinée posthume des premiers Européens qui s'étaient fixés dans la ville des alizé :

« Ceux qui passent à Mogador, saisis par l'apparition à demi-irréelle de la cité blanche qui dresse ses hautes maisons au-dessus d'une ceinture de remparts crénelés, bientôt envoûtés par le charme unique de cette ville où l'Europe et l'Islam, l'Atlantique et l'Orient se sont unis dans une étrange et merveilleuse réussite, oublient souvent d'aller se recueillir dans une étroite nécropole, tout au bord de la mer, au débouché d'une des portes de la ville. Dans cet ancien cimetière consulaire, clos de hauts murs, reposent tous les européens qui, avant le Protectorat, sont venus inscrire leur vie entre les sables et les houles de Mogador. Leurs humbles

monuments funéraires, presque tous taillés dans la pierre grise du rivage, tentent souvent, dans un pieux et nostalgique souci, d'imiter ceux de leur pays d'origine. Les épitaphes sont presque toutes brèves et sans pompe. Mais il n'est rien de plus évocateur et de plus émouvant qu'un pèlerinage au milieu de ces tombes, dans la fine poussière d'eau et l'odeur des embruns que pousse sans trêve le souffle puissant des alizés, dans le bruit de la mer et les cris aigus des mouettes où se mêle parfois la sirène d'un navire en partance... C'est toute la vie de cette petite colonie bigarrée qui déroula à Mogador le lent cortège de ses joies et de ses peines qui semble un instant renaître. Chaque nom évoque une destinée, parfois des aventures... Et tout ce que la grande Histoire n'a pas retenu – la vie profonde des hommes – revit peu à peu au cœur du passant. »

2. Le régime de propriété

Jusqu'au début du XIXe siècle la plupart des biens immobiliers appartenait au makhzen et subsidiairement aux Habous, les propriétés privées étaient les moins nombreuses. Ceci était évidemment dû au fait que la ville avait été édifiée ex nihilo sur décision du Sultan.

2.1. Le système d'affectation des propriétés

L'ancienne casbah, ainsi que la nouvelle casbah construite en 1860, constituaient les quartiers destinés en priorité, à l'élite commerçante qu'elle fût musulmane ou juive, et aux négociants et consuls européens. Les demeures et entrepôts de ces quartiers étaient loués par le makhzen à leurs occupants qui à leur tour pouvaient les sous-louer ou les céder à d'autres personnes moyennant compensation. Les commerçants juifs, notamment, faisaient jouer un droit de préemption qui leur permettait de se transmettre, entre eux, le même bien sur plusieurs générations.

Le makhzen, ainsi que les Habous possédaient également des biens immobiliers en médina et au mellah, dont les affectations étaient déterminées de façon particulière. En effet, les juifs ne pouvaient pas habiter en médina mais avaient le droit d'y posséder des échoppes et des entrepôts. Quant aux étrangers ils ne pouvaient demeurer ni en médina ni au mellah mais avaient la possibilité de commercer dans ces deux quartiers. Ces affectations, ne sous-entendaient aucune ségrégation, et étaient acceptées tacitement par toutes les communautés. Le makhzen octroyait aux hauts fonctionnaires de l'Etat chérifien, à titre gracieux, des logements situés généralement dans l'ancienne casbah ou dans le quartier de Derb Ahl Agadir. De même étaient affectés gratuitement aux Caïds de l'arrière pays, des demeures spacieuses appartenant au makhzen.

2.2. Les répercussions politiques du système

Vis-à-vis des commerçants et notamment des Tojar as soltane, ce système avait pour originalité de les rendre doublement liés au makhzen. En effet, ces négociants, débiteurs de l'Etat chérifien qui leur avait accordé des crédits, étaient également locataires de ses logements et entrepôts. Cette double liaison permettait au makhzen de renforcer son pouvoir sur les négociants.

Le système eut incontestablement le mérite de bloquer la spéculation foncière tout au long du XIXe siècle, c'est-à-dire, pendant toute la période de croissance et de consolidation économique de la ville et de son port.

2.3. Les répercussions financières du système

En 1880, le makhzen possédait 320 propriétés environ, en dehors des Habous, constituées par des logements, des entrepôts et des échoppes. Ces biens immobiliers se répartissaient géographiquement de la sorte :
- 85 propriétés dans les ancienne et nouvelle casbahs ;
- 235 propriétés dans le reste de la ville.

Ces différentes propriétés faisaient entrer annuellement dans les caisses du makhzen la somme de 630 rials ainsi répartie :
- 470 rials pour les 85 propriétés des deux casbahs ;
- 160 rials pour les 235 propriétés du reste de la ville.

On peut donc constater que c'étaient les commerçants et les étrangers des deux casbahs, qui contribuaient le plus au renflouement des caisses du makhzen.

Des péréquations équitables permettaient de fixer le montant des loyers payés à l'Etat. Ainsi, dans la nouvelle casbah, le loyer annuel était fixé à un montant égal à 6 % du coût réel de construction du bien immobilier en location. La même péréquation fixait les loyers des propriétés de l'ancienne casbah construite bien avant 1860, c'est-à-dire à des coûts inférieurs à ceux impliqués par la construction de la nouvelle casbah.

Bien que les loyers fussent généralement d'un montant raisonnable, le revenu annuel tiré par l'Etat chérifien de la location de ses biens immobiliers situés à Mogador était le plus élevé de toutes les villes du Maroc (14).

3. La vie sur l'île

Depuis la fondation de la ville et tout au long du XIXe siècle, la grande île de l'archipel de Mogador fut peu peuplée. Un détachement de surveillance occupait constamment les lieux mais il ne devait pas être très important. Lors du bombardement de 1844 la garnison de l'île qui opposa une résistance farouche à l'envahisseur, fut sans aucun doute renforcée, étant données les circonstances, jusqu'à atteindre quelques centaines de personnes. Des pêcheurs devaient séjourner en permanence sur l'île et certains parmi les habitants nantis de la ville devaient, à la belle saison, y tenir parfois des réunions amicales accompagnées de réjouissances qui prenaient fin avant la tombée de la nuit.

Outre la mosquée et quatre bastions, construits avant la fin du XVIIIe siècle, il existait sur l'île deux maisons dont l'une était appelée dar el ghanam (maison des ovins). Ces édifices sont actuellement dans un état d'abandon avancé. Il y avait également trois cimetières réservés respectivement aux martyrs de 1844, aux personnes en quarantaine décédées et aux prisonniers morts en détention (15).

Un autre édifice vint s'ajouter à cette infrastructure sommaire, il s'agit de la prison construite sur ordre du Sultan Moulay Abdelaziz (1894-1908) pour enfermer les rebelles Rahamna.

A l'avènement du Sultan Moulay Abdelaziz en 1894, les tribus Rahamna du Haouz entrèrent en rébellion ouverte contre le makhzen. Ils contestaient la désignation du nouveau souverain, voyant là un jeu du Vizir Ba Ahmed Ben Moussa pour écarter définitivement du pouvoir Moulay M'Hamed, le

---
(14) Daniel J. Schroeter, *Merchants of Essaouira*, CUP, 1988, p. 29.
(15) Mohamed Ben Saïd As Siddiqi, *Iqaz as Sarira*, Casablanca, 1961, p. 41.

fils aîné de Moulay El Hassan. Des éléments d'une fraction des Rahamna, les Aachach, sous la conduite de leur chef Tahar Ben Souleiman, se ruèrent sur Marrakech et tentèrent une attaque de la ville par Bab El Khemis et Bab Aghmat. Ils saccagèrent les vergers et la palmaraie et bloquèrent les portes de la capitale. En septembre 1895, une armée du makhzen se rendit dans le Sud pour remettre de l'ordre. Les Rahamna furent battus et châtiés. Leur chef Tahar Ben Souleiman fut arrêté en janvier 1896. Les responsables du gâchis furent envoyés sur l'île de Mogador (16). Les détenus étaient tellement nombreux qu'il fallut construire une prison pour les abriter. Le pénitencier fut ainsi bâti en 1897 pour reloger ces pensionnaires turbulents. Il s'agit d'un espace à ciel ouvert, cerné par un mur d'enceinte, dans lequel les forçats étaient parqués, enchaînés par groupe de dix. Les conditions de détention devaient y être très dures puisque ces mêmes prisonniers tentèrent, peu après leur arrivée, d'effectuer une évasion spectaculaire à la Papillon qui se termina par l'arrestation de ceux parmi les fugitifs qui avaient échappé à la noyade.

Un hôte de marque connut également les affres de cette prison insulaire : il s'agit de Moulay Ahmed Er Raïssouni, le seigneur-brigand des Jebala qui fut arrêté par le Sultan Moulay El Hassan en 1889, pour ses méfaits dans la région du Détroit et envoyé en détention à Mogador. Excédé par les conditions de réclusion, il tenta une évasion de la prison-caserne de la casbah, qui était située dans l'actuel terrain de basket, où il était enfermé.

Le prisonnier ayant bénéficié de complicités, réussit à quitter son lieu de détention et se retrouva dans la rue. Rôdant dans l'obscurité à la recherche d'un refuge, il fut surpris par une patrouille qui le poursuivit et finit par le rattraper au fond de l'impasse du derb Adouar où il s'était fait piéger. Après avoir été copieusement rossé par les gardes, le fugitif fut ramené dans sa cellule. Quelques jours plus tard, le gouverneur le déporta sur l'île, où il eut, jusqu'à sa libération, le temps et le loisir de méditer profondément sur son triste sort.

Moulay Ahmed Er Raïssouni fut gracié par le Sultan Moulay Abdelaziz (1894-1909) en 1894. Il commença alors une carrière énigmatique de brigand des grands chemins et de chef rebelle qu'il allait finir misérablement, prisonnier du combattant Mohamed Ben Abdelkrim El Khattabi.

---

(16) Louis Arnaud, *Au temps des mehallas,* éd. Atlantides, Casablanca, 1952, p. 91.

Les derniers reclus de la prison de l'île de Mogador furent, en 1907, les quinze meurtriers du docteur Mauchamp, tué la même année à Marrakech.

Cette tradition carcérale du rocher ne fut pas mise en place seulement avec la construction de la prison. Au début du XIXe siècle, déjà, l'île servit de lieu de détention pour les chefs de tribus insurgées, arrêtés par le makhzen. Ainsi, Mohamed Ben Mohamed Ouaziz chef de la tribu des Aït Idrassen du Moyen Atlas révoltée en 1804 contre le pouvoir central, fut détenu la même année et envoyé dans l'île. Le Sultan Moulay Abderrahman y exila également le chef rebelle des Zemmour Mohamed Bel Ghazi qui y mourut d'ailleurs en détention en 1825 (17).

Au cours de la deuxième moitié du XIXe siècle un lazaret sommaire fut mis en place sur l'île, il allait servir à partir de 1865 à mettre en quarantaine les voyageurs arrivant par voie maritime de contrées infectées, et les pèlerins en provenance de la Mecque.

En fait, entre 1866 et 1902, l'île fut utilisée comme lieu de quarantaine une douzaine de fois. Les pèlerins essayaient par tous les moyens d'éviter l'isolement forcé sur ce rocher austère. Les conditions de séjour y étaient en réalité lamentables, de l'avis même du conseil sanitaire du port : pas d'infrastructures, pas d'eau potable, difficultés de ravitaillement, forte promiscuité, etc. Le recours au lazaret de l'île, pour isoler les pèlerins, fut abandonné dès le début du XXe siècle (18).

4. Hygiène et épidémies

Le XIXe siècle fut pour le Sud du Maroc un siècle de sécheresse et de disette. En effet, de 1795 à 1895 il y eut au total 40 années de sécheresse dans cette partie de l'Empire. Ces dures années de vache maigre furent dramatiques puisque tous les 15 ans en moyenne la population était décimée par une épidémie (19).

Cette situation eut évidemment des répercussions directes sur la vie dans la cité. Des mesures d'hygiène furent certes prises, mais cela n'avait

---

(17) Mohamed Ben Saïd As Siddiqi, *Iqaz as Sarira,* Casablanca, 1961, p. 41.
(18) Mohamed Amine El Bezzaz, « La chronique scandaleuse du pèlerinage marocain à la Mecque au XIXe siècle », revue *Hespéris-Tamuda,* vol. XX-XXI, 1982-1893, p. 319.
(19) Daniel J. Schroeter, *Merchants of Essaouira,* CUP, 1988, p. 197.

pas empêché les épidémies, qui accompagnent toujours les disettes et les famines, de frapper chaque fois la population de la ville.

4.1. Les mesures d'hygiène

Il faut rappeler qu'à la fin du XVIIIe siècle, suite à plusieurs épidémies, fut créé à Tanger "le Conseil sanitaire du Maroc". Ce conseil était composé par les représentants de toutes les puissances européennes présentes à Tanger. Il était chargé de veiller au maintien de la santé publique sur le littoral de l'Empire et de réglementer dans ce sens. Dans chaque port il y avait un représentant de cet organisme qui remplissait le rôle de l'officier de santé auquel appartenait le dernier mot en matière de mesures sanitaires, d'admission ou de non admission des passagers débarquant d'un bateau, etc.

A Mogador, les étrangers, et notamment les consuls des puissances européennes, usaient de leur influence pour améliorer l'hygiène dans la ville et pour faire prendre par les autorités, des mesures préventives.

Ainsi, en 1848 une épidémie de choléra se déclara dans plusieurs pays méditerranéens. L'agent sanitaire Bolelli intervint auprès du gouverneur pour prendre des mesures sanitaires. Obligation fut faite aux habitants de nettoyer leurs rues, de laver les places et les marchés et de traiter les maisons à la chaux, de l'intérieur et de l'extérieur.

En 1860 fut mis en place dans la cité, et pour la première fois au Maroc, un système d'assainissement sommaire certes, mais plus hygiénique que ce que l'on pouvait trouver ailleurs.

1865 fut une année où se déclara une épidémie de choléra en Méditerranée. Sur ordre du Sultan Sidi Mohamed Ben Abderrahman, un lazaret fut créé à l'île. Il était destiné à mettre en quarantaine les voyageurs maritimes en provenance de régions où certaines épidémies existaient à l'état endémique. Depuis d'ailleurs 1865, ce lazaret recevait les pèlerins marocains de retour d'Orient.

En 1870 fut introduit dans la cité le vaccin contre la variole.

4.2. Les épidémies

Au cours du XIXe siècle, Mogador fut infectée plusieurs fois par des épidémies diverses. Elles étaient introduites dans la ville par les réfugiés, affaiblis et malades, venant du Sud où sévissait la disette due à la sécheresse.

La cité fut ravagée par le choléra en 1835, 1855 et 1868 (20). Au cours de l'épidémie de 1868, le docteur Thévenin, ami du consul de France Auguste Beaumier, apporta un grand soulagement aux personnes touchées par le mal.

D'après Auguste Beaumier, l'épidémie de 1835 fit 200 morts celle de 1855 : 650 morts et la dernière de 1868 fit 300 morts environ. Le nombre des décès avait été chaque fois atténué par les mesures d'hygiène dont nous avons précédemment parlé.

1878 et 1879 furent des années de grande sécheresse dans tout le Maroc, et notamment dans le Sud. La disette fut générale. La famine frappa cruellement le Sud du Maroc. Selon Drummond Hay le consul anglais à Tanger des régions entières du Sud furent dépeuplées. Charles de Foucauld, lors de son périple dans le Souss, nota l'existence de villages fantômes, entièrement dépeuplés, leurs habitants étaient tous morts lors de la famine de 1878-1879. La région de Haha perdit la moitié de sa population.

Durant ces années terribles, la ville souffrit énormément. Il y eut un afflux considérable, de réfugiés émaciés et malades, venus du Sud. Les autorités et les Consuls organisaient des secours et fournissaient aide et abris aux réfugiés. En Grande Bretagne fut créé un fonds d'aide aux sinistrés dénommé "Morocco Famine Relief Fund". Des institutions, telles que le consulat de France et la mission protestante locale de Ginsburg, apportèrent de l'aide à plus de 4 000 personnes (21). Ces actions provoquèrent d'autres vagues de réfugiés.

La population urbaine passa de 16 000 à 27 000 habitants entre 1878 et 1879. Diverses épidémies se déclarèrent surtout parmi la population déplacée. Le typhus et la variole faisaient des ravages. Le docteur Ollive, médecin attaché au consulat de France eut à participer à la lutte contre les terribles maladies.

La ville referma ses portes devant cet afflux devenu impossible à endiguer. Des réfugiés, venus on ne sait d'où, furent laissés en dehors de

---

(20) *Ibid.*, p. 198.
(21) Manuel Fernandez Rodriguez, *Espana y Marruecos en los primeros anos de la Restauracion (1875-1894)*, éd. CSIC-CEH, Madrid, 1985, p. 52.

la cité. Ils périrent presque tous au pied des dunes. Des chiens faméliques, qui avaient suivi les réfugiés dans leur exode, restés sans maîtres, erraient entre les dunes et les remparts rendant toute communication entre la ville et la campagne impossible. Ils moururent tous de faim et de maladie à l'endroit qui allait devenir par la suite Oued El Kilab (rivière des chiens).

Entre juillet 1878 et février 1879 plus de 700 personnes périrent dans la ville du fait de ces épidémies de variole et de typhus.

La sécheresse et la famine qui ravagèrent le Souss en 1882, provoquèrent encore une fois un afflux de réfugiés vers la cité, dont plusieurs dizaines de juifs. Il s'en suivit encore une fois une épidémie de variole qui se propagea surtout parmi les enfants.

La cité connut, dans les mêmes circonstances, une épidémie de variole en 1872.

Les années difficiles ne cessèrent pas pour autant, au tournant du siècle. Pour le Sud du Maroc, 1908 fut une année de disette et de famine. Encore une fois, la ville ne fut pas épargnée par le fléau de la misère humaine.

4.3. Les conséquences socio-économiques

La famine, la misère, les épidémies et le dépeuplement entraînèrent une désorganisation totale de la société rurale. L'insécurité absolue régnait sur les routes et les chemins de campagne, et on ne comptait plus les agressions commises contre les commerçants et camelots qui se déplaçaient entre les marchés ruraux de Haha et de Chiadma. Entre 1865 et 1880 on compta 41 petits commerçants juifs assassinés, dans l'arrière-pays, pour être détroussés (22).

Des paysans, au bord de la ruine, cherchaient désespérément à associer des commerçants nantis de Mogador à leur exploitation agricole ou même à hypothéquer auprès de marchands juifs ou européens une partie de leurs terres et de leur cheptel.

Ces associations et hypothèques permettaient aux paysans d'obtenir de l'argent pour faire redémarrer leurs activités agricoles. Le sujet britannique, Pepe Ratto, propriétaire de l'hôtel de Tagouidert à Ghazoua, était ainsi

---

(22) Daniel J. Schroeter, *Merchants of Essaouira*, CUP, 1988, p. 204.

associé en 1883 avec 31 paysans de la région de Ida ou Gourd. Ces associations et hypothèques finissaient souvent par la main mise du commerçant créancier sur les terres agricoles et le cheptel, le débiteur étant incapable de tenir ses engagements. Les étrangers et les commerçants protégés par les puissances européennes, s'appropriaient ainsi petit à petit les terres agricoles de la région. Le makhzen tentait vainement d'arrêter ou au moins de contrôler ce transfert de propriétés. Il faisait valoir un droit de préemption sur les terres laissées par tout paysan décédé, débiteur d'un commerçant étranger. Une circulaire du makhzen soumettait bien tout transfert de propriété agricole à un Européen à l'approbation préalable du makhzen, mais elle était allègrement transgressée par les commerçants et les notaires (23).

L'endettement direct des paysans auprès des commerçants s'amplifiait au fur et à mesure que la crise économique se prolongeait. Cet endettement créait des situations inextricables pour le makhzen harcelé par les réclamations des consuls européens. Ainsi les Ida ou Isarn devaient des récoltes et de l'argent au commerçant britannique Broome. Le Français Jacquetty, lui, était aux prises avec l'ensemble des Haha auxquels il réclamait les récoltes d'amandes ou à défaut l'argent qu'il avait avancé. En 1880 le makhzen envoya un enquêteur officiel, El Mahdi El Yamani, pour essayer de démêler cet écheveau embrouillé et ramener la "paix économique" au Haha. L'enquêteur ne put rien faire ni rien proposer tellement la crise économique due à la sécheresse et à ses conséquences était profonde (24).

Ce phénomène était d'ailleurs général, à la même époque, un peu partout au Maroc. Ainsi, en 1898 des paysans de la Chaouia, débiteurs auprès de commerçants européens, et incapables d'honorer leurs dettes, furent emprisonnés à Casablanca.

5. Les services postaux

Un embryon de service postal privé, destiné au cheminement du courrier, fut mis en place en 1837. A cette date, en effet, des commerçants

---

(23) *Ibid.*
(24) *Ibid.*

de la cité en liaison avec d'autres négociants des villes de la côte atlantique et notamment de Tanger décidèrent de créer un service postal régulier, tous les dix ou quinze jours, reliant Mogador à Tanger en passant par les ports importants de l'Atlantique. Les frais de fonctionne-ment de ce service étaient supportés par les souscriptions des commerçants.

Le courrier était transporté par des hommes organisés en corporation, appelés *reqqas*, voyageant par étapes, à pied et parfois à dos de mulet.

En 1857 apparut la première organisation officielle d'un service postal mis sur pied par le consulat général de France, par souscription auprès de commerçants intéressés. Le service était hebdomadaire et assuré par liaison terrestre entre Mogador et Tanger en passant par les principaux ports de l'Atlantique.

En 1858, un service postal britannique fut mis en place sur le même itinéraire et selon la même fréquence que le service français.

L'Espagne ne voulant pas que le transport du courrier marocain restât exclusivement entre les mains de la France et de la Grande Bretagne, et forte de sa prédominance depuis sa victoire de 1859 et la prise de Tétouan, mit en place en avril 1861, entre la ville des alizés et celle du Détroit, un service postal fonctionnant tous les dix jours.

Ainsi donc, à partir de mai 1861, chaque port atlantique marocain était relié 11 fois par mois à Mogador par les trois services postaux européens.

Les dessertes maritimes régulières notamment celle de la compagnie de navigation maritime britannique Forwood assuraient également une partie du transport du courrier. Les consulats des trois pays servaient de bureau de poste.

A la fin du XIXe siècle la poste britannique allait devenir la plus célèbre, notamment grâce au service qu'elle rend au cheminement des correspondances avec l'aide des liaisons maritimes régulières entre l'Europe et la cité des alizés via Tanger.

A cette poste étrangère vint s'ajouter à partir de 1892, la poste marocaine ou Barid, créée par le Sultan Moulay El Hassan. Le Barid reliait Mogador à Marrakech et à Safi deux fois par semaine : les mardi et vendredi (25).

---

(25) Jean-Louis Miège, *le Maroc et l'Europe*, PUF, Paris, 1961, tome III.

6. La mise en place de la station météorologique

Au début de 1895, première année de règne du Sultan Moulay Abdelaziz (1894 -1908), le makhzen autorisa le consulat d'Allemagne à ouvrir et à exploiter une station météorologique dans l'enceinte du port. L'observatoire et les équipements furent installés dans la tour forteresse sud de la sqala par la Société Deutsche Seewarte de Hambourg. De ce fait, la station, déjà centenaire, se trouve être la plus ancienne du réseau météorologique du Maroc et dispose d'une longue série d'observations qui remontent à janvier 1895. Les informations recueillies et délivrées étaient de grande utilité, notamment pour une exploitation rationnelle du port. Les heures de marées étaient, depuis lors, prévues avec exactitude, ce qui permettait aux navires commerciaux de se positionner convenablement et en temps opportun, pour les opérations de chargement et de déchargement.

L'ouverture de cette station était due au fait que depuis 1889, le nombre de mouvements de navires allemands dans le port ne cessa d'augmenter, comme le montre le tableau ci-après :

Années	1889	1890	1895	1897	1900	1904
Nombre d'entrées	3	28	51	52	47	33

Plus pragmatiques que leurs concurrents européens qui se contentaient d'observations météorologiques à partir de la terrasse de leur consulat, les Allemands réclamèrent et obtinrent l'ouverture d'un observatoire météorologique dans l'enceinte du port (26).

La station fonctionna ainsi, sous la houlette du vice-consul Heinrich Von Maur, à la grande satisfaction des usagers, jusqu'à l'avènement de la Première Guerre Mondiale (1914-1918). Les météorologistes allemands durent alors céder les installations à leurs homologues de l'armée française qui continuèrent à observer et à analyser les couleurs du ciel, mais cette fois-ci, pour le compte de l'Institut chérifien de la physique du globe et de la météorologie.

---

(26) Pierre Guillen, *l'Allemagne et le Maroc de 1870 à 1905,* PUF, Paris, 1967, p. 383 et 384.

Quatrième partie
Le déclin du port impérial

Chapitre XII
Le déclin, vers le protectorat

La fin du XIXᵉ siècle et le début du XXᵉ constituèrent une période charnière dans la vie économique, sociale et politique de Mogador et de son arrière-pays. Durant les décennies qui y correspondaient la ville s'engagea d'abord dans une ère de déclin qui allait être en plus suivie à l'aube du XXᵉ siècle par une époque d'intense fébrilité politique qui prit fin avec les premières années du protectorat.

1. La régression

Dix ans après sa fondation, la ville des alizés était devenue le plus grand port du Maroc, le port impérial, le centre du commerce et des transactions internationaux, objet des faveurs du Sultan. L'arrière pays bénéficiait des bienfaits du voisinage et les caïds de Haha étaient devenus les auxiliaires précieux du makhzen pour le maintien du Souss dans le giron de l'Empire. Cette situation dura pendant un siècle. Le dernier quart du XIXᵉ siècle vit s'amorcer le déclin économique du port impérial accompagné d'une instabilité politique de l'arrière-pays notamment au sein des tribus de Haha.

1.1. Le crépuscule du port impérial

La prospérité des négociants de l'Empereur dura jusqu'en 1875. A partir de cette date les difficultés commencèrent pour ces commerçants. On vit ainsi de grands négociants faire faillite et perdre leurs propriétés : ce furent les cas de Hadj Mahjoub Toufelazz et de Hadj Ahmed Bouhillal.

D'autres eurent les pires difficultés pour rembourser les avances du makhzen, ce furent les cas de Salomon Amar et même d'Abraham Corcos.

Le cas de Mokhtar Ben Azzouz fut même dramatique. Ce dernier négociant était prospère, et représentait dignement plusieurs firmes britanniques. Ses difficultés commencèrent en 1878 lorsqu'il échoua, on ne sait trop comment, entre les griffes de ses créanciers, Français et Britanniques notamment, qui exigeaient leur paiement. Etant également débiteur du makhzen, Ben Azzouz ne pouvait plus honorer ses engagements et payer ses dettes. C'était la banqueroute. En 1885, Ben Azzouz fut ruiné et jeté en prison (1).

Ce marasme touchait la majorité des commerçants. Ceux qui étaient restés en situation financière correcte étaient les marchands étrangers ayant obtenu le soutien de leur firme-mère d'Europe ou bien les protégés qui commerçaient sans scrupule, refusant de payer taxes et impôts, exploitant sans vergognes paysans et petits détaillants, et pratiquant une spéculation effrénée sur les denrées et produits de première nécessité ou bien enfin les négociants qui avaient su investir dans l'immobilier et qui pouvaient survivre en compensant leurs pertes par des rentes locatives importantes. Ce malaise économique encourageait les commerçants et protégés à retirer partie de leurs billes du jeu et à investir leurs capitaux disponibles en Europe. Les exportations allaient donc diminuer pour être rattrapées puis dépassées par les importations. L'inflation s'ensuivit, puis la crise économique, exacerbée par le poids de la taxation subie surtout par les moins nantis.

La fin du XIXe siècle s'annonçait avec le crépuscule du port impérial. En 1880, le déclin économique du port était déjà entamé. A partir de 1890 le commerce international de la ville des alizés ne représentait plus que 15 % environ du commerce maritime du Maroc, après avoir été de 58 % en 1834. Cette régression était due à plusieurs causes.

Tout d'abord les marchés européens alimentés par les produits exportés jusque là s'étaient essoufflés : Marseille ne demandait plus de peaux et encore moins de laine. D'autres fournisseurs de produits exportés vers l'Europe à partir de Mogador tels que l'huile d'olive apparurent sur le marché international. Le courant commercial africain qui amenait gomme, ivoire, or et plumes d'autruche s'était tari depuis que les Français entamèrent la conquête du Soudan en 1880. Une partie du trafic en

---

(1) Daniel J. Schroeter, *Merchants of Essaouira*, CUP, 1988, p. 210.

Le déclin, vers le protectorat

provenance de cette dernière contrée, commençait, à transiter par la côte du Sénégal ou même par Cap Juby au Sahara. D'autres ports tels que : Safi, Mazagan, Casablanca, Larache, commençaient en cette fin de XIXe siècle à concurrencer Mogador d'autant plus que le protectionnisme n'était plus de rigueur et que le monopole faisait place à la libre concurrence encouragée par les firmes européennes qui s'installaient donc dans les ports de leur convenance.

Par ailleurs, la cité avait toujours connu une croissance contrôlée. En fondant la ville de Mogador, le Sultan voulait avoir sous la main le commerce avec l'Europe et le limiter à l'optimum contrôlable tout en tirant profit de cette activité. Son but n'avait pas été seulement de développer le commerce avec l'Europe mais surtout de le tenir en main, sans perdre de vue la politique de prudence qui consistait à avoir le minimum de relations avec les Nations Européennes. Il s'ensuivit certes, une certaine prospérité pour la ville, mais cette prospérité à petite échelle ne pouvait pas résister aux incursions des nations européennes.

Des raisons physiques contribuèrent également au déclin du port : la rade ne pouvait plus recevoir de bateaux à fort tirant d'eau du fait de l'ensablement de la baie. En effet, l'Oued Qsob, drainant sables et alluvions, était parvenu à boucher la rade de sorte que la coque des grands navires touchait le fond marin (2).

Enfin, dernière cause, et non des moindres : Mogador avait toujours été un port artificiel créé par la volonté du Sultan, et protégé par lui, dans une région pauvre sans grandes ressources naturelles. Une fois la protection du makhzen estompée, la ville commençait à glisser, petit à petit, vers une position de port régional, desservant une région qui se rétrécissait de plus en plus au fur et à mesure que d'autres centres économiques voyaient le jour et ils étaient nombreux en cette fin du XIXe siècle.

1.2. L'instabilité dans l'arrière-pays

Par sa position et son rôle économique Mogador jouait un rôle stabilisateur important sur l'échiquier politique du Sud-Ouest du Maroc. Le makhzen attirait dans la ville les caïds et roitelets du Sud-Ouest de

---

(2) Jean-Louis Miège, *le Maroc et l'Europe*, PUF, Paris, 1961, tome III, p. 63.

l'Empire pour leur accorder résidences et passe-droits. Ainsi, la plupart des caïds du Sud possédaient une maison dans la cité et avaient la possibilité d'exercer du commerce à des conditions avantageuses. Le Clan Bayrouk de Guelmim avait ses agents et intermédiaires installés dans la ville depuis toujours et pour son commerce il jouissait d'abattements fiscaux importants. Le Chérif de Tazeroualt Houssaïn Ou Hachem bénéficiait également des mêmes avantages ; ses agents locaux étaient : Joseph El Maleh et Mordekhaï Bensaoud (3).

La province du Souss, tombée en quelque sorte en disgrâce depuis la fondation du port impérial était "surveillée" à partir de cette dernière ville. Il était de tradition que le caïd de Haha gouvernât le Souss pour le compte du makhzen. Ce fut notamment le cas pour le caïd de Haha Abdallah Ou Bihi qui, de 1840 à 1868, tint cette province méridionale rattachée à son fief de Haha et ceci en vertu d'un droit qui lui avait été octroyé par le Sultan Moulay Abderrahman.

A la mort de Abdallah Ou Bihi en 1868, son fils Mohamed Ou Bihi lui succéda. Cette succession fut remise en question notamment par les proches du caïd défunt qui pillèrent en représailles Azghar, la forteresse caïdale de la famille Ou Bihi, et par Lahcen Tigzirin qui souleva les Aït Tamar du Nord d'Agadir. L'anarchie s'installa dans l'ensemble des Haha et des Mtouga et le Souss se trouva coupé du reste du Maroc. Les rebelles vinrent assiéger Mogador au printemps 1871. Le makhzen destitua Mohamed Ou Bihi jugé incapable de gouverner les provinces léguées par son père mais ne put imposer un caïd de son choix. Le pouvoir semblait être partagé entre plusieurs chefs de tribus dont Embarek Anflous, Allal Bou Ifanzi, Lahcen Tigzirin et Abderrahman Bou Al Achrat. A la mort du Sultan Sidi Mohamed Ben Abderrahman en 1873, son fils et héritier Moulay El Hassan était à Bou Riqi chez les Haha en train de remettre de l'ordre dans l'administration de cette importante province. Moulay El Hassan fut proclamé Sultan par les chefs de Haha qui virent, en retour, leur autorité confirmée par le nouveau Sultan.

Ces confirmations firent sans doute des mécontents, ce qui eut pour résultat d'exacerber la rébellion, puisque la révolte éclata d'une façon encore plus féroce. L'insécurité devenait totale et le banditisme régnait sur

---

(3) Daniel J. Schroeter, *Merchants of Essaouira,* CUP, 1988, p. 189.

l'ensemble de Haha, et même de Chiadma où l'autorité du caïd Bella Ou Zaroual était remise en question par ses administrés. Ces derniers, profitant d'un déplacement de leur caïd à Marrakech, n'hésitèrent pas à piller et à brûler sa forteresse d'Al Hanchène. Quant aux différents clans de Haha, ils se battaient jusqu'aux pieds même des remparts extérieurs de la ville. Petit à petit, de cet imbroglio se dégageait l'autorité du caïd Embarek Anflous qui commençait à s'imposer sur une grande partie de Haha, mais pas pour longtemps, puisqu'il serait destitué et emprisonné à Marrakech en 1881. La maison des Anflous ne reprendrait le commandement des Naknafa qu'en 1899, avec Mohamed Ben Brahim Anflous, le neveu de Embarek Anflous, nommé caïd grâce au soutien du Vizir El Menbehi (4).

Les ruines de la forteresse de Bella Ou Zaroual à Al Hanchène au sud des Chiadma.

---

(4) Mohamed Ben Saïd As Siddiqi, *Iqaz as Sarira,* Casablanca, 1961, p. 108.
Encyclopédie du Maroc, Imprimerie de Salé, tome 3, p. 853.

Cette révolte était le résultat du système fiscal injuste qui écrasait les petits paysans, dans leur terroir, à la porte de la ville et sur les marchés, et qui épargnait outrageusement les riches propriétaires protégés par les puissances européennes. Ce sentiment de frustration était exacerbé par la sécheresse, l'insécurité, le banditisme et l'injustice ; tout cela fit que la lie de la population rurale surgit de toute cette situation et mena alors le désordre.

Porte d'entrée de la forteresse de Bella Ou Zaroual

Les deux expéditions *(harka)* que fit le Sultan Moulay El Hassan en 1882 et 1886 dans le Souss ramenèrent l'ordre et la stabilité aussi bien dans le Haha que dans la province du Souss. Mogador et son arrière-pays se remirent à jouer le rôle de centre d'opérations du makhzen vers le sud et le sud-ouest et de plaque tournante du commerce méridional. Les deux expéditions eurent pour résultats, entre autres, de consolider la position de Mogador comme port du Sud et de mettre fin aux ambitions de l'Ecossais Mackenzie et du Français Jacquetty qui voulaient ouvrir un port concurrent respectivement à Cap Juby et à Oued Noun. Par sa visite dans la cité le 3 avril 1886, le Sultan Moulay El Hassan voulait peut-être conforter la ville dans sa position non plus de grand port du Maroc mais de port régional s'ouvrant sur le Souss et sur le sud-ouest de l'Empire.

Le déclin, vers le protectorat

2. Vers le protectorat

Le début du XXᵉ siècle fut marqué par une fébrilité politique exceptionnelle. La ville avait comme gouverneur Abderrahman Bargach nommé en 1905 en remplacement de Ayad El Menebhi. Sous sa direction, la cité allait connaître de graves incidents provoqués par le caïd de Haha Ahmed Anflous, mais aussi les passages remarqués du Cheikh Ma El Aïnaïn.

2.1. Les visites du Cheikh Ma El Aïnaïn

Le Cheikh Ma El Aïnaïn éminent théologien, seigneur et autorité spirituelle des tribus du Sahara marocain était en relation avec les Sultans du Maroc depuis le règne de Moulay Abderrahman. Le Souverain Moulay El Hassan le désigna comme son Khalifa dans les territoires situés au sud de Oued Noun. A partir de 1887, pas une année ne s'écoulait sans que le Cheikh n'entrât en contact, d'une façon ou d'une autre, avec le Sultan. A partir de 1896 et jusqu'en 1906, Ma El Aïnaïn rendit visite sept fois au Sultan Moulay Abdelaziz : trois fois à Fès et quatre fois à Marrakech. Les visites à la Cour de Marrakech faisaient transiter le Cheikh par la ville des alizés.

Profitant des déplacements entre cette dernière cité et la capitale du Sud, le chef Saharien reconstruisit le mausolée de Sidi El Mokhtar situé à mi-chemin entre les deux villes et créa auprès de la tribu voisine des Ouled Bou Sebaa un élevage de dromadaires blancs du Sahara.

En 1906 à la suite d'une visite au Sultan, Ma El Aïnaïn s'embarqua de Mogador à destination de Tarfaya sur un bateau espagnol le "Cartagena" affrété par le makhzen avec 25 caisses de fusil, don de Moulay Abdelaziz, douze mulets, seize chevaux, des artisans et quantité de matériaux destinés à compléter la construction de la ville de Smara dont la fondation avait été décidée par le Cheikh (5).

2.2. L'occupation de la ville par le caïd Ahmed Anflous

Ahmed Ben Embark Anflous fut désigné caïd de Haha et de Souss en 1903 avec l'approbation de l'Autorité Impériale, succédant ainsi à son

---

(5) Julio Caro Baroja, *Estudios Saharianos,* IEA, Madrid, 1955, p. 304 et p. 308.
A. Brives, *Voyages au Maroc*, A. Jourdan, Alger, 1909, p. 359.

cousin Mohamed Ben Brahim Anflous. Cependant, le makhzen était obligé de retirer ses troupes du Souss pour combattre l'anarchie qui sévissait au nord et à l'est de l'Empire. Affaibli par ce désengagement, Ahmed Anflous se retira dans le Nord de Haha en emmenant avec lui toutes les richesses dont il avait dépouillé la province méridionale. Là, il consolida ce qui lui restait de puissance, et, débarrassé de la tutelle du makhzen, il commença à se comporter en roitelet indépendant touchant prébendes des commerçants et des consuls et droits de passage de plus en plus élevés sur les caravanes circulant entre Mogador et le Sud du Maroc. Le caïd s'enrichissait de jour en jour. Cette prospérité attira sur lui l'animosité des caïds voisins de M'Tougga et Chiadma qui le combattirent mais sans résultat.

Au cours de l'année 1906, Ahmed Anflous se présenta aux portes de Mogador, à la tête de ses troupes. Il occupa la ville sans rencontrer de résistance. Le jour même de son entrée dans la cité, il fit au Méchouar une démonstration impressionnante de fantasia guerrière, et immola un taureau devant la zaouia Tijania.

Le lendemain de l'occupation, le caïd décida de faire déguerpir tous les Juifs, quelle que fût leur nationalité ou leur protection, des casbahs et de la médina vers le mellah. Cette décision sema le trouble et l'anxiété parmi les habitants. Les Israélites furent déplacés sans ménagement, malgré l'intervention des consuls européens et de ce qui restait de l'autorité locale.

Après huit jours de désordre, le caïd se décida à évacuer la ville, laissant derrière lui une population atterrée, des quartiers saccagés et le gouverneur Bargach profondément déprimé.

Anflous pensait ainsi pouvoir résoudre le problème du logement qui se posait à cette époque. Comme de nombreux Juifs habitaient dans la ville, les loyers avaient augmenté et les Musulmans n'arrivaient plus à se loger. Il suffisait donc de faire déménager les Israélites vers leur Mellah et le problème allait être résolu ! Il fallait y penser ! Anflous y avait pensé !

L'opération menée par Ahmed Anflous contre la cité n'avait aucun sens et relevait de la pure improvisation. Les mesures prises contre les Juifs étaient tout à fait gratuites et confirmaient l'impression de légèreté politique que laissa derrière lui ce caïd, après son assassinat en 1909 par un de ses serviteurs qui était en fait, l'agent du caïd Abdelmalek M'Touggui.

Une légende fumeuse et sans aucun intérêt, entoure encore le souvenir du caïd Ahmed Anflous : il aurait été soutenu par la baraka de Souleiman

El Jazouli et aurait eu à sa disposition une armée formée par les génies habitant les grottes d'Imi n'Taqandout (6) !

2.3. L'avènement de Moulay Abdelhafid (1908-1912)

Le 16 août 1907, Moulay Abdelhafid reprit l'étendard de la résistance, à la pénétration franco-espagnole au Maroc, en se faisant proclamer Sultan du Maroc à Marrakech où il exerçait la fonction de Khalifa de son frère le Sultan Moulay Abdelaziz. Cet événement déclencha une véritable guerre civile qui dura jusqu'à la fin de 1908 et s'acheva par le triomphe du nouveau Sultan.

Dès le début, la capitale du sud reconnut Moulay Abdelhafid, suivie des tribus de Abda, Chaouia et Tadla. A part Safi, qui était le fief du caïd Aïssa Ben Omar, allié de première heure du nouveau monarque, les villes côtières étaient restées fidèles au Sultan Moulay Abdelaziz grâce à l'assistance de la France dont la marine de guerre aidait les troupes du makhzen à occuper les ports menacés par le mouvement de rébellion (7).

Dans l'arrière pays de Mogador, la situation était peu claire. Si, Ahmed Anflous, le caïd de Haha, était resté loyal au Sultan Abdelaziz, le caïd de Korimat, Ahmed Ben El Ayachi, et celui de M'Tougga, Abdelmalek M'Touggui, avaient, quant à eux, fait acte d'allégeance au nouveau Sultan.

La ville était restée en principe loyale au Sultan Moulay Abdelaziz. Un certain émoi eut lieu cependant dans la Casbah autour du Consulat d'Espagne où étaient venus se réfugier quelques notables pressés de reconnaître le nouveau Sultan. Parmi ces derniers se trouvait le raïss El Yazid, chef des barcassiers et meneur des partisans de Moulay Abdelhafid. Le raïss fut enlevé par les soldats du gouverneur et rossé publiquement. La bastonnade servit d'exemple qui calma les néophytes. Certains, parmi ces derniers, apeurés, allèrent se réfugier au mausolée du Saint local Sidi Mogdoul.

Le 23 octobre 1907 une armée de 700 hommes commandée par l'ancien gouverneur de Tanger, Qaddour Ben El Ghazi, débarqua au port, à partir

---

(6) Edmond Doutté, *En tribu*, éd. Geuthner, Paris, 1914, p. 282.
(7) Edmond Burke, *Prelude to protoctorate in Morocco,* University of Chicago Press, 1976, chapitre V, p. 99.

d'un bateau de guerre battant pavillon français. Elle occupa la ville et fit sa jonction avec les troupes du caïd de Haha Ahmed Anflous. Les deux armées réunies repoussèrent une méhalla rebelle qui arrivait de Marrakech. L'allégeance totale de la cité au Sultan légitime Moulay Abdelaziz fut ainsi reconfirmée (8). Qaddour Ben El Ghazi remplaça Abderrahman Bargach comme gouverneur.

Dès sa prise de pouvoir, Ben El Ghazi procéda à une série d'arrestations de hauts fonctionnaires du makhzen, jugés favorables au mouvement rebelle, et à de nouvelles nominations de responsables de l'Administration. Ce mouvement, au sein des hommes responsables de la destinée de la cité, n'était que partiellement justifié, et il n'est pas exclu que le gouverneur abusât de son pouvoir. D'après Mohamed Ben Saïd Es Sadiqi, ces démonstrations étaient destinées essentiellement à terroriser les habitants et à les dissuader de suivre la rébellion.

Les personnes suivantes furent ainsi arrêtées les unes après les autres :
– El Hadj Boubker Guessous : amin des douanes ;
– Moulay Abdallah Es Sabounji : préposé aux douanes ;
– Mohamed Ben Omar El Ouazzani : mohtassib ;
– El Hadj Saïd Ben Abderrahman El Joua : nadir des Habbous ;
– Allal El Joua : notaire ;
– Mohamed At Tanani : notaire ;
– Brahim Aderdour : khalifa du caïd des Ida Ou Guelloul ;
– le caïd Baqqa.

Le nouveau gouverneur remplaça les quatre premiers fonctionnaires par d'autres personnes de son choix.

Les abus de Ben El Ghazi ne durèrent pas longtemps puisque, l'année suivant sa nomination, il décéda, et fut enterré à la Zaouia El Qadirya au grand soulagement de ses captifs qui furent tous libérés. Il fut remplacé par le gouverneur Mohamad Essanoussi.

Le 7 juin 1908, Fès fit acte d'allégeance au nouveau Sultan, suivie le 28 août 1908 par la ville de Tanger. Le tour de Mogador ne tarda pas à arriver. En effet, le 9 septembre 1908, le caïd de l'armée du makhzen,

---

(8) *Ibid.*, p. 112.

Abdeslam Loudyi, commandant la garnison de la cité, fit avec ses troupes une démonstration de force devant la mosquée Ben Youssef et proclama publiquement son allégeance, et celle de sa garnison, au Sultan Moulay Abdelhafid. Le gouverneur Essanoussi, apprenant la nouvelle et craignant pour sa personne, se réfugia avec quelques fonctionnaires du makhzen sur un bateau français qui se trouvait en rade (9).

La vacance du pouvoir provoqua un certain émoi, et un début d'anarchie commença à gagner la ville. L'unité de police proclama sa fidélité à Moulay Abdelaziz et se barricada dans sa caserne de Souq Ouaqa. Le camp fut attaqué par les soldats de la garnison. Des tireurs postés au haut du minaret de la mosquée de Sidi Ahmed ou Mohamad de Souq El Jadid se mirent à tirer sur le casernement de la police. Un malheureux éboueur, dénommé Qassem, en service dans les parages, fut atteint par une balle perdue et tué sur le coup. Ce meurtre sema la panique dans la ville.

Mais les partisans du nouveau Sultan surent retourner la situation en leur faveur. La police déposa les armes et toute résistance cessa. Les Hafidi – c'était ainsi qu'on appelait les partisans de Moulay Abdelhafid – se réunirent et firent rédiger l'acte de reconnaissance des habitants de la ville par le Cadi El Belghiti. Un gouverneur intérimaire, Ahmed Aqennnour, fut désigné et une délégation officielle fut constituée pour être acheminée vers Fès et porter le document d'allégeance de la ville au nouveau Souverain.

Le makhzen désigna fin 1908 un nouveau gouverneur Abdessalam Ben Bouazza El Fachar, qui fut d'ailleurs remplacé en 1911 par Mohamed Ben Saïd El Qarqouri (10).

2.4. Le Protectorat

Le 30 mars 1912, le Sultan Moulay Abdelhafid et le ministre de France à Tanger, Regnault, signèrent la Convention de Fès qui établissait le protectorat français sur l'Empire chérifien.

La nouvelle fut accueillie avec consternation par la population musulmane de Mogador.

---

(9) Mohamed Ben Saïd As Siddiqi, *Iqaz as Sarira,* Casablanca, 1961, p. 142.
(10) *Ibid.*

Le 15 octobre 1912, une colonne militaire française comprenant cinq bataillons, deux escadrons et deux batteries d'artillerie, et placée sous le commandement du Colonel Mangin, quitta Marrakech et se dirigea vers Mogador. Après avoir parcouru les régions de Chichaoua, Sidi Mokhtar, Ouled Bou Sebaa, la troupe arriva le jeudi 23 octobre 1912 devant la ville des alizés. L'armée d'occupation fut accueillie par le gérant du Consulat de France, M. Coufourier, et par les autorités locales. Les soldats pénétrèrent dans la ville par la porte de Bab Doukkala, la traversèrent en rang et ressortirent par Bab Sebaa pour s'établir à l'extérieur des remparts en bordure de la plage.

Cette armée qui bivouaquait aux pieds des remparts, avait pour but, certes d'occuper la ville, mais également de se diviser en deux corps ayant pour mission, respectivement, de remonter la vallée de l'Oued Qsob jusqu'à la Casbah du caïd M'Touggui et de se diriger vers le Sud chez les Haha, afin de prendre contact avec les habitants, leurs caïds et leurs montagnes (11).

Le Nouvel ordre était, cette fois-ci, bien là et lourdement représenté.

Le 27 octobre 1912 un corps d'armée, parti la veille de Mogador, et commandé toujours par le colonel Mangin, arriva en face de la Casbah de Mohamed Anflous, en plein pays Naknafa.

Le seigneur réserva un bon accueil à ces visiteurs impressionnants, qui eurent droit à une démonstration de fantasia, à un dîner copieux et à un spectacle de danses Ahouach. L'entrevue entre Mohamed Anflous et Mangin fut même empreinte d'une certaine amitié. Le caïd, très en confiance, raconta, avec émotion, au chef militaire, la scène tragique de la mort en 1909 de son père, Ahmed Anflous, abattu à coups de fusil, dans sa propre casbah, par un esclave noir, au service du caïd Abdelmalek M'Touggui. Il décrivit le supplice effroyable, subi par l'assassin qui fut enduit de pétrole et brûlé vif ; il évoqua aussi sa propre enfance, sa fuite éperdue après la mort de son père, enfin sa nomination comme caïd du Nord de Haha.

---

(11) Capitaine Cornet, *A la conquête du Maroc Sud,* Plon, Paris 1914, p. 100 à 122.

Le déclin, vers le protectorat

Le temps était aux semblants de confidences, apparemment amicales. Les deux chefs, se méfiant sans doute l'un de l'autre, devaient probablement se toiser discrètement.

La même colonne armée parcourut, le lendemain, le territoire de Aït Zelten puis retourna le 29 octobre 1912 à Mogador.

Sur son chemin de retour vers Marrakech, l'armée du colonel Mangin remonta le cour de l'Oued Qsob jusqu'au pays M'Touga. Là, le chef militaire fut reçu le 4 novembre 1912 en grande pompe à Bouabout, métropole et forteresse des M'Touga, par le vieux seigneur Abdelmalek M'Touggui. Mangin fut comblé de prévenances (11).

L'occupation militaire semblait, jusque là s'opérer sans encombre.

Les premières réactions contre le nouvel ordre établi n'allaient se faire sentir qu'au moment de l'abdication de Moulay Abdelhafid, ce Sultan, sur lequel l'ensemble des Marocains avaient porté leurs espoirs.

Arrivée à Mogador, le jeudi 23 octobre 1912, d'une colonne de l'armée française, sous le commandement du Colonel Mangin. La troupe, après avoir traversé la ville, ressort par la porte de Bab Sebaa.

Armée française, en bivouac à Bab Al Achour

2.5. L'avènement de Moulay Youssef et la révolte des Haha de 1912

Le 13 août 1912, Moulay Youssef (1912-1927) fut proclamé Sultan du Maroc suite à l'abdication de son frère Moulay Abdelhafid. Les actes d'allégeance se mirent à affluer au Palais Royal de Rabat, de l'ensemble du Maroc.

A Mogador, le gouverneur Ahmed Es Saïdi, qui remplaça en 1912 Mohamed El Qarqouri, et le Cadi Zouiten, rassemblèrent les notabilités de la ville dans la mosquée de la Casbah, pour leur donner lecture de la lettre du Grand Vizir El Mokri par laquelle, ce dernier, informait les habitants de la ville, et ceux des tribus de la région, de l'avènement de Moulay Youssef et les invitait à faire acte d'allégeance au nouveau Souverain.

Après la lecture de la lettre vizirielle, un début d'effervescence commença à apparaître parmi l'assistance, surtout après qu'un notable, Mohamed At Tanani, eût manifesté sa désapprobation et son soutien au Sultan déchu. Pour éviter tout incident et désamorcer la situation, le gouverneur ajourna la cérémonie d'allégeance. Le lendemain, il tint, dans sa résidence, une réunion des notables, mais à laquelle les récalcitrants ne furent pas conviés. L'acte d'allégeance des habitants de la ville fut rédigé puis, approuvé, et le Sultan Moulay Youssef fut ainsi reconnu par les citoyens de façon officielle.

La fronde entamée par Mohamed At Tanani fut étouffée dans l'œuf.

Les choses allaient se passer autrement dans l'arrière-pays, notamment chez les Haha.

Parmi les récalcitrants, le plus redoutable était Abderrahman El Guellouli, le caïd des Ida Ou Guelloul de Haha qui, déjà, le 9 mai 1912 déclara publiquement son soutien au mouvement de révolte dans le Sud du Maroc, du Cheikh El Hiba Ben Ma Al Aïnaïn et envoya munitions et argent au chef dissident (12). Le caïd El Guellouli ne cessait en effet de repousser l'échéance qui lui était fixée pour faire acte d'allégeance au nouveau Souverain. Après plusieurs atermoiements il finit par lever le masque et il proclama son refus de reconnaître le nouveau Souverain. Il entra ainsi en dissidence ouverte contre le makhzen.

L'ordre fut donné immédiatement au gouverneur de Mogador d'organiser une expédition militaire (harka) contre le dissident.

2.5.1. L'expédition

Le commandement de l'expédition fut confié à El Houssaïn Az Zaari, caïd de renom de l'armée du makhzen et qui avait fait partie de cette fameuse promotion d'officiers marocains, envoyés en formation en Europe par le Sultan Moulay El Hassan. Le caïd Az Zaari avait été formé en Italie où il séjourna pendant dix ans. Le corps expéditionnaire comprenait :
– le Tabor makhzen de la ville ;
– une armée d'irréguliers de Haha commandée par le caïd Mohamed Anflous ;
– une armée d'irréguliers de Chiadma commandée par le caïd Larbi Khoubban.

Ce corps de troupes hétérogène était soutenu par un bataillon de l'armée française dirigé par le commandant Massoutier (13).

---

(12) Julio Caro Baroja, Estudios Saharianos, IEA Madrid 1955, p. 326.
(13) Mohamed Ben Saïd As Siddiqi, *Iqaz as Sarira,* Casablanca, 1961, p. 150.

L'expédition arriva sans encombre en vue du territoire des Ida Ou Guelloul, au cours de la première quinzaine du mois de décembre 1912.

Entre temps, le caïd Mohamed Anflous changea de camp et se rallia au caïd El Guellouli. Il abandonna, avec son armée d'irréguliers, l'expédition. Il fut suivi bientôt par l'armée des Chiadma qui ne voulait pas se battre, sans ses alliés de Haha, et préférait regagner son territoire. Avant de partir, Anflous laissa planer le doute sur ses intentions, et conseilla au corps expéditionnaire de se cantonner dans le voisinage du village de Smimou, en attendant de voir plus clair dans l'évolution des événements.

2.5.2. La bataille de Dar El Cadi

Ce qui restait du corps expéditionnaire se trouva donc le 16 décembre 1912 en campement dans le village de Smimou à 35 km au Sud de Mogador. Dans la nuit du 16 au 17 décembre 1912, une attaque fut déclenchée contre les hommes de l'expédition en cantonnement. Une fusillade éclata de tous les côtés. C'étaient les dissidents de Haha commandés par Mohamed Anflous, qui entraient en action.

Le commandant Massoutier donna l'ordre à l'armée de se replier à Dar Ali El Cadi, une maison fortifiée par l'armée et située à 500 mètres au nord de Smimou. Là, la défense fut organisée contre les assaillants.

L'attaque dura toute la journée du 17 décembre 1912, au cours de laquelle le lieutenant Chamand fut tué. Devant la férocité de la riposte, les assaillants décidèrent d'imposer un siège total autour de la maison fortifiée. Le blocus dura plusieurs jours pendant lesquels les assiégés souffrirent de la faim et surtout de la soif. Les soldats durent abattre leurs montures pour se nourrir. Une pluie providentielle vint sauver les soldats bloqués d'une mort atroce certaine.

A Mogador, la tempête retardait le débarquement des troupes de secours envoyées de Casablanca. L'officier aviateur Do-Hu, fut envoyé survoler Dar Ali El Cadi, au risque de se faire descendre à coups de fusil. Cette démonstration intrépide était destinée à remonter le moral aux soldats piégés et à bout de force.

Le 23 décembre 1912, une colonne militaire commandée par le Général Brulard vint dégager les assiégés.

Le déclin, vers le protectorat

Le détachement qui s'était empêtré ainsi à Dar El Cadi perdit vingt cinq hommes dont, outre le Lieutenant Chamand, le Caporal Grissolange et les soldats : Dessoufleix, Aurélie, Gouiraut, Ravauc, Boulbregue, Girbal et Chabeaud. Il y eut également une cinquantaine de blessés (14).

De retour vers Mogador, la colonne du Général Brulard livra une autre bataille à Bou Tazart, le 24 décembre 1912, pour dégager la route entre Mogador et Smimou et dominer la Côte Atlantique. Deux officiers, les lieutenants Duverger et Tournaire furent tués dans la bataille, ainsi que 22 sous-officiers et hommes de troupe de l'armée française.

2.5.3. L'expédition punitive et l'éviction du caïd Mohamed Anflous

En janvier 1913, partit de Mogador une expédition punitive, organisée et commandée par les généraux Brulard et Franchet d'Esperey, contre les Haha groupés autour de Mohamed Anflous. La colonne punitive remonta l'Oued Qsob et les 7 et 8 janvier 1913 se heurta aux hommes des Ida Ou Guelloul et Naknafa à Bou Riqi. Le combat fut d'une violence terrible, le sergent Daviau y trouva la mort, ainsi que 23 hommes de troupe. Malgré ces pertes, la colonne poursuivit son avance et le 24 janvier 1913 elle se heurta à un système de défense en forme de tranchées, entourant la zaouia de Sidi Lahcen. Les retranchements furent enlevés par les soldats français, après de durs combats avec les hommes d'Anflous au cours desquels le lieutenant Bessede fut tué avec neuf de ses hommes.

La colonne se dirigea ensuite vers la casbah de Mohamed Anflous, située en plein pays Naknafa, et dont le site fut repéré avec précision grâce à l'aide de M'barek Ou Addi, un cousin du caïd, qui indiqua à l'armée française la manière de parvenir à la casbah d'Anflous à partir de la côte, en empruntant gorges et vallées. Les troupes, débarquées de bateaux de guerre français purent atteindre ainsi la forteresse qui fut bombardée et endommagée.

La colonne punitive put s'emparer de la casbah après de durs combats au cours desquels le commandant Holbecq et l'adjudant Dirot furent tués ainsi que cinq de leurs hommes (15).

---

(14) Capitaine Cornet, *A la conquête du Maroc Sud*, Plon, Paris, 1914, p. 186.
(15) Lors du déroulement de ces événements, M'Barek Ou Addi aurait été enfermé à la prison de Mesbah à Marrakech pour le meurtre d'une esclave noire. Etant un proche parent de Mohamed Anflous, et connaissant la région où se déroulaient les combats, il aurait proposé ses services à l'autorité française qui se serait empressé de les accepter.

Entrée de la forteresse appelée "Dar Ali El Cadi" située à 500 m au nord de Smimou. Le lieu est aujourd'hui habité par plusieurs familles.

Cour intérieure de Dar Ali El Cadi, avec au centre le socle qui portait le monument commémoratif de la bataille.

Le caïd Mohamed Anflous se réfugia chez la tribu des Aït Aïssi puis, de là, il passa chez le vieil ennemi de sa famille le caïd Abdelmalek M'Touggui (16).

Cette aventure militaire coûta la vie à une centaine de soldats français, dont plusieurs officiers. Les tribus Haha eurent, selon le rapport d'opération de l'expédition, plutôt pudique, 517 tués et 650 blessés (17). En fait, la répression fut d'une férocité inouïe. Les tribus Naknafa et Ida Ou Guelloul durent payer des dommages de guerre très lourds à l'armée d'occupation. La Casbah de Mohamed Anflous fut rasée. Le caïd Abderrahman El Guellouli fut arrêté et remplacé par son cousin El Hadj Hassan El Guellouli. Le caïd Mohamed Anflous fut déchu, et ses biens furent confisqués, dont notamment sa résidence de Mogador, située dans la rue d'Agadir, qui fut transformée et baptisée "Maison de France". L'ex-caïd fut obligé de résider à Marrakech sous la protection du Pacha Hadj Thami El Glaoui, jusqu'à sa mort en 1938. M'Barek Ou Addi fut récompensé pour son aide décisive qui permit la prise de la casbah d'Anflous : il fut nommé caïd des Naknafa, Ida Ou Gourd et Ida Ou Isarn. Il allait se distinguer par sa fidélité totale aux autorités du Protectorat et par un style d'administration d'une absurdité patente. Mais qu'importe, il faisait l'affaire pour ses maîtres.

L'armée française considérait cette expédition contre les Ida Ou Guelloul d'abord, puis contre le caïd Mohamed Anflous, comme un haut fait d'armes qui méritait tous les honneurs. En 1915, le Général Brulard revint au village de Smimou et décida que la maison de Ali El Cadi, où s'était défendue la colonne Massoutier, fût rebaptisée "Fort Chamand" en hommage au lieutenant Chamand qui y fut tué, et devint un gîte d'étape pour les expéditions vers le Sud. Un monument commémoratif fut dressé dans la cour du bâtiment et une plaque en marbre fut collée, en souvenir de la bataille, sur l'un des murs de la bâtisse.

Le temps ne fit pas oublier le massacre subi par les tribus de Haha. Bien plus tard, le monument commémoratif fut démoli, la plaque en marbre arrachée, et une main vengeresse transforma l'inscription "Fort Chamand", portée sur l'une des murailles du bâtiment, en "Porc Chamand". Vengeance à rebours ? Non ! Revanche légitime.

---

(16) *Encyclopédie du Maroc,* éd. Imprimerie de Salé, 1991, tome 3.
(17) Pierre Bach, *Petite histoire de Mogador,* Tapuscrit, La Source, Rabat.
Colonel Didier, *Dar El Kadi,* Imprimerie Royannaise, Royan, 1923.

"Fort Chamand" devenu "Porc Chamand"
Inscription portée sur le côté sud de la bâtisse, vue de la route.

Campement et parade de l'armée française sur la plage en préparation à l'offensive contre le caïd Anflous

La bataille de Dar El Cadi, appelée également bataille de Tigmmi L'loda par les habitants de Haha, est à notre avis, à considérer comme un acte de résistance, quel qu'en fût l'instigateur, d'un peuple agressé, pour la sauvegarde de sa dignité.

L'armée française à Mogador en 1912

Le Caïd Mohamed Anflous avec le Colonnel Mangin et d'autres officiers et soldats de l'armée française en octobre 1912.

La casbah d'Anflous à Naknafa, telle qu'elle était avant sa destruction par l'armée française.

Tribus de Haha et du Sud de Chiadma

Chapitre XIII

La vie économique à Mogador et dans sa région pendant les quatre premières décennies du XXe siècle

L'année 1913 vit l'arrière-pays entièrement "pacifié". Cette même année, le Sultan Moulay Youssef fit, dans la ville des alizés, une visite officielle qui fut renouvelée en 1918. Le nouvel ordre politique était ainsi bel et bien consolidé.

L'administration du Protectorat apporta un style nouveau dans la direction des affaires publiques notamment par l'apparition d'une nouvelle organisation administrative, la mise en place d'infrastructures jusque là inexistantes, et une certaine dynamisation du secteur productif.

1. L'organisation administrative

Mogador et sa région furent érigées en un cercle administratif rattaché à la région de Marrakech et comprenant une municipalité pour la ville et une annexe à Tamanar. La population de cet ensemble régional était estimée au début de 1927 à quelques 95 000 habitants dont 18 500 pour la cité. Un Pacha administrait la ville, assisté d'un chef des services municipaux qui avait de grands pouvoirs de décisions. Le premier chef de l'administration municipale, désigné en 1912, fut l'ancien gérant Confourier du consulat de France.

Les habitants de la ville se répartissaient ainsi :

```
        9 850  Marocains musulmans
        7 750  Marocains israélites
          600  Français
          300  étrangers
Total  18 500
```

Les chiffres sont arrondis. Le total ne prend en compte que les résidents civils.

(Source : Revue renseignements coloniaux et documents, n° 4, 1927).

En 1915, Mohamed Ben Larbi El Majboud fut désigné Pacha de Mogador en remplacement du gouverneur Es Saïdi. Le Pacha, qui allait devenir célèbre par sa droiture et son efficacité, était un haut fonctionnaire du Makhzen. Il avait occupé auparavant diverses fonctions dont celles de Pacha de Figuig, Gouverneur de la Province de l'Anjera dans la région de Tanger et avait fait partie de l'ambassade officielle, conduite par le ministre des Affaires étrangères Abdelkrim Ben Sliman, envoyée par le Sultan Moulay Abdelaziz auprès du Tsar Nicolas II de Russie en août 1901.

L'arrière-pays était partagé en six territoires chacun dirigé par un caïd :
– Chiadma Nord   : 14 000 habitants
– Chiadma Sud   : 30 000 habitants
– Aït Zelten et Ida ou Zemzem   : 5 000 habitants
– Ida Ou Gourd, Neknafa, Ida ou Issarn   : 10 000 habitants
– Ida Ou Guelloul   : 8 000 habitants
– Ida Ou Bouzia   : 10 000 habitants.

Le nombre d'habitants indiqué est approximatif.

Le territoire le plus important, celui du Chiadma Sud était administré par un caïd de la famille Khoubban. Le caïd M'Barek Ou Addi allait diriger du début jusqu'à la fin du Protectorat en 1955 le Nord de Haha constitué par les Ida Ou Gourd, Naknafa et Ida Ou Issarn.

Une garnison de l'armée française composée en partie de tirailleurs algériens s'installa dans la ville dès la fin de 1912 dans l'ancienne caserne du Makhzen sise à la Casbah, à l'emplacement de l'actuel terrain de basket-ball et qui fut alors baptisée "Caserne Du Chayla". Plus tard fut créé le camp "Brulard" dans le casernement de Bab Marrakech et les baraquements mitoyens de Bab Sebaa.

La même année, une Administration de la Sûreté ouvrit le premier commissariat dans le quartier Derb El Alouj au voisinage immédiat du musée municipal. Cette administration remplaça le corps de police du Makhzen qui était cantonné dans le site occupé présentement par l'école de filles de Souq Ouaqa. 1912 vit également l'ouverture d'un bureau municipal d'hygiène.

Le 23 avril 1914 fut installé en grande pompe, au Derb El Alouj, dans le bâtiment occupé présentement par l'hôtel Majestic, le premier tribunal français, en présence des autorités locales et des représentants des puissances étrangères.

La municipalité, quant à elle, fut mise en place au Derb El Alouj dans l'ancienne résidence du gouverneur, sise dans ce qui correspond aujourd'hui au musée de la ville.

2. L'organisation du secteur productif

2.1. Le développement de l'agriculture

L'arrière-pays retrouvant la quiétude, voyait renaître la prospérité. Ainsi, un important troupeau de bovins, de caprins et d'ovins permettait d'assurer l'alimentation de la ville et de sa région en viande et en lait. Les camelins et les équidés étaient en nombre suffisant pour que le transport intrarégional des hommes et des biens fût entrepris sans difficulté.

En 1916, les estimations du cheptel des Haha et Chiadma étaient les suivantes :

Cheptel	Cheptel Haha et Chiadma et Chiadma en 1916	Total Maroc en 1916
Bovins	14 000	684 500
Caprins	75 000	1 270 000
Ovins	41 000	3 775 000
Camelins	2 150	80 000
Equidés	7 700	405 000

Les chiffres sont arrondis (1).

---

(1) Cf. Comité de la Revelière, *les Energies françaises au Maroc*, Plon, Paris, 1917, p. 293.
En 1990 l'effectif du cheptel du Haha et Chiadma était le suivant :
Bovins : 66 200   Camelins : 6 730
Caprins : 323 000   Equidés : 60 500
Ovins : 296 700

Les terres produisaient surtout de l'orge, mais également du maïs, du blé dur, du blé tendre, des pois chiches, des amandes, des lentilles et diverses variétés de fruits.

En 1913, les Français qui s'établissaient à Mogador ne trouvaient pas sur le marché des fruits et légumes à leur goût, en quantité suffisante. La municipalité étendit alors la surface des jardins potagers de Bab Marrakech et y développa les cultures maraîchère et fruitière. Le chef maraîcher Vialatte fut désigné pour cultiver les nouvelles aires. Sous sa direction, les cultures furent diversifiées et l'on vit bientôt l'apparition sur le marché de fruits et légumes jusque là rarissimes tels que : melons, radis, betterave, laitue, etc.

Dans la campagne des abreuvoirs et des points d'eau furent aménagés, des sources furent curées et de nouveaux puits creusés surtout dans le Chiadma.

Des zones de colonisation furent créées dans les Chiadma : autour de Souq El Had Dra, à Aïn El Hajar, à Ounara, à Talmest et à Tlata du Hanchène ; dans les Haha : autour de Souq Larba Ida Ou Gourd, à Imintlit et à Tamanar.

Dans les Chiadma, les colons intensifièrent notamment la culture de l'olivier sur le modèle Sfaxien de Tunisie, ce qui développa la fabrication de l'huile d'olive qui vint s'ajouter à celle de l'huile d'Argan, l'une des particularités de la région.

La région de Mogador connaissait toutefois une colonisation agricole française moins importante que dans le reste du Maroc, du fait sans doute de l'infertilité d'une grande partie des terres de la région. En 1927, le nombre de colons installés dans les Haha et Chiadma ne dépassa pas 24 colons pour un ensemble de 25 exploitations agricoles couvrant 2 047 hectares. Il faut rappeler qu'à cette époque déjà il y avait au Maroc quelques 2 000 colons qui se partageaient 2 103 exploitations couvrant 643 990 hectares.

Le tableau ci-après donne un aperçu sur l'état de la colonisation, au début de 1927, au Maroc.

Régions	Nombre d'exploitations	Nombre de colons	Superficie ha
Oujda	245	173	67 647
Fès	115	115	30 693
Gharb	396	325	218 057
Marrakech	194	178	59 738
Casablanca	426	433	122 730
Meknès	211	203	39 219
Safi	56	55	12 792
Mazagan	91	86	26 548
Rabat	308	320	62 337
Taza	12	12	835
Tadla	24	24	1 043
Mogador	25	24	2 047
Total	2 103	195	643 990

Source : *Bulletin de l'Afrique française 1927.*

Remarque : le nombre de colons peut être différent de celui des exploitations car :
- plusieurs colons peuvent être associés dans une même exploitation ;
- des colons peuvent posséder plusieurs exploitations.

2.2. La réorganisation de la pêche

Le dahir de 1919 organisant le secteur maritime a divisé le littoral marocain en six quartiers maritimes :
- le quartier maritime de Rabat comprenant Mehdia et Kénitra ;
- le quartier maritime de Casablanca avec Fédala ;
- le quartier maritime de Mazagan ;
- le quartier maritime de Safi ;
- le quartier maritime de Mogador englobant la côte comprise entre Oued Tensift et Oued Draa ;
- le quartier maritime de Saïdia sur la Méditerranée.

Le quartier maritime de Mogador était donc le plus important du Maroc parce qu'il administrait la plus grande longueur de côte. Malgré cela, au cours des trois premières décennies du XXe siècle la grande pêche et les industries y afférentes ne s'étaient pas développées dans cette partie du Maroc. Les pêcheurs et industriels avaient choisi pour leurs activités Tanger et Fédala, deux ports qui étaient devenus à cette époque les premières pêcheries du pays.

Jusqu'aux années trente, le port de Mogador était un simple havre de pêche artisanale. Il appartient toutefois à une région de relèvement de fonds où le poisson vient se réfugier. On peut distinguer le long des côtes de part et d'autre du site trois catégories de fonds :
- les fonds rocheux où se multiplient congres et murènes ;
- les fonds de sables fins riches en poissons plats, bars, mulets, grondins, merlans, daurades, pageots ;
- les fonds de vase sableuse nourrissant soles, raies et pageots.

Les gros poissons se trouvent dans les profondeurs de plus de 120 mètres, quant aux crustacés ils se recueillent dans des profondeurs variant entre 25 et 40 m.

Toute cette faune maritime était pêchée de façon artisanale, soit à la ligne ou au crochet sur la côte, soit à la senne ou à l'épervier au large. Les crustacés étaient recueillis à la nasse. Le port comptait alors entre 50 et 80 barques de pêche qui se déplaçaient à l'aide de rames. Le produit de la pêche était destiné à la consommation locale et en partie vendu à Marrakech.

Quelques dundees bretons et anglais fréquentaient épisodiquement les parages pour capturer des homards et des langoustes.

Bien plus tard, la pêche artisanale allait s'éclipser devant celle pratiquée par les Bretons et les Portugais. Des chalutiers en provenance de Bretagne et du Portugal prirent Mogador comme port d'attache et se lancèrent dans la pêche à la sardine et aux poissons de gros calibre et divers. Cette activité modifia l'aspect du port et le mode de vie dans la cité. La consommation de la sardine, notamment grillée, commençait à faire partie des coutumes culinaires de la ville. Le commerce de la sardine prospérait ainsi que l'industrie y afférente. Le quartier industriel vit les premières usines de conserve de poisson ouvrir leurs portes à une population d'ouvrières et d'ouvriers avide de gain et de plus en plus nombreuse. Les gens de mer se tournèrent vers la pêche hauturière et s'engagèrent comme membres d'équipages de chalutiers. Toute une génération de jeunes marins apprit ainsi le métier de pêcheur de haute mer, sachant manier le filet et travailler dans une équipe solide, conçue pour la production intensive. Cette activité fébrile atteignit son apogée au cours des années cinquante.

2.3. La naissance de l'industrie

L'embryon d'industrie, de la fin du XIXe siècle, constitué par la savonnerie Jean Maurin, quelques fabriques d'huile et d'eau gazeuse et d'autres petits ateliers, allait se renforcer dès le début du XXe siècle par une minoterie créée en 1903 par Ferdinand Sandillon, dans le quartier nord-ouest de la médina, et comportant un moteur à vapeur et trois moulins. En 1907 la minoterie fut agrandie : un moteur à vapeur et trois autres moulins furent ajoutés ce qui porta la puissance installée à 30 CV. L'établissement industriel, ainsi développé, consommait, quotidiennement, en combustible, l'équivalent au chargement en bois de quarante chameaux.

Ferdinand Sandillon était d'ailleurs un homme débordant d'activité et fut, sa vie durant, un personnage central de la cité. En plus de sa minoterie qu'il dirigeait avec maîtrise, cet entrepreneur déployait autour de lui, une activité intense. Il fut, à un moment ou à un autre, président du syndicat d'initiative et de tourisme, président de la chambre de commerce et d'industrie, président du Club de Mogador, membre de la commission municipale, membre du Conseil d'administration du crédit agricole du Sud du Maroc et même membre de la Société française de sauvetage et de secours aux naufragés. L'empreinte de Ferdinand Sandillon sur la vie quotidienne était telle qu'une partie de la façade maritime nord-ouest de la cité prit spontanément le nom de "Mer de Sandillon".

En 1919, une tannerie s'installa dans un local modeste de la rue Haddada, employant une poignée d'artisans sous-équipés. Grâce au dynamisme de son créateur, cette unité allait s'agrandir, prospérer puis se transférer au quartier industriel, pour mieux s'équiper afin de produire plus, dans de meilleures conditions, et pour devenir finalement les "Etablissements Carrel" de renommée internationale, le fleuron de l'industrie de Mogador.

En 1927 furent ouvertes des usines de salaison de poisson, telles : les sociétés Ziri, Knafo, ONICA, etc. Ce n'est qu'en 1946 que les premières conserveries de sardines ouvrirent leurs portes dans le quartier industriel, au nord de la ville.

Le Tourisme commençait à s'organiser dans la cité avec l'apparition des premiers hôtels confortables et des établissements touristiques et commerciaux modernes. Outre l'ancien hôtel Tagouidert d'El Ghezoua, appelé également le "Palm Tree House" et l'hôtel Jacquetty, situé dans la nouvelle Casbah, furent ouverts d'autres établissements tels que :
- l'hôtel et le restaurant du Roussillon créés en 1912, par Antoine Saillant en Médina, dans la rue Souarij et gérés à partir de 1926 par l'Algérien Omar Ladjabi ;
- l'hôtel Johnston ouvert en 1916 dans le bâtiment occupé présentement par l'hôtel des Remparts ;
- l'hôtel de la Paix sis dans la même rue que ce dernier ;
- l'hôtel du Tourisme ouvert en 1926 dans l'ancienne casbah à proximité du terrain de basket-ball ;
- la pâtisserie du Maalem Driss ouverte en 1930 ;
- puis bien plus tard les hôtels de Paris, dans le local actuel de l'Office national de l'électricité, et celui du Beau Rivage.

Depuis son ouverture, le "Chalet de la Plage" connut une évolution remarquable. Construit en 1893 sur un terrain du bord de mer, par la famille française Farraud, cet établissement passa entre les mains expertes de plusieurs gérants qui, d'un modeste pavillon en matériaux légers, où on servait brochettes et collations rapides, firent un véritable restaurant où la gastronomie mogadorienne obtint ses lettres de noblesse (2).

Les touristes découvraient de plus en plus la cité, sa douceur et sa quiétude. Les plaisirs de la mer ne manquaient pas, ils attiraient les estivants des villes de l'intérieur du Maroc à la recherche de la fraîcheur ou en quête de pêches miraculeuses.

---

(2) Le "Chalet de la Plage" fut, par la suite, concédé successivement à plusieurs personnes, à partir de 1920, dans le cadre d'une occupation temporaire du domaine maritime. Vers la fin des années trente, il fut construit en dur. Sa célébrité actuelle, largement encore justifiée, est due en partie au chef cuisinier et concessionnaire Hoisnard qui, de 1950 à 1968, sut faire de cet établissement un fleuron de la gastronomie marocaine.

2.4. Les activités économique et commerciale

2.4.1. La lente diminution du trafic portuaire

Les échanges commerciaux, qui étaient jadis entretenus avec la Grande Bretagne, changeaient d'orientation et diminuaient en quantité et en valeur au profit de Casablanca en pleine expansion. Les flux commerciaux s'étaient intensifiés avec Marseille et les autres ports français et subsidiairement avec des ports allemands. Mogador exportait, des peaux, des amandes, des œufs et de la gomme sandaraque. Elle continuait à importer du thé, du sucre français et allemand, des cotonnades et de la quincaillerie allemande. Mais d'année en année, ce trafic diminuait inexorablement en importance relative au profit notamment de Casablanca.

Les tableaux ci-après nous donnent la balance commerciale du port de Mogador en quantités et en valeurs entre 1911 et 1917.

Années	Importations en tonnes	Exportations en tonnes	Total en tonnes
1911	10 000	7 000	17 000
1912	13 000	10 000	23 000
1913	40 000	5 000	45 000
1914	18 000	2 000	20 000
1915	14 000	3 000	17 000
1916	13 000	16 000	29 000
1917	11 000	16 000	27 000

Années	Importations en francs	Exportations en francs	Total en francs
1911	8 117 000	8 872 000	16 989 000
1912	12 087 000	7 814 000	19 901 000
1913	16 495 000	8 454 000	24 949 000
1914	11 268 000	4 598 000	15 866 000
1915	13 465 000	6 521 000	19 986 000
1916	16 251 000	8 253 000	24 504 000
1917	19 388 000	7 436 000	26 824 000

Source : Paul Pascon, *le Haouz de Marrakech*, 1983. D'après *le Bulletin de l'Afrique française* (années indiquées).

Les produits échangés étaient assez variés. L'année 1913, prise à titre d'exemple, nous donne la répartition, ci-après, des importations et exportations en valeurs.

Produits	Exportations en francs
Chanvre	2 452 000
Peaux	2 071 000
Cumin	1 235 000
Amandes	1 116 000
Laine	228 000
Boyaux, corne	176 000
Miel, cire	68 000
Gomme	60 000
Divers	448 000
Total	8 454 000

Produits	Importations en francs
Sucre	7 208 000
Cotonnade	2 062 000
Bougies	1 930 000
Thé	1 666 000
Soieries	1 039 000
Draps	643 000
Matériaux de construction	511 000
Café, épices	413 000
Divers	1 023 000
Total	16 495 000

Source : Paul Pascon, *le Haouz de Marrakech,* 1983. D'après *le Bulletin de l'Afrique française* (années indiquées)

En 1926, le poids des marchandises manipulées au port de Mogador était de 39 000 tonnes (importations : 14 000 t ; exportations : 25 000 t) soit 2,2 % de l'ensemble du trafic maritime du Maroc. Casablanca, qui en 1906 enregistra le même trafic que Mogador, manipulait à la même époque 1 399 000 t de marchandises soit 81,4 % du trafic maritime marocain.

Le tableau ci-après nous donne, pour 1926, le poids total des marchandises manipulées dans les ports du Maroc :

1. Casablanca : 1 399 000 t soit 81,4 %
2. Port Lyautey : 160 000 t soit 9,0 %
3. Mogador : 39 000 t soit 2,2 %
4. Rabat : 36 000 t soit 2,1 %
5. Mazagan : 33 000 t soit 2,0 %
6. Safi : 26 000 t soit 1,5 %
7. Fédala : 26 000 t soit 1,5 %

Source : Bulletin de l'Afrique française, 1927.

En valeur ce même trafic représentait pour Mogador 12 millions de Francs soit 5,5 % de la valeur globale du trafic maritime marocain alors que pour Casablanca les chiffres étaient respectivement : 4 474 millions de francs et 67 %.

Les mouvements de navires, en tonnage brut, représentaient en 1912 :
Pour Tanger   : 55 % de l'ensemble des mouvements au Maroc
Pour Casablanca : 18 % de l'ensemble des mouvements au Maroc
Pour Mogador   : 8 % de l'ensemble des mouvements au Maroc

En 1925 ces pourcentages étaient devenus :
Pour Tanger   : 36 %
Pour Casablanca : 46 %
Pour Mogador   : 2 %

Source : Bulletin de l'Afrique française, 1927.

En 1934, le poids total des marchandises manipulées au port de Mogador était de 37 600 tonnes soit 1,38 % de l'ensemble du trafic maritime marocain. Pendant la même année, Casablanca manipula 2 143 490 t soit 78,55 % du trafic portuaire du Maroc.

Le tableau ci-après nous donne, pour 1934, un aperçu global de ce trafic :

1. Casablanca   : 2 143 490 t soit 78,55 %
2. Port Lyautey :   215 980 t soit 7,91 %
3. Safi   :   113 514 t soit 4,15 %
4. Rabat   :   80 757 t soit 2,95 %
5. Mazagan   :   61 661 t soit 2,25 %
6. Fédala   :   59 831 t soit 2,19 %
7. Mogador   :   37 600 t soit 1,38 %
8. Agadir   :   16 236 t soit 0,62 %

Source : Bulletin de l'Afrique française, 1935.

En 1937, le poids total des marchandises manipulées au port de Mogador était de 28 137 tonnes, importations : 14 758 t ; exportations : 13 379 t soit 0,94 % de l'ensemble du frêt maritime marocain. Cette même année le trafic de Casablanca était de 2 221 210 tonnes soit 74,65 % du tonnage portuaire du Maroc qui était de 2 975 198 t.

Le tableau suivant nous donne pour 1937 le poids total du frêt maritime manipulé dans les ports marocains :

1. Casablanca   : 2 221 210 t   soit 74,65 %
2. Safi   :   365 627 t   soit 12,28 %
3. Port Lyautey :   209 624 t   soit 7,04 %
4. Fédala   :   65 701 t   soit 2,20 %
5. Rabat   :   41 244 t   soit 1,40 %
6. Mogador   :   28 137 t   soit 0,94 %
7. Agadir   :   25 591 t   soit 0,94 %
8. Mazagan   :   17 464 t   soit 0,58 %
Total   : 2 975 198 t

Source : *Bulletin de l'Afrique française*, 1938.

En valeur ce même trafic représentait pour Mogador 53 334 000 francs soit 1,96 % de la valeur global du frêt maritime du Maroc alors que pour Casablanca les chiffres étaient respectivement : 2 166 millions de francs et 79,60 %.

Remarques *:* nous allons entreprendre une comparaison entre les différents trafics maritimes, du port de Mogador, correspondants aux années 1913 (année précédant la Première Guerre Mondiale qui allait perturber sérieusement le commerce international), 1926, 1934 et 1937.

Année	Tonnage en tonnes	% du trafic marocain	Valeur en milliers de francs	% de la valeur globale
1913	45 000	–	24 949	–
1926	39 000	2,2	121 000	5,5
1934	37 000	1,38	–	–
1937	28 000	0,94	53 334	1,96

Nous constatons qu'en 25 ans le trafic maritime du port diminua de 38 % environ, passant de 45 000 t en 1913 à 28 000 t en 1937 après avoir été de 39 000 t en 1926 et de 37 000 t en 1934. Par ailleurs, la part du trafic dans celui de l'ensemble des ports du Maroc ne représentait plus en 1937 que 0,94 % après avoir été de 2,2 % en 1926 et 1,38 % en 1934.

La valeur du trafic avait également baissé en importance, ne représentant plus que 1,96 % de la valeur totale en 1937 au lieu de 5,5 % en 1926.

Cette baisse continue dans le trafic s'était faite, durant toute cette période, au profit de Casablanca dont l'importance ne cessait de croître puis de Kénitra (Port Lyautey) et enfin à partir de 1930 au profit d'Agadir.

2.4.2. Les activités bancaires

Un réseau bancaire vit le jour très tôt dans la cité. En 1907 la Banque d'Etat du Maroc ouvrit une succursale dans l'ancienne casbah au voisinage du Derb El Alouj. Quelques années plus tard elle fut transférée à Bab Sebaa à proximité de l'hôtel de police actuel. La Compagnie Algérienne installa son agence en 1913 à Derb El Alouj dans le voisinage du bâtiment occupé présentement par l'hôtel Majestic. Son transfert fut opéré en 1919 à la rue Haddada à son siège définitif. D'autres institutions financières allaient compléter le réseau bancaire de la ville.

Au cours de l'année 1919, la monnaie fiduciaire fut généralisée et les billets de banque, mis en circulation par la Banque d'Etat du Maroc, firent leur apparition dans la ville des alizés. Les pièces d'or et surtout d'argent étaient, dès lors, de moins en moins utilisées dans les transactions commerciales.

2.4.3. Les nouveaux commerces

Des commerces modernes s'étaient installés au fur et à mesure : pharmacie Gibert, maison Albert Coutolle d'épicerie générale en 1906, négoce et armurerie Paul Guénois en 1904, agences d'import-export et d'assurance Joseph Bohbot en 1918, agence d'importation et exportation Maclouf Rosilio, droguerie Razon et bien plus tard habillement et bonneterie Brami, enfin divers petits commerces modernes qui allaient animer la vie économique quotidienne de la cité.

2.5. Le développement de l'artisanat

Quelle que soit son origine, une cité est toujours l'expression d'une civilisation. En cette première moitié du XXe siècle, Mogador devint un creuset où se mêlaient une nouvelle forme de tradition judéo-musulmane façonnée par un siècle de coexistence fructueuse entre Juifs et Musulmans et un mode de vie européen ancien renforcé par l'installation de plus en plus importante des nouveaux arrivants français. Cette nouvelle civilisation s'exprimait dans l'artisanat de la ville et notamment dans la bijouterie et la marqueterie et, dans une moindre mesure, dans la broderie sur cuir et la fabrication de tapis.

Cette dernière activité était autrefois prospère dans la cité. Il y avait pratiquement un métier à tisser dans chaque maison et les fabricants de tapis avaient l'habitude de teindre leur laine et de l'exposer au Méchouar pour le séchage. Sous les coups de boutoir de la concurrence des produits des autres villes et campagnes, l'activité de la fabrication de tapis cessa d'exister dans la cité vers 1934. Quant à la broderie sur cuir elle périclita également, presque à la même époque, du fait de la concurrence féroce des maroquiniers de Marrakech, de Fès et surtout de Casablanca. Les artisans et commerçants de cette dernière ville fabriquaient ou importaient des produits finis plus modernes.

Seules la bijouterie et la marqueterie prospéraient à Mogador.

2.5.1. La bijouterie

En bijouterie, ce que nous avons défini comme la "design mogadorien" devenait synonyme de raffinement en joaillerie marocaine et l'on voyait dans tout le Maroc et même dans des pays étrangers les connaisseurs à la recherche du "Ed Dag Essaouiri". Des bijoutiers tels que Keslassi, Castiel et Isaac Levy régnèrent durant cette première moitié du siècle sur la profession en maîtres incontestés et respectés. Ils marquèrent de leur sceau les produits de la bijouterie de Mogador. Ils formèrent des disciples qui allaient perpétuer leur art durant plusieurs décennies, les anciens Mogadoriens ont encore en mémoire le souvenir des maîtres artisans : Look et Nessim Loeb, tous les deux, élèves du maître Isaac.

2.5.2. La marqueterie

La marqueterie, qui semble avoir pris naissance dans la cité vers 1899, allait s'acclimater à Mogador puis se développer jusqu'à devenir une spécialité même de la ville. En effet, la présence de forêts de thuya dans l'arrière-pays allait encourager les marqueteurs et menuisiers à utiliser le bois d'arar pour satisfaire les besoins locaux, et notamment ceux de

la bourgeoisie, en mobilier et composants de décoration : tables, fauteuils, tabourets, boîtes pour le sucre et le thé, placage des murs, etc. Le bois de thuya entrait dans la fabrication de tous ces éléments.

L'introducteur de la marqueterie dans la ville des alizés semble avoir été un maître artisan du nom de Jilali El Alj, qui aurait lui-même appris le métier d'un autre artisan appelé Cheikh Brik.

Jilali El Alj s'entoura de plusieurs apprentis auxquels il communiqua ses connaissances professionnelles et ses secrets pour le travail des bois d'acajou, d'ébène et de citronnier. Il partageait son temps entre son atelier de Mogador et les palais impériaux de Fès et de Marrakech où il travaillait pour le compte des Sultans Moulay Hassan et Moulay Abdelaziz ; ce fut auprès de ce dernier, d'ailleurs, qu'il mourut en 1908.

Omar El Alj, un des apprentis du maître marqueteur, se révéla être un véritable artiste, doté d'une intelligence vive et d'un esprit d'observation remarquable. Ses talents étaient tels que l'apprenti dépassa le maître. Il fut le premier à utiliser le bois de thuya dans la marqueterie locale.

Le tournant esthétique, qui allait donner à la marqueterie ses lettres de noblesse ne fut pris qu'au début du XXe siècle avec l'apport et la contribution du disciple et maître marqueteur Maâlem Omar El Alj. Cet artisan eut l'intelligence et l'originalité de s'inspirer de la marqueterie syrienne qui utilise la technique de l'incrustation du nacre et du fil d'argent dans le bois de cèdre. Cette méthode fut donc utilisée et adaptée à la marqueterie locale par ce fabricant pour enjoliver les pièces en thuya, d'abord les tables, puis, petit à petit, la technique était généralisée et appliquée pour la décoration de la plupart des pièces en bois d'arar. L'art décoratif marocain fournissait les motifs et cela ne manquait pas. On vit donc naître ainsi des tables en thuya incrustées de nacre et de fil d'argent à la mode syrienne, et portant des motifs d'inspiration traditionnelle tirés du patrimoine ornemental arabo-andalous utilisés par les décorateurs de Tétouan, Rabat, Fès et Marrakech.

Le même artisan, puisant son inspiration probablement de la même source, ou répondant à une demande pressante, lança sur le marché les petites pièces en bois d'arar : boîtes à bijoux incrustées, boîtes à cigares, plateaux, etc. qui eurent le succès que l'on connaît.

Omar El Alj fit école et devint le noyau central autour duquel gravitaient les marqueteurs de l'époque. Ses émules poussaient la recherche encore plus loin. Les maîtres artisans Sallam El Alj, Allal El Alja, Boubker Ben Abdelouafi, Hadj Driss El Antari, Hadj Oumad, Abdellah Saqat et Jilali El Baz exécutèrent de belles pièces richement incrustées restées célèbres, notamment des tables et des éléments de mobilier, quant au maître artisan Abdelkader El Alja, il continua l'œuvre de recherche entamée par Omar El Alj et donna la dernière touche de perfection à ce qu'on l'on appelait "la table du Chayla" : il s'agit d'un modèle de table en thuya, incrustée évidemment, avec les pieds formant entre eux des arcades richement sculptées dont la courbure, la forme géométrique et les arabesques sont analogues à celles de la "porte du Chayla". Ce dernier nom était donné au portail d'entrée du terrain de basket-ball.

La "Porte du Chayla" dont la courbure, les ornements et les arabesques sont repris sur la "Table du Chayla".

Omar El Alj laissa des objets d'art de sa fabrication qui sont de véritables chefs d'œuvres qui feraient pâlir d'envie les marqueteurs d'aujourd'hui : instruments de musique tels que luths et R'babs d'une finesse et d'une légèreté étonnante, armoires incrustées de fils d'argent, tables rondes incrustées de bois de citronnier et d'ébène, coffres décorés d'arabesque, etc. Le maître devint célèbre dans tout le Maroc et les objets de sa fabrication, hautement appréciés, étaient recherchés avec frénésie par les connaisseurs.

Un événement important allait donner un essor final à la marqueterie : il s'agit de la participation des marqueteurs de Mogador à la Foire artisanale de Casablanca de 1915. Les objets d'art exposés par ces artisans eurent un succès sans pareil. Ce fut, pour les visiteurs, la révélation d'un aspect jusque là inconnu de l'artisanat marocain. Entre autres objets d'art, une table "du chayla" fut particulièrement remarquée et appréciée. Elle rapporta à son auteur, Omar El Alj, une médaille d'or et un diplôme d'honneur.

A la suite de cette manifestation, et conscients de leur importance, les marqueteurs s'organisèrent en une puissante corporation qui s'employa à réglementer l'accès à la profession. En 1919, cette corporation groupait 20 maîtres artisans et 25 apprentis. En 1922 elle comptait 25 maîtres artisans et 36 apprentis.

Un deuxième événement allait marquer l'évolution de la profession, il s'agit de l'introduction du bois de loupe de thuya dans la marqueterie. En effet, en 1924, un Français du nom de Brosse fit découvrir aux marqueteurs le bois de loupe de thuya. Il installa un atelier équipé et avec l'aide d'artisans, il se spécialisa dans la fabrication d'objets uniquement en loupe. Les artisans, qui jusque là travaillaient avec du bois produit par le tronc et les branches maîtresses de l'arbre, virent apparaître sur le marché, boîtes, tables et coffrets en loupe, d'apparence agréable et très appréciés par les clients. Les fabricants se mirent immédiatement à imiter l'innovateur. Depuis lors, le bois de loupe est employé, au même titre que le bois normal, dans la confection des objets de marqueterie.

Avant d'atteindre son apogée en 1937, la profession connut encore d'autres perfectionnements, dont notamment l'introduction du dessin géométrique dans la décoration des objets d'art. Ce fut un inspecteur de l'enseignement professionnel qui suggéra au maître de marqueterie de l'école musulmane professionnelle, d'utiliser ce motif décoratif, en plus des arabesques et motifs floraux utilisés jusque là. L'idée fut mise en application. Elle eut des résultats tellement heureux que tous les artisans de la cité l'adoptèrent.

D'autres marqueteurs allaient se distinguer plus tard par un talent certain, et allaient contribuer par leurs travaux à l'épanouissement de la profession et au raffinement des objets fabriqués. Il s'agit notamment des maîtres : Abderrazaq El Faïdi, Hassan Barabas, Moulay Ahmed Hbala, Mohamed El Arbi El Farkhsi, etc.

Certains parmi ces artisans pratiquaient indifféremment la marqueterie et la menuiserie classique. Cette dernière activité connaissait d'ailleurs en cette première moitié du XXᵉ siècle un développement important sous l'impulsion de l'administration locale et du génie militaire qui lançaient des chantiers de travaux dans lesquels les menuisiers et charpentiers de la ville étaient associés. Toute une génération de maîtres artisans talentueux fit alors son apparition : nous citons les maîtres menuisiers charpentiers Sallam Grana, Mohamed Jmira, El Ghazi, Brahim Ou Farès, M'Hamed El Meknassi. Ce dernier fut le charpentier exécutant de la coupole de la porte de la marine et de celle du musée municipal.

3. Les infrastructure et aménagement

3.1. Au cours de la deuxième décennie du XXᵉ siècle, la cité commençait à changer d'aspect et de mode de vie. Une centrale électrique, fonctionnant au charbon, fut installée près de Bab Doukkala, dans ce qui était en train de devenir le quartier industriel. La ville fit brusquement connaissance avec l'énergie électrique. Le premier quartier à être illuminé à l'électricité fut le Derb El Alouj où se trouvait la municipalité qui était le maître d'œuvre du projet d'électrification de la cité. La première nuit d'illumination fut l'occasion d'une grande liesse dans le quartier.

La ville demeura, jusqu'en 1925, alimentée en eau potable par le système d'adduction mis en place au début du XIXᵉ siècle du temps du Sultan Moulay Abderrahman.

En août 1925, l'administration des Habous céda à la municipalité trois sources, dans le cadre d'une convention bilatérale, aux termes de laquelle la ville assurerait gratuitement l'alimentation en eau de 31 immeubles désignés, dont plusieurs hammams et mosquées, dans la limite de 189 mètres cubes/jour, et entretiendrait bénévolement 10 fontaines publiques. Dès la signature de cette convention, la municipalité aménagea les sources, et construisit à l'est de la ville des chambres de captage et un réservoir de stockage.

Le système d'adduction ancien fut remplacé, en 1927, par une canalisation en béton pouvant assurer un débit de 19 l/s. La conduite principale, d'un diamètre de 350 mm, arrive du réservoir de stockage, pénètre par le sous-sol à l'intérieur de la cité à partir de Bab Marrakech, longe Souq Ouaqa et arrivé à Souq El Jadid, elle bifurque en deux conduites de 200 mm de diamètre, l'une allant à Bab Doukkala et au delà, et l'autre débouchant au port. Les conduites secondaires, d'un diamètre entre 100 et 60 mm, partent de cet axe principal et desservent tous les quartiers. D'autres sources furent découvertes dans le lit même de l'Oued Qsob et dans le voisinage immédiat de cette rivière. Elles servirent à améliorer le débit.

En 1935 fut construite la station de pompage, existant encore actuellement, sur la rive droite de l'Oued Qsob et comprenant : une chambre de captage, une salle de machines dotée de deux moteurs Diesel et de deux pompes, et deux réservoirs de 1 000 mètres cubes chacun.

Une conduite de refoulement, fut également mise en place pour diriger l'eau des réservoirs vers la conduite principale du système d'adduction urbain.

Au cours des années vingt, et sur la demande des notables de la cité, une horloge fut installée au-dessus de la porte de Souq El Jadid à proximité de la mosquée d'El Haddada. Cet essai n'ayant pas été concluant, le mécanisme fut retiré et la municipalité décida de construire, dans le Méchouar, une tour adossée aux remparts de la Casbah et d'y installer un carillon. Les travaux de construction et d'installation furent entrepris à partir de 1926. Le campanile fut construit par les services des Travaux publics qui concédèrent le chantier des travaux à l'entreprise Georges Marie. En 1928 la tour fut achevée. Le mécanisme d'horlogerie, acquis auprès de la société Henry Le Paute de Paris, fut alors mis en place par cette même entreprise. Le technicien Chabert, responsable de

La Tour de l'horloge construite au cours des années vingt et qui longtemps faisait la fierté de la ville.

la centrale électrique de la ville fut chargé de l'entretien du mécanisme. Bientôt toute la ville allait retentir aux sons de la nouvelle horloge sur le rythme de Big Ben. Les coups de gong, au timbre grave, ponctuant les quarts d'heure avec régularité, allaient devenir familiers aux habitants (3).

3.2. Une ville nouvelle moderne commençait à se construire le long de la côte, au sud du port, ainsi qu'un quartier industriel au nord-est de la cité. Les rues furent goudronnées, des trottoirs construits, un réseau d'assainissement mis en place, des jardins aménagés derrière le port et au Méchouar, et des araucarias plantés le long et dans le voisinage du boulevard front de mer. Un cordon de cabines en bois, conçues pour le plaisir des baigneurs, fut dressé le long de la plage, donnant au rivage un cachet "Belle Epoque".

Cordon de cabines en bois qui donne à la plage un cachet "Belle Epoque".

3.3. Le Palais impérial, appelé également "Dar El Makhzen", situé immédiatement au nord du port, dans l'aire comprise entre la Mosquée de

---

(3) Le mécanisme d'horlogerie porte une plaque indiquant le numéro de série 8599, année 1928, des établissements Henry Le Paute 11, rue Desnouettes Paris (15e).

la Casbah et le jardin attenant à la Porte de la Marine, fut en grande partie démoli et ses dépendances entièrement transformées. La muraille extérieure fut minée et abattue, la porte dite "Bab El Achour" fut supprimée. Divers pavillons furent tout simplement détruits. Une étendue immense fut ainsi dégagée, ce qui permit aux urbanistes, architectes et responsables de l'époque, qui ont présidé à cette regrettable destruction, de construire quelques demeures particulières, d'octroyer un garage à la Compagnie de transports routiers CTM, de voyageurs et messagerie, et de délimiter une grande place qui allait devenir un haut lieu pour les manifestations patriotiques et les parades de l'armée française. De Dar El Makhzen, il ne reste d'ailleurs plus que l'ensemble composé par le portail Est donnant sur le Méchouar et par le pavillon oblong surmontant les trois portes qui s'ouvrent vers la mer, et appelé "Minzah" (4).

3.4. Le port, orienté vers le sud, est protégé au nord et à l'ouest par des îlots mais il est battu par les vents. Après 1916 il fut agrandi et transformé : construction de deux jetées de 295 m chacune pour la protection et l'amarrage des bateaux et des barques de pêche ainsi que des remorqueurs et des barcasses servant à la manutention des marchandises à destination ou en provenance des navires en rade. Au fond du port fut aménagée une darse de 180 x 50 m bordée de 200 m de quai. Des terre-pleins d'une superficie de 10 000 m^2 furent également construits. Au fond de la baie fut édifié un feu de direction, à occultations toutes les quatre secondes, éclairant la passe en blanc, le Sud et le Nord de la rade étant illuminé respectivement en vert et en rouge. De même, un amer de huit mètres de haut fut élevé au sommet de la colline qui borde le rivage. De jour l'alignement de la trajectoire du bateau entrant en rade sur ces deux repères, permet le cheminement du navire le long du chenal jusqu'au point d'ancrage. Un phare projetant trois puissants éclats toutes les quinze secondes fut également construit sur le Cap Sim à une dizaine de kilomètres du port.

3.5. Des routes goudronnées reliant Mogador à Safi et Casablanca, à Marrakech et à Agadir, furent construites ainsi qu'un réseau de pistes desservant souks et villages de l'arrière-pays.

Un grand pont à 15 arches fut bâti sur l'embouchure de l'Oued Qsob sur la route d'Agadir. Le lit de la rivière ayant été ensablé, en novembre

---

(4) Mohamed Ben Saïd As Siddiqi, *Iqaz as Sarira,* Casablanca, 1961, p. 33.

1927 une crue importante fit détourner le cours d'eau laissant le pont sur la rive gauche. L'ouvrage d'art dut être évidemment abandonné et remplacé par le Pont Rose construit plus en amont de la rivière.

Le premier pont bâti sur l'embouchure de l'Oued Qsob. En novembre 1927 une crue importante fit détourner le cours d'eau laissant l'ouvrage à l'état d'abandon.

Un bureau de poste et télécommunications fut ouvert dans la nouvelle Casbah à proximité immédiate de Bab Sbaa.

Bien plus tard, soit en 1948, un port aérien allait être implanté à 17 km au sud-est de la ville, non loin de la route principale Casablanca-Agadir. L'aérodrome, sommairement conçu pour des avions légers, est contenu sur une superficie de 140 ha. Il comporte une piste d'envol principale de 1900 m de long et 50 m de large, en terre battue, inscrite dans une bande de 150 m de large, avec un balisage diurne constitué de bandes cimentées de délimitation, ainsi qu'un bâtiment d'accueil.

4. La récession

4.1. La vocation nationale de Mogador était abandonnée depuis la fin du XIXe siècle au bénéfice de Casablanca qui connaissait une expansion vertigineuse tout au long de cette première moitié du XXᵉ siècle. D'autres villes jouissaient également d'un développement florissant, il s'agit de Port Lyautey et un peu plus tard d'Agadir.

Les autorités du Protectorat voulaient construire un port important sur la côte atlantique et qui deviendrait le poumon du Maroc. Le choix se porta sur le site de Casablanca. Une adjudication internationale en date du 25 mars 1913 attribua les travaux du nouveau port à un groupement comprenant : Le Creusot, la Compagnie Marocaine et le groupe Hersent. Les travaux consistaient notamment en :

• La construction d'une jetée de 1 500 m, la construction de 700 m de quai et la construction d'une jetée transversale.

La Première Guerre Mondiale ralentit les travaux et en 1919 un avenant fut signé avec le même groupement pour un programme encore plus étendu.

D'autres travaux furent entrepris en 1926 notamment :

• La construction d'un poste pour le stockage des phosphates, la construction d'un quai à charbon et la construction de 30 000 m² de terre-pleins.

La renaissance d'Agadir fut décidée en 1930. En effet, le 9 janvier 1930 à Paris au cours d'un banquet offert par des politiciens et des banquiers en l'honneur du Haut commissaire résident général de France au Maroc Lucien Saint (1929-1933), celui-ci annonça officiellement la décision prise par les autorités du Protectorat et par le Makhzen d'ouvrir le port d'Agadir au commerce international. Cette décision traduisait la volonté de l'Administration du Protectorat de mettre en valeur la riche plaine du Souss et d'y installer des colons et pour cela il fallait lui rendre son débouché naturel à savoir le port d'Agadir (5).

Le déclin de Mogador s'accéléra à partir de cette date. Cette régression allait permettre la libération d'une main-d'œuvre ouvrière et artisanale qui se reportait, au fur et à mesure, sur ces nouvelles villes en plein développement. Port Lyautey et Agadir absorbèrent notamment plusieurs vagues d'émigration mogadorienne. Casablanca exerçait une attraction

---

(5) Luella J. Hall, *The United States and Morocco (1776-1956),* Scarecrow Press, Metuchen, 1971, p. 827.

irrésistible. Des membres de grandes familles commerçantes, juives en particulier, allaient s'installer dans la métropole économique mais aussi dans la capitale du Gharb et dans celle du Souss.

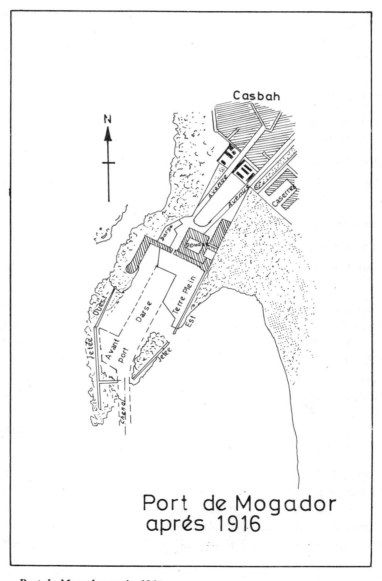

Port de Mogador après 1916

Le déplacement des hommes, et notamment les commerçants, entraînait celui des opérations commerciales et des transactions. La cité perdait ainsi ses opérateurs économiques au profit des nouvelles métropoles commerciales et industrielles.

La ville, de par sa situation géographique, se trouvait loin dans la périphérie de ce que l'ordre établi appelait le "Maroc utile" et de surcroît dans une région semi aride et sans grandes ressources minières. En outre, le développement de Casablanca et d'Agadir réduisait petit à petit, aux seuls territoires de Haha et de Chiadma, la zone d'influence de Mogador qui devenait donc le port d'exportation des produits de son seul arrière-pays.

4.2. Dans son livre *les Origines du Maroc français*, l'ancien ministre de France au Maroc de 1901 à 1906, Saint-René Taillandier, a écrit : "le ministre des Affaires étrangères Déclassé me demandait d'examiner (avec le makhzen) la possibilité de la concession d'un réseau ferré qui comprendrait d'abord la ligne Marnia-Oujda-Fès-Marrakech et successivement les lignes Marrakech-Mogador ; Marrakech-Mazagan ; Fès-Rabat et Fès-Tanger". La liaison ferroviaire Marrakech-Mogador était ainsi un projet du début du siècle. Il n'eut pourtant pas lieu ! Lorsque les Chemins de Fer du Maroc arrêtèrent la configuration de leur réseau, Mogador se trouva dès le début en dehors du tracé. L'absence de desserte ferroviaire allait minimiser considérablement l'intérêt économique du port. A cette carence de taille, il fallait ajouter l'insuffisance des infrastructures portuaires : exiguïté des bassins, rareté des quais, faiblesse du tirant d'eau, etc., ce qui rendait toutes opérations d'import-export de grande envergure impossible à réaliser.

En cette première moitié du XXe siècle, la pêche et l'exportation de produits de l'arrière-pays maintenaient une certaine activité dans le port. Des commerçants tels : Mohamed Boudad, Raphael El Maleh, Ben Sabbat, El Harrar, etc., surent, par leur dynamisme, maintenir un courant d'exportation vers l'Europe de produits tels que : amandes, céréales et gomme sandaraque. Ce courant n'allait d'ailleurs pas tarder à se tarir.

Le temps des caravanes en provenance du Soudan et du trafic intensif avec l'Europe était déjà bien loin. Des anciens consulats, il ne subsistait plus que les mâts qui avaient porté autrefois les pavillons et qui semblaient être les derniers témoins d'une activité commerciale qui avait émigré sous d'autres cieux.

Travaux de voirie, sur les ruines de "Dar El Makhzen", au début de la période de Protectorat.

Touristes s'apprêtant à rejoindre l'hôtel "Palm Tree House" à Ghazoua. La scène est de la fin du XIXᵉ siècle ou du début du XXᵉ.

Une rue commerçante de Mogador vers le début du XXᵉ siècle.

Chapitre XIV
Les activités sociale, politique et écologique pendant les quatre premières décennies du XXe siècle

Autour de la vie économique s'était organisée, au début du XXe siècle, une vie sociale assez riche et très originale, mais aussi une certaine forme de vie politique qui, celle-là, n'était que le reflet, oh ! Combien atténué, du climat politique général de l'ensemble du Maroc. Les premières années du XXe siècle virent s'organiser l'enseignement moderne primaire, les services de santé et les activités sportives. Par ailleurs, une certaine tradition culturelle n'avait jamais cessé de durer et de s'épanouir dans la cité. Dans le voisinage immédiat de la ville, d'importants travaux de protection de l'environnement eurent lieu à partir de 1918.

1. L'organisation sociale

1.1. L'enseignement

Dès 1913, une école primaire pour garçons musulmans fut ouverte à Derb M'Sguina, dans une maison, appelée "Dar Ben Abdessadeq". Devant l'afflux des inscriptions, cette institution fut transférée en 1918 à la rue Attarine puis à Souq Ouaqa dans l'ancienne caserne de la police du Makhzen. Cette dernière école allait être réservée plus tard aux fillettes musulmanes, une fois l'école des garçons transférée au complexe scolaire de Bab Marrakech. Une école franco-israélite fut ouverte dans la rue des Forgerons près de Bab Marrakech.

L'école de l'Alliance israélite universelle (A.I.U.), établie dans la nouvelle Casbah, à l'intérieur de l'immeuble occupé présentement par l'hôtel de police, fonctionnait déjà presque à plein régime en ce début de

XXᵉ siècle. Quelques jeunes musulmans fréquentaient cette institution, avant l'ouverture de la première école franco-musulmane pour garçons, dont notamment : Mohamed Abbar, M'Hamed Ednadni, Ahmed Ben Messaoud, Larbi Ben Messaoud, Mohamed Ben Lahcen Tounsi, les frères Taghamaoui, etc. Certains, parmi ces anciens élèves, deviendraient d'importantes personnalités. Ainsi Ahmed Ben Messaoud ferait une carrière prestigieuse et Mohamed Ben Lahcen Tounsi allait devenir bien plus tard "le père Jégo", personnage haut en couleur, indissociable du football marocain.

1.2. L'organisation du secteur sanitaire

Le secteur sanitaire fut marqué par l'empreinte d'une personnalité médicale hors du commun, dont le souvenir resta longtemps vivace : il s'agit du docteur Charles Bouveret qui régna sur la médecine à Mogador de 1913 à sa mort, le 8 janvier 1948 (1).

Le docteur Bouveret fut nommé médecin-chef de Mogador et de sa région en 1913. Il organisa les premiers services de soin et de prévention dans la ville et sa région, n'hésitant pas à se déplacer lui-même à cheval dans la campagne environnante. Il sut attirer à lui caïds, cheikhs, et notabilités et devint en quelque sorte l'"apôtre" qui savait rendre la santé et la vie à d'innombrables malades quel que fût leur niveau social. Il veilla à la création, de toute pièce, de l'hôpital civil mixte de Derb El Alouj, devenu à partir de 1926, l'hôpital, Eugène-Etienne, en plein centre de

Le docteur Bouveret, en famille, photographié vers la fin des années vingt, dans la cour de sa maison de la Casbah, devenue par la suite l'hôtel des Remparts.

---

(1) René Cruchet, *la Conquête pacifique du Maroc*, éd. Berger Levrault, Paris, 1934, p. 140.

la Médina, à l'emplacement d'une ancienne résidence du caïd Abdallah Ou Bihi, et de diverses autres petites maisons mitoyennes. Le complexe sanitaire fut conçu à cheval sur les quartiers Mellah El Qadim et Derb El Alouj. Le Dr Bouveret dirigea l'hôpital, qu'il fit édifier, pendant de longues années, avec efficacité, dans une ambiance où se mélangeaient humanité et discipline.

Outre les soins de santé que lui-même et les collaborateurs qu'il avait formés, prodiguaient avec abnégation aux populations aussi bien urbaines que rurales, ce médecin déployait de remarquables qualités d'animateur pour mener à bien sa tâche humanitaire. Afin de faire fonctionner correctement son hôpital, il avait réussi par un merveilleux tour de force à faire verser des dons aussi bien par les caïds et notabilités de la ville et de la région que par les commerçants, les colons et les organismes administratifs. Tout lui était bon pour renflouer la caisse de son établissement : kermesses, quêtes, inauguration, recours aux subventions de la société de jeux appelée "Pari mutuel". Avec la collaboration du Colonel en retraite Valentin Grognot, il créa l'œuvre de la "Goutte de lait" où, dès le départ, quelques 175 nourrissons étaient soignés et alimentés.

En 1930 fut créée, dans le cadre de l'hôpital Eugène Etienne, la deuxième école de sages-femmes marocaines après celle de Marrakech et avant les autres villes du Maroc.

Longtemps après avoir quitté l'hôpital, le docteur Bouveret continua à soigner inlassablement les malades et à soulager les souffrances dans sa maison située à la Casbah dans une rue qui, après sa mort, allait porter son nom pendant quelques années.

L'année 1933 vit la création d'une Société de bienfaisance avec l'ouverture d'un orphelinat qui fut installé dans les locaux de l'école de la mosquée Ben Youssef au Derb Ahl Agadir (2). La Société fonctionna grâce aux efforts de personnalités telles que le Pacha El Majboud, Lahbib El Ferkhsi, Mokhtar Ben Hadj El Mekki et Allal Aqdim.

---

(2) Mohamed Ben Saïd As Siddiqi, *Iqaz as Sarira*, Casablanca, 1961, p. 160.

1.3. L'apparition des activités sportives

Le goût du sport et notamment celui du football se développa rapidement dans la ville. En 1918, et sur l'initiative d'un groupe d'Européens animé par le banquier Valette, directeur de l'agence bancaire de la Compagnie algérienne, se forma une équipe locale de football, composée de joueurs français. Elle eut droit à un terrain, octroyé par la municipalité, à Bab Marrakech, sur le site occupé présentement par le lycée Akensous. Bientôt quelques joueurs juifs dont Lahmi et Ben Harroch rejoignirent le groupe de footballeurs. L'évolution de cette première équipe, après avoir commencé par amuser la population de la cité, décida les sportifs musulmans, d'abord hésitants, à s'adonner de tout cœur, au plaisir du ballon rond. C'est ainsi que naquit en 1925 l'Association sportive souiri (ASS) avec la première équipe de football dans laquelle jouaient des Marocains musulmans dont notamment : Hassan Escuadra, Hassan Barabas, Maalem Driss Ottmani, M'Barek, Taïeb Bouyzim, Megdoul Toufelaaz, Ahmed Zerari, Hajoub Bermila, etc., ainsi que des athlètes marocains juifs tels : Abraham Sasportas, Haïm Rebboh, Amrane El Maleh, Braïma et quelques sportifs français : Dulac, Pérez et Berg. A partir de 1929, l'ASS eut droit, non plus à un simple terrain d'entraînement, mais à un stade, avec mur d'enceinte, gradins, vestiaires et guichets, qui fut installé sur le site occupé précédemment par le marché aux peaux et qui allait demeurer le centre où devaient se dérouler les rencontres et les compétitions de football jusqu'à nos jours.

Dès sa création, l'ASS fut honorée et encadrée. Le Pacha El Majboud en fut le Président d'honneur jusqu'à sa mort ; Valette, Grognier et Joseph Knafo en furent successivement les présidents des trois premiers bureaux. Ils surent imprimer à la formation l'énergie nécessaire pour faire un bon départ.

L'ASS consacra le football à Mogador et consolida l'amour pour ce sport parmi la population de la cité, notamment durant les rencontres, pour le championnat du Sud, avec les équipes de Marrakech, de Safi et de Mazagan.

L'amour du basketball allait naître beaucoup plus tard, dans les années quarante sur l'initiative de Victor Brami, reprise et continuée par un groupe d'enseignants dirigé par André Marc.

Equipe de football de l'Association sportive souirie (ASS) de la fin des années vingt.

Identifiés :

Debout :

1er à partir de la droite : Moulay El Baz
4e à partir de la droite : Taïeb Bouyzim
6e à partir de la droite : Larbi El Majboud
6e à partir de la gauche : Mogdoul Toufelazz

Accroupis :

2e à partir de la droite   : Maalem Driss Ottmani
3e à partir de la droite, tête nue : Hassan Escuadra
4e à partir de la droite   : Berg
1er à partir de la gauche   : Ali dit "L'Farm"

Assis :

1er à partir de la gauche, au premier plan   : Si Mohamed dit "Da Mohamd"
1er à partir de la droite assis au premier plan : Bana.

Photo prise le 15 août 1930 au studio photographique Garro à Mogador. Elle représente l'ensemble des joueurs de football composant la sélection du Sud du Maroc (Marrakech, Mogador, Safi) et un certain nombre de supporters.
On reconnaît les personnes suivantes :

Assis au premier rang, de gauche à droite :
– Maalem Driss Ottmani
– M'Jid de Marrakech

Accroupis au deuxième rang, de gauche à droite :
– Taïeb Bouyzim

Debout de gauche à droite :
– Mohamed Bel Hadj Bihi (1er)
– Thami (2e)
– Hassan Escuadra (5e)
– Elias (7e)

Debout de droite à gauche :
– Bounjimi (2e)
– Abdelmajid El Jadiri (en papillon)
– Hassan Barabas (6e).

2. La vie en société

Une approche de la vie quotidienne de la Société mogadorienne durant les premières décades du XXe siècle pourrait être sans intérêt dans la mesure où cette société restait dans la continuité de celle de la fin du XIXᵉ siècle et pour certains aspects, elle était analogue dans sa vie, à celle menée à la même époque, dans n'importe quelle autre ville importante du Maroc. Nous allons toutefois retenir certains aspects particuliers de cette vie en société, bien caractéristiques de la cité.

2.1. Le club de Mogador

Les membres des bourgeoisies européenne et juive et de l'aristocratie musulmane de la ville prirent l'habitude dès le début du siècle de se regrouper au sein d'un club de style anglais où l'on se rencontrait pour deviser amicalement loin des soucis professionnels, lire les revues et les journaux et s'adonner au plaisir de quelque jeu de société. C'était l'un des rares clubs du Maroc de cette époque, où Européens, Juifs et Musulmans, sélectionnés certes, se rencontraient sans discrimination et dans le respect mutuel.

Le premier cercle de ce genre fut créé au début du siècle par un sujet britannique le fameux Pepe Ratto. Il fut domicilié durant quelques années à Bab Sebaa dans l'immeuble mitoyen à "Dar Souiri".

Pepe Ratto présida à la destinée du Club jusqu'en 1917, date de la mort de ce bouillonnant entrepreneur. Boulle, le directeur de l'agence de la compagnie Paquet le remplaça à la présidence qui fut prise en main, par la suite, par Ferdinand Sandillon. La présidence d'honneur était assumée par le Pacha El Majboud. En 1922, le siège officiel du "Club de Mogador" fut inauguré à la Casbah, en face de la mer à l'emplacement de l'ancienne entrée de la douane. Ce cercle allait devenir une véritable institution de la cité, avec ses règles strictes et ses manifestations amicales périodiques. C'était le passage obligé des hauts responsables administratifs et techniques de la ville, des riches commerçants et industriels, des grandes familles de la casbah : le Tout Mogador, en quelque sorte, se retrouvait au Club !

2.2. Les manifestations folkloriques

Le patrimoine folklorique de la ville était assez diversifié et traduisait l'origine variée de la population notamment musulmane. La cité avait adopté les rythmes et danses de son arrière pays notamment ceux de Haha :

la danse Ahouach était toujours à l'honneur à la moindre manifestation de liesse.

Les petits commerçants et surtout les artisans qui étaient généralement originaires de Marrakech avaient introduit à Mogador le fameux rythme appelé "Ad Daqqa" exécuté aux sons des tambourins et des castagnettes. Ce rythme s'était acclimaté sous les vents alizés pour donner naissance à une mélodie harmonieuse qui était jouée à l'occasion de la manifestation annuelle appelée "Charib Attaï" (la cérémonie du thé).

Cette manifestation avait lieu dans la nuit du 8 au 9 moharam soit l'avant veille de la fête de l'Achoura. Les quartiers de Bani Antar et de Chebanat constituaient chacun une équipe de plusieurs dizaines de joueurs de tambourin expérimentés. Les deux groupes se rencontraient au début de la nuit dans l'avenue Haddada : les Bani Antar s'installaient devant la mosquée Ben Youssef quant aux Chabanat, leur point de ralliement était devant la mosquée Sidi Ahmed ou Mohamad. Les deux groupes étaient séparés par un no man's land où seuls les agents chargés du maintien de l'ordre pouvaient circuler, la manifestation risquant parfois de se terminer en bagarre générale.

La nuit du 8 au 9 moharam retentissait aux sons des tambourins des deux groupes qui interprétaient la nuit durant, les rythmes endiablés de "Ad Daqqa". Les mélodies variaient suivant que les exécutants étaient assis ou debout, passant ainsi du rythme lent du "Rzoun" à celui saccadé et rapide du "Taalaq".

L'ambiance était à l'émulation, voire même à la provocation, entre les deux ensembles de joueurs qui se lançaient quolibets et invectives. Des chants fusaient de chacun des ensembles.

Dans la ville, l'atmosphère était à la liesse nocturne. On ne dormait pas à Mogador dans la nuit du 8 au 9 moharam. Les rythmes des tambourins faisaient sortir dans la rue même les femmes cloîtrées. La ville entrait en transe.

Ce n'était qu'à l'aube que les deux équipes se rencontraient et terminaient leur démonstration dans une fusion générale des joueurs et des rythmes. La lecture de la Fatiha clôturait la manifestation.

"La cérémonie du thé" avait ses héros, ses poètes et ses preux. Des familles entières s'identifiaient, corps et âme, à l'un ou l'autre des deux groupes.

Depuis bien longtemps cette coutume a été abandonnée, et à Essaouira, la nuit du 8 au 9 moharam ressemble à toutes les autres nuits de l'année.

2.3. La musique

Mogador avait été, avec d'autres villes du Maroc, le siège d'une pléiade de formations musicales composées d'instrumentalistes musulmans et juifs qui interprétaient, en diverses occasions, musique populaire, malhoun et mélodies andalouses.

La musique populaire était jouée par des orchestres de femmes (cheikhates) ou d'hommes et même par des orchestres mixtes et était exécutée à l'occasion de fêtes familiales.

La musique du genre malhoun fut transposée dans la cité par les artisans, les commerçants et les fonctionnaires originaires de Marrakech et de Fès. Ce genre musical eut d'ailleurs ses moments de gloire dans la ville des alizés, notamment à partir de 1860, avec le chanteur compositeur Benzaïd et, plus tard, à la fin du XIXe siècle, avec Essadiq Essaouiri, El Mekki El Mrani et surtout le maître incontesté du genre : Mohamed Ben Essaghir. En effet, le plus célèbre des chanteurs compositeurs de musique Malhoun fut Mohamed Ben Essaghir dit "Essaouiri". Sa renommée dépassa largement le cadre de sa ville natale. Avec cet artiste hors pair, le genre Malhoun atteignit le summum, en profondeur dans la pensée, et, en beauté dans le langage. Ses poèmes firent autorité et ses mélodies restèrent inoubliables. Ses compositions touchaient aussi bien le domaine du mysticisme que celui du romantisme et même le domaine de l'enjouement.

Ben Essaghir est l'auteur de plus d'une quarantaine de qassidat, certaines devenues célèbres et connues des mélomanes avertis. Il a chanté la beauté, l'amour, la nature et la grandeur divine. Dans une de ses qassidat, devenue notoire, il ressuscita la légende antique de Pygmalion, Roi de Chypre, tombé amoureux d'une statue de femme en marbre, qu'il avait confectionnée. Notre poète transposa, peut-être sans le savoir, la légende dans son propre contexte et chanta avec amour les grâces d'une statuette de femme sculptée dans du bois de thuya.

Le genre malhoun continua à se développer au cours des premières décennies du XXe siècle. Les créateurs ne manquaient pas, aussi bien chez les Musulmans, tel le Maalem Abibou, que chez les Juifs d'ailleurs, puisque la qassida, que le rabbin David Iflah consacra dans les années trente à la préparation et à la consommation de la Sekhina, le plat rituel du Samedi, eut un succès sans pareil durant de longues années (3).

La musique andalouse fut introduite dans la cité par les hauts fonctionnaires du makhzen et de l'Administration portuaire, originaires de villes où cette musique était particulièrement prisée, notamment Tétouan et Fès. Ce genre musical connut également ses heures de gloire dans la cité des alizés.

Les grands noms de cette musique, de la fin du XIXe siècle, tels que El Brihi, Lamtiri, El Baroudi et Jaïdi, passèrent tous à Mogador à un moment ou à un autre de leur vie, pour s'imprégner des particularités de la musique andalouse de la ville et écouter les maîtres souiris (3).

Le genre andalou prospéra encore au cours des premières décennies du XXe siècle. Il eut ses amateurs et ses défenseurs. Ben Kirane, un préposé aux douanes du port, fut longtemps le protecteur généreux qui encourageait le développement de la musique andalouse dans la cité. De même des mécènes juifs poussaient à l'épanouissement de cette musique au sein de la Communauté israélite. Un orchestre juif, celui de Ben Demnati, fut longtemps célèbre à Mogador et recherché par les amateurs de variétés andalouses. L'interprète de mélodie andalouse et de Malhoun, David Ben Barukh était célèbre dans la cité. Sa réputation était telle que bien des fois, il était invité à la Cour à Rabat ou à Marrakech pour exercer son art en présence du Sultan Moulay Youssef.

Les orchestres jouant de la musique andalouse étaient connus dans la ville sous le nom original de "Dnadnia" qui est une onomatopée se rapportant à la mélodie exécutée par ces formations.

---

(3) Toute cette première partie du paragraphe relatif à la musique, et notamment la partie consacrée au musicien Mohamed Ben Essaghir, est tirée d'une conférence prononcée le 15 août 1995 à Essaouira, à l'occasion du festival 1995 d'Essaouira, par le mélomane et érudit El Hadj Mohamed Souhoum, directeur du Conservatoire d'Essaouira.
La référence à la qassida du rabbin David Iflah relative à la Sékhinà a été recueillie sur l'ouvrage : *Juifs du Maroc, identité et dialogue,* Actes du colloque sur la Communauté juive marocaine de décembre 1978, éd. La Pensée sauvage, p. 49, Conférence de Joseph Chatrit, « Eléments d'une poétique judéo-marocaine ».

Pour l'oreille du commun des citoyens de Mogador, musique andalouse et Malhoun, faisaient partie du même "répertoire nébuleux exécuté par les Dnadnia".

2.4. Les loisirs

Les plaisirs de la mer : pêche à la ligne, rencontres et promenades sur la plage, excursions sur l'île, étaient les loisirs favoris des habitants de Mogador.

Les étendues libres de Bab Marrakech, étaient les lieux de rendez-vous des amateurs de spectacles en plein air. Là se rencontraient, tous les après-midi, conteurs, troubadours, danseurs, jongleurs, charmeurs de serpent, autour desquels se faisaient et se défaisaient des cercles de badauds curieux et infatigables. Le spectacle rappelait, en dimensions plus réduites, celui qu'offre encore la place Djamaa El Fna de Marrakech. Parfois, s'ajoutait à cette fébrilité quotidienne, celle, occasionnelle, qu'offrait l'animation provoquée par l'afflux des enfants vers les manèges en forme de norias.

Manèges à Bab Marrakech

Orchestre juif à Mogador en 1914

Très tôt, le cinéma fit partie des loisirs préférés des Mogadoriens. Ferdinand Sandillon ouvrit, vers 1912, près de sa minoterie du quartier Taourirt une salle de cinéma où étaient projetés des films muets. Une salle "Bombay", située dans le même quartier succéda quelques années après à la précédente. Puis le centre d'intérêt cinématographique se déplaça vers le centre ville, au Mellah El Qadim, avec l'ouverture, vers la fin des années vingt, par le commerçant Frigéri, d'une véritable salle pour le septième art avec sièges fixes, guichet, salle d'opérations et système de sécurité. L'ultime étape de l'ouverture de la "Scala de Mogador" devait être le couronnement de l'épopée du cinéma dans la cité des alizés.

3. La vie politique

La mise en place de la nouvelle administration du Protectorat, la reddition sanglante des tribus de Haha et le triomphe rogue des troupes dites "de pacification" mirent fin à toute velléité de résistance ou de militantisme politique dans la cité des alizés. La vie politique allait tourner en ce début de XXe siècle autour de deux événements importants : la

Première Guerre Mondiale (1914-1918) et la guerre du Rif (1919-1926). Ce n'est que vers le milieu des années 30 qu'un semblant de mouvement politique revendicatif tenterait de s'organiser, parfois discrètement, à Mogador, autour de quelques nationalistes souiris de la première heure.

3.1. La Première Guerre Mondiale 1914-1918

La guerre 1914-1918 éclata deux ans et demi après la mise en place du régime de Protectorat. Les retombées du conflit ne tardèrent pas à se faire sentir dans la cité des alizés et dans son arrière-pays. Ainsi, dès l'automne 1914, des mesures de rétorsion s'abattirent sur les résidents allemands. La station météorologique du port, exploitée par le consulat d'Allemagne, fut évacuée et occupée par des techniciens de l'armée française qui se mirent à leur tour à l'observation de l'atmosphère. Le vice-consul Heinrich Van Maur, le commerçant Herman Marx, leurs collaborateurs ainsi que les quelques résidents germaniques furent arrêtés et embarqués sans ménagement dans le premier bateau en partance vers l'Europe. Ils effectuèrent un voyage mouvementé dans la cale d'un bateau français, dans des conditions épouvantables, aux dires du petit-fils de Herman Marx qui visita Essaouira en mars 1967. Au printemps 1915, des contingents de travailleurs de Haha et Chiadma, encadrés par des contremaîtres souiris parlant Français, furent dirigés vers Bordeaux et Marseille pour prendre la relève des ouvriers agricoles partis au front. Le trafic portuaire était devenu complètement perturbé, notamment par la disparition subite des cargaisons de sucre, habituellement introduit d'Europe et dont l'importation était, sinon prohibée, du moins fortement réglementée. Le port canalisa les exportations des produits régionaux tels que maïs, orge, huile et peaux, vers la France exclusivement, et à des prix très bas, fixés de façon impérieuse. Cette tarification musclée eut pour résultat de paupériser encore plus les paysans de la région et d'intensifier le courant d'émigration vers la ville. Sur ordre des autorités du Protectorat, la cité participa financièrement à l'effort de guerre. Ainsi, au cours de la seule année 1918, l'"élan de solidarité" avec la puissance protectrice empêtrée dans le terrible conflit, coûta à la ville, la coquette somme de 300 000 Francs. L'Administration n'hésita pas, pour appuyer cet effort de guerre à faire appel, de façon autoritaire, à la "générosité quelque peu forcée", des riches commerçants de la Casbah et à celle encore moins "spontanée" des caïds et notables de la région.

3.2. La guerre du Rif

Les nouvelles de la guerre du Rif (1919-1926) parvenaient à Mogador, fortement atténuées, sous la forme que voulait bien leur donner la presse écrite de l'époque. Quelques lettrés de la communauté musulmane suivaient le cours des événements avec beaucoup de sympathie pour les combattants rifains. Ils se réunissaient en groupes restreints d'amis, de préférence le soir, dans la demeure de l'un d'entre eux, pour commenter les événements et spéculer sur l'avenir sans trop croire qu'un jour le héros du Rif parviendrait à mettre en déroute deux armées européennes. Lorsque le sujet du jour était épuisé, le groupe se séparait et chacun regagnait son domicile avec la promesse de se revoir le lendemain pour commenter l'évolution de l'actualité. Pendant toute la durée de la guerre du Rif il n'y eut ni mouvements de soutien ouvert, ni manifestations, ni prières dans les mosquées. Il faut dire que la police, qui faisait cependant patte de velours, était aux aguets.

L'ensemble du peuple de Mogador découvrit la guerre du Rif et ses héros lorsqu'un matin de l'automne 1926, un exilé rifain, vêtu d'une djellaba courte de couleur grise, arriva dans la cité escorté par des policiers silencieux et à la mine renfrognée : il s'agit de l'un des lieutenants de Mohamed Ben Abdelkrim El Khattabi, le caïd Haddou Ben Hamou El Boccoyi.

Contrairement aux proches collaborateurs de Mohamed Ben Abdelkrim qui étaient, comme leur chef, de la puissante tribu des Aït Ouriaghal, Haddou était originaire de la tribu voisine des Bocoya. Il avait vécu à Oujda et parlait couramment le français et l'espagnol avec un accent qui

Le caïd Haddou au temps de la guerre du Rif (1919-1926)

lui était propre. Au déclenchement de la guerre en 1919, il rallia l'Etat Major de Abdelkrim où il était chargé des "Affaires intérieures". En fait, le chef rifain utilisait ses compétences et sa connaissance de la vie européenne pour établir et maintenir le contact avec les Autorités françaises du protectorat. Haddou entrait en relation avec les Français par l'intermédiaire du contrôleur civil de Taourirt Léon Gabrielli. Le caïd joua un rôle très important dans le lancement des premiers contacts, et dans les discussions, entre les Français et les chefs rifains. Il faisait constamment partie de la délégation rifaine aux négociations de Taourirt.

A la reddition de Mohamed Ben Abdelkrim El Khattabi en 1926, le caïd Haddou fut, comme tous les chefs rifains, arrêté et envoyé en résidence surveillée. Il fut relégué donc à Mogador où il arriva au grand étonnement des habitants de la ville. Haddou menait une vie sédentaire sous la surveillance étroite de la police. Il était respecté et, pour les nationalistes de la première heure, il incarnait le rêve immolé de la liberté.

En 1930 le caïd Haddou prit une part importante dans l'organisation d'une expédition privée destinée à explorer le Sud du Maroc et à parvenir jusqu'à la ville de Smara dans la Saquiat El Hamra (4).

Michel Vieuchange, jeune intellectuel de vingt six ans et son frère Jean, médecin de vingt quatre ans, étaient fascinés par les aventures parfois tragiques vécues par les pilotes de l'Aéropostale qui survolaient le désert au risque de se faire prendre par les Maures en cas d'atterrissage forcé. Mermoz courut cette mésaventure puisqu'il fut capturé par les nomades et libéré une semaine après, moyennant rançon (4). Les deux frères décidèrent de monter une expédition pacifique qui les mènerait jusqu'à Smara en partant de la rive de Oued Massa et en traversant une zone peu sûre, habitée par des nomades hostiles à toute pénétration européenne dans leur territoire. Le 20 août 1930, Michel Vieuchange arriva à Mogador. Il se rendit chez le caïd Haddou et lui exposa son projet. Le caïd décida de l'aider, d'abord en le conseillant sur la façon d'organiser son voyage, puis en lui présentant un homme efficace qui connaissait le Sud du Maroc et avait des relations commerciales et amicales avec des notables du Nord du Sahara. Cet homme de confiance, Ahmed Ben Hamou El Mahboul,

---

(4) Michel Vieuchange, *Smara*, éd. Plon, Paris, 1932, chapitre : Introduction.

originaire de la région de Tamanar, allait devenir l'organisateur de l'expédition. Le voyage se déroula de façon rocambolesque, certes, avec contretemps et recours à des déguisements, mais atteignit son but qui était d'arriver jusqu'à Smara. Michel Vieuchange entra dans cette dernière ville le 1er novembre 1930, y passa quelques heures, prit quantité de photographies puis rebroussa chemin. Il était le premier Européen à ravir son secret à la prestigieuse citadelle du Cheikh Ma El Aïnaïn. Il a fallu attendre le 17 juillet 1934 pour qu'un détachement espagnol de méharistes, en provenance de Tarfaya et commandé par le capitaine Galo Bullon Diaz occupa Smara au nom de l'Espagne qui administrait le Sahara occidental marocain. Il atteignit Tiznit le 16 novembre 1930, épuisé et malade. L'infortuné explorateur mourut à son arrivée à Agadir le 30 novembre 1930 terrassé par une dysenterie foudroyante. Il laissa un journal de voyage qui est, en fait, beaucoup plus une œuvre littéraire qu'un travail d'information scientifique. Il écrivit d'ailleurs, sur ses carnets de route, à propos de la cité mystérieuse du désert, ces vers attendrissants :

"Smara, ville de nos illusions...
Nous marchons vers toi comme des ravisseurs.
Nous marchons vers toi comme des pénitents.
...
Nous marchons vers ce qui jusqu'au bord
Remplira l'aube,
Qui la rendra si purifiée".

"Voir Smara et mourir" devait être la devise de cette expédition qui fut montée avec l'aide du caïd Haddou !

En 1943 en pleine deuxième guerre mondiale, l'autorité militaire fit arrêter le caïd et procéda à son internement "comme étant susceptible d'être un élément de trouble" ! Il fut retenu dans un camp à Azemmour où, par un heureux hasard, il fut découvert par l'ex-contrôleur civil de Taourirt Léon Gabrielli devenu haut fonctionnaire de l'Administration du Protectorat. Gabrielli intercéda en sa faveur auprès de l'autorité militaire. Il fut libéré et remis en résidence forcée à Mogador.

Le caïd Haddou mourut en 1950. La ville voulait rendre un dernier hommage à son "hôte". Les autorités du Protectorat s'y opposèrent et interdirent toute forme d'obsèques à caractère officiel. Le caïd fut enterré à la sauvette, à la tombée de la nuit. Le cortège funèbre était composé des quatre porteurs du cercueil et de quelques policiers en civil et, loin derrière, un homme de haute taille, tout de blanc vêtu, appuyé sur le guidon de sa bicyclette, suivait, à pieds, discrètement, les pas des marcheurs en psalmodiant une prière ; ce fut le seul témoin de l'enterrement (5).

3.3. Le Mouvement nationaliste

La vie et la mort du caïd Haddou exacerba quelque peu, dans la cité, le sentiment nationaliste, qui déjà commençait à partir de 1934, à apparaître au grand jour et à connaître un semblant d'organisation.

Les visites répétées, à Mogador du Souverain Sidi Mohamed Ben Youssef, d'abord en 1927 quelques mois après son intronisation, puis en 1936 et en 1947, réveillèrent dans les consciences, le sentiment pour chacun, d'appartenir à une nation qui était injustement réduite à l'état d'incapacité politique.

Le mouvement nationaliste commençait à s'organiser dans la cité, autour de quelques personnes, qui s'étaient fixé comme objectifs de faire prendre conscience à la population de la situation générale du Maroc, et de la faire réagir face aux événements qui se déroulaient dans les autres villes et régions du pays.

Le groupe de nationalistes de la première heure était constitué, au départ, par des hommes provenant de divers horizons : intellectuels, commerçants, fonctionnaires, salariés, etc. dont nous taisons volontairement les noms par discrétion.

Les militants tenaient des réunions, montaient des troupes théâtrales et des groupes de scoutisme et encadraient la population dans les mosquées pour l'organisation de prières à caractère exceptionnel, préconisées par le Mouvement nationaliste.

4. Activité écologique : la fixation des dunes

Au début du XXe siècle la ville de Mogador était réellement menacée d'être coupée du continent et de devenir une île véritable, coincée entre la mer et les sables avec en perspective un ensablement inévitable.

---

(5) Léon Gabrielli, *Abdelkrim*, éd. Atlantides, Casablanca, 1953, p. 5 et p. 7.
L'épisode de l'enterrement du caïd Haddou m'a été rapporté par mon père feu El Maalem Driss, qui fut le seul témoin, lointain et discret, de la mise en terre du chef rifain.

En effet, des dunes couvraient tout autour de la ville une superficie de 14 000 hectares s'étirant du rocher de Chicht au nord, à Sidi Kaouki au sud et s'enfonçant à l'intérieur des terres sur une distance de 3 à 6 kilomètres.

4.1. Origine des dunes

La plus grande partie de ces dunes provenait de l'érosion éolienne s'exerçant sur le sol meuble et son substratum de grès tendre une fois privés de l'armature boisée. La formation des dunes était un phénomène qui remontait à la construction de la ville en 1760. La zone dunaire avait été recouverte d'une forêt de genévriers et d'arganiers. Les exploitations de bois d'œuvre pour la construction de la ville, celles de chaufourniers, les abus de pâturage et de coupes de bois de chauffage produisirent une déforestation rapide et en quelques lustres il ne resta plus rien de la forêt. A la place s'installa un véritable désert provoqué par l'accumulation massive des sables. Ce désert, appelé "Ghorad" par les habitants de la ville et de la région, était une véritable mer de dunes en mouvement constant. Les dunes, poussées par les vents alizés soufflant du Nord, recouvraient de jour en jour, de leur blonde ondulation les terres et les forêts avoisinantes.

Ali Bey El Abbassi

Déjà au début du XIXe siècle, les dunes formaient un véritable "petit Sahara" autour de la ville, pour reprendre les termes de l'aventurier espagnol Domingo Badia y Leblich, venu à cette époque explorer le Maroc pour le compte du Premier ministre d'Espagne, Manuel Godoy, déguisé en voyageur syrien et sous le nom d'emprunt de Ali Bey El Abbassi. Il arriva devant Mogador exactement le lundi 30 avril 1804 en début d'après-midi. Il fut frappé par l'existence de dunes autour de la ville et par la rapidité avec laquelle les sables se déplaçaient, s'accumulaient et pouvaient modifier l'aspect du paysage.

Voici la description qu'il nous a laissée de la zone dunaire en 1804 :

« Nous entrâmes ensuite dans une plaine de sable, qui véritablement est un petit Sahara, dans lequel le vent prend une rapidité étonnante ; le sable est d'une finesse tellement subtile, qu'il forme sur le terrain des vagues entièrement semblables à celles de la mer. Ces vagues sont si considérables, que dans peu d'heures une colline de 20 ou 30 pieds de hauteur peut être transportée d'un endroit à un autre. C'est une chose qui me paraissait incroyable, et à laquelle je n'ai pu ajouter foi que lorsque j'en ai été témoin ; mais ce transport ne se fait pas subitement, comme on le croit communément, et il n'est pas capable de surprendre et d'enterrer une caravane qui marche : il est facile même de décrire la manière dont s'opère ce transport. Le vent traînant continuellement le sable de la surface avec rapidité, on voit bientôt la surface du terrain baisser sensiblement de plusieurs lignes à chaque instant. Cette multitude de sable qui augmente à chaque moment dans l'air par les vagues successives, ne pouvant se soutenir, tombe et s'amoncèle pour former une nouvelle colline, et l'endroit qu'il occupait auparavant reste de niveau, et comme s'il eût été balayé. Cette quantité de sable qui vole dans l'air est telle, qu'il faut prendre le plus grand soin pour éviter d'avoir la figure battue ; il faut surtout bien se garantir les yeux et la bouche. Ce second Sahara peut avoir environ trois quarts de lieue de largeur à l'endroit où on le passe ; il faut prendre garde de se bien orienter, afin de ne pas se perdre dans les détours qu'on est obligé de faire au milieu de collines de sable qui bornent la vue, et qui changent si fréquemment de place, qu'on ne voit que le ciel et du sable sans aucune marque à laquelle on puisse se reconnaître, au point que du moment où un cheval ou un homme lève le pied, quelque profond qu'en soit le vestige, il est à l'instant complètement effacé. La grandeur, la rapidité et la continuité de ces vagues troublent aussi la vue des hommes et des animaux, en sorte qu'ils marchent presqu'en tâtonnant. »

Au début donc du XXe siècle l'envahissement des sables prenait chaque année une extension inquiétante qu'il fallait à tout prix contenir et combattre. Aucun obstacle n'arrêterait les sables en mouvement si on ne les fixait pas directement sur toute la surface dunaire.

4.2. Les travaux de fixation des dunes (6)

Les travaux de fixation débutèrent réellement en 1918 avec l'arrivée d'experts forestiers ayant lutté en Gascogne, dans le Sud-Ouest de la

---

(6) Direction des eaux et forêts : la fixation des dunes de Mogador, Paris, 1931.

France, contre l'extension des dunes landaises. Les noms du brigadier chef Dupuy et de l'inspecteur des eaux et forêts Watier resteront à jamais liés au démarrage des travaux de fixation des dunes de Mogador.

La première mesure prise avait été une décision administrative qui interdisait tout pâturage, tout labour et toute exploitation sur une lisière de 150 mètres le long des dernières dunes continentales.

Les travaux de fixation des dunes par les services forestiers durèrent de 1918 à la fin des années cinquante. La moyenne annuelle des superficies fixées était de 350 hectares, exception faite des années 1918 et 1919 durant lesquelles les surfaces stabilisées étaient respectivement de 1 100 ha et 1 200 ha.

4.2.1. Techniques des travaux de fixation

Les travaux s'étaient échelonnés à partir du Sud et de l'Est de la zone dunaire sur un ruban de largeur mobile et croissante qui s'appuyait au départ sur la forêt et les zones limitrophes vertes. Ce mouvement centripète qui s'appuyait sur une ligne courbe partant de Chicht et aboutissant à Sidi Kaouki, allait, dans sa progression, contenir puis étouffer le désert de sable.

Les travaux de fixation étaient répartis en trois catégories :

– 1e catégorie : la stabilisation des sables : celle-ci était obtenue par la mise en place sur la dune de branchages assez dense de "retem" (retama retam) ou d'"afsded" (ononis angustissima) et formant une couverture fixe continue qui arrêtait la mobilité et l'accumulation des sables. Avant d'entreprendre ce travail de couverture, les sables étaient ensemencés de graines correspondant à des plantes adaptées au climat et à la nature du sol. Après les pluies, la dune fixée se couvrait rapidement de végétation. Des boutures et des plants étaient effectués dans une phase suivante.

– 2e catégorie : l'arrêt des sables marins par la création d'une dune littorale destinée à arrêter et à stocker les apports de sables marins charriés par le vent et qui venaient grossir les monticules. La mise en place de cette dune artificielle fut amorcée dès 1919. Des techniques astucieuses permettant d'arrêter les sables et de les accumuler le long d'une ligne parallèle au littoral furent utilisées. La dune littorale partait de Chicht pour arriver à la plage dite "de Safi" au nord de la ville. Elle permit de constituer un barrage efficace.

– 3ᵉ catégorie : la mise en place de cordons de protection : ce sont des barrages de sables fabriqués de la même manière que la dune littorale et qui permettent d'arrêter la marée des sables autour de sites qu'il faut protéger tels que routes, surfaces déjà fixées, etc.

Cette technique fut utilisée à partir de 1929. Un cordon reliait la ville à la colline d'Azelf et permettait de protéger la route allant vers Marrakech.

4.2.2. Reboisement des dunes

Pour reboiser les dunes, diverses plantes avaient été utilisées, certaines provenaient de la flore locale d'autres avaient été introduites par les services forestiers suite aux résultats que ces plantes avaient donnés sur les dunes de Gascogne.

Parmi les plantes en provenance de la flore locale il faut citer : plusieurs variétés de plantes grasses, le tamaris propagé largement par bouture, le lotier dans toutes ses variétés, le "retem" surtout utilisé comme matériau de couverture et comme plante, le genévrier, l'acacia et enfin le mimosa.

Pour les plantes introduites il y a lieu de citer le gourbet (psamma arenaria), l'eucalyptus et à un certain moment au début de l'opération de reboisement, le ricin.

4.2.3. Résultats obtenus

Les résultats de cette opération de fixation avaient été spectaculaires. On peut dire qu'entre 1918 et 1960 l'ensemble de l'aire dunaire fut fixé et la ville entourée d'une ceinture verte magnifique.

La prouesse accomplie par l'homme dans cette région du monde a soulevé une admiration telle que plusieurs pays s'étaient intéressés à cette gigantesque expérience.

Ce fut le cas des Etats-Unis d'Amérique et notamment de l'Etat de Californie. Durant l'été 1925, David Fairchild de l'"U.S. Departement of agriculture's Office of foreign plant introduction" visita le Maroc et eut connaissance des travaux de fixation des dunes de Mogador. Il séjourna dans la région et s'intéressa aux techniques mises en œuvre pour la fixation des dunes. Il marqua de l'intérêt notamment pour l'arbuste "retem", déjà cité plus haut, et pour son usage comme matériau et plant de fixation des sables. David Fairchild était persuadé que la plante "retem" pouvait parfaitement s'adapter au climat de l'Ouest américain et être utilisée comme élément de fixation des dunes californiennes. Des graines et plants de "retem" furent donc de cette manière introduites en Californie (7).

Travaux de fixation des dunes

---

(7) J.B. Bookin and El Mansour, « The atlantic connection EDINO 1990 », *in California and Morocco* by will D. Swearingen, p. 139.

Les activités sociale, politique et écologique...   309

La zone dunaire devant la ville de Mogador

Aspect de la dune littorale artificielle

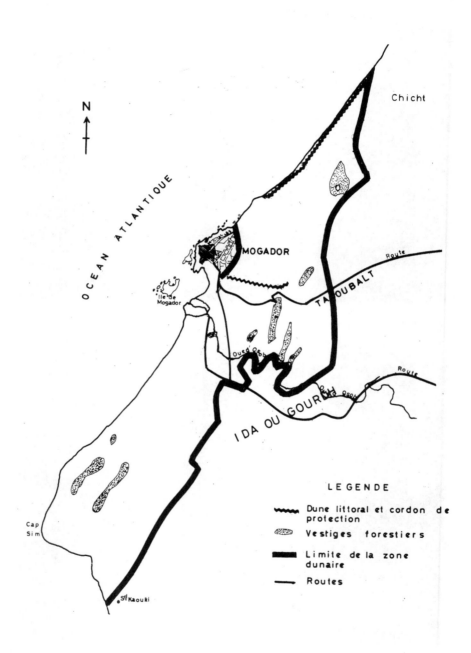

Dunes de Magador

Conclusion générale

Arrivés au terme de cette étude, il nous faut jeter un regard rétrospectif sur tout ce qui a été rapporté et essayer d'isoler certains repères importants caractéristiques et révélateurs du sens dans lequel s'est faite l'évolution de la cité.

1. Le rôle de la mer

Le site de Mogador est avant tout un site maritime dans lequel la mer a joué, à travers l'histoire, un rôle essentiel.

Les premiers occupants du lieu furent les Berbères Masmouda, travailleurs de la mer et pêcheurs. Mais les premiers colonisateurs furent les Carthaginois qui, attirés par la sécurité du mouillage et la présence d'un petit archipel proche du rivage, fondèrent le comptoir commercial de l'Ile de Cerné.

Les rois maurétaniens Juba II et Ptolémée utilisèrent les produits de l'océan, à savoir le coquillage *purpura hémastoma*, pour créer l'industrie de la pourpre sur les îles de Mogador devenues pour la circonstance "les Iles purpuraires". Ces îles produisaient la meilleure teinture utilisée par les Romains pour teindre les toges des Grands de l'Empire.

C'était à partir de ces mêmes îles que Juba II (25 av. J.-C. - 24 apr. J.-C.) organisa son expédition pour explorer les Iles fortunées (Canaries).

Le "mouillage d'Amogdoul" – c'est ainsi que l'historien andalous El Bekri (1028-1094) appela la rade de Mogador – servit, longtemps au Moyen-Age, de havre pour les bateaux de commerce arabes qui se déplaçaient entre le port d'Agouz et celui de Massa.

Les caravelles portugaises cinglèrent vers le site au début du XVIᵉ siècle. Elles ne purent jouir longtemps des avantages du mouillage. La côte atlantique se révéla être une barrière infranchissable pour les envahisseurs lusitaniens.

La course à petite échelle, organisée par les marins de la région entre le XVIᵉ et le milieu du XVIIIᵉ siècle attira sur l'archipel de Mogador la convoitise des puissances européennes. Le Français De Razilly esquissa en 1629 une tentative d'occupation de l'île. Il abandonna très vite le projet.

Puis vint l'époque de la gloire : la fondation en 1760 de la ville et surtout l'ouverture du port de Mogador au commerce international.

La cité a donc toujours été tournée vers la mer et continue d'ailleurs à l'être. Sa prospérité a été constamment en corrélation avec son activité maritime. Toutefois, cette prospérité eut invariablement un caractère tout à fait relatif.

Le mouillage cité par El Bekri n'eut guère l'importance de Massa ou d'Agouz. Le Castello Réal portugais faisait grise mine devant Mazagan et Santa Cruz de Aguer. Le site des corsaires n'égala jamais Salé ni même les repaires de la côte du Rif. Quant au port impérial, sa croissance fut rapidement circonscrite de sorte que Mogador ne devint jamais un grand port du commerce international.

Des circonstances historiques firent que le site fut, jusqu'au XVIIIᵉ siècle, escamoté au profit d'autres havres, aussi bien par les dynasties musulmanes que par les Portugais. Les civilisations antiques semblent par contre lui avoir accordé plus d'importance.

L'avortement de la croissance du port impérial s'explique, comme nous l'avons vu, par la fin du monopole du makhzen, par l'apparition, au Maroc à la fin du XIXᵉ siècle, d'autres centres d'intérêt, et enfin par la pauvreté de l'arrière-pays.

Mogador restait donc constamment tournée vers la mer qui était le vecteur porteur des richesses qui firent un moment sa prospérité. La réduction des activités maritimes, qui ne pouvaient être compensées par les produits d'un arrière-pays aux ressources limitées, entraîna le déclin de la ville puis sa stagnation.

2. La valeur du site

Dans l'Antiquité, le site avait attiré l'attention des Carthaginois puis celle des rois maurétaniens et enfin celle des Romains qui l'avaient donc occupé à tour de rôle, et avaient su valoriser les avantages découlant de sa position pour servir leurs intérêts. La grande Ile avait un certain moment attiré la convoitise de puissances européennes notamment la France et la Grande Bretagne.

Ce n'était pas non plus par hasard que le Sultan Mohamed Ben Abdallah fixa son choix sur ce site pour créer un port ex nihilo dans lequel il allait concentrer tout le commerce international de l'Empire.

Après avoir pensé un moment fonder un port commercial à l'embouchure du Tensift, le Sultan jeta son dévolu sur le site de Mogador et non sans raison.

Avant-port de la capitale Marrakech, Mogador possède une rade protégée par les îles et offrant le maximum de sécurité pour la navigation. Les vents alizés permettaient aux voiliers de se déplacer facilement. De par sa situation, le port était relativement proche des marchés intérieurs de Tindouf, Aqqa et des routes transafricaines de l'Espagne.

Le climat exceptionnellement doux en toute saison, pour une ville du Sud, convenait parfaitement aux habitudes et mode de vie européens.

Le choix du site n'était donc pas arbitraire bien que l'arrière pays ne fût pas, sur le plan économique, à la hauteur des ambitions commerciales auxquelles était destiné le port impérial.

3. L'administration générale de la ville

Dès sa fondation, la ville fut bien administrée. Un gouverneur patenté, appelé parfois pacha ou caïd, désigné par le Makhzen, veillait aux destinées de la cité.

– Les premiers administrateurs de la ville furent :
- Hamdane Ben El Kahia qui fut en même temps caïd de Abda ;
- Kacem El Boukhari : le bâtisseur de la Mosquée El Baouakhir et probablement un personnage du makhzen ;
- Ibrahim Ben Bihi El Hihi qui fut également caïd de Haha ;
- Omar Ben Taoudy ;

- Abdelmalek Ben Mohamed Ben Bihi qui cumulait sa fonction avec celle de gouverneur de Souss et de Haha.

Les trois premiers gouverneurs sont cités dans un ordre incertain.

En 1796, le Sultan Moulay Souleiman désigna comme gouverneur de la ville et caïd de Chiadma Mohamed Ben Abdessadeq El Mesguini, en remplacement du caïd précédent que le nouvel administrateur dut évincer à la suite d'un obscur complot ourdi avec la bénédiction du nouveau Makhzen qui doutait de la loyauté du caïd Abdelmalek Ben Bihi.

En 1815 le prince Moulay Abderrahman Ben Hicham fut nommé par son oncle le Sultan Moulay Souleiman, gouverneur du Haouz et de Mogador avec résidence dans cette dernière ville.

Lorsque Moulay Abderrahman fut proclamé Sultan du Maroc en 1822, l'administration de la ville revint encore une fois au caïd de Haha Abdelmalek Ben Mohamed Ben Bihi qui avait su entretenir d'excellentes relations avec Moulay Abderrahman pendant ses sept années de séjour dans la ville des alizés.

A partir de 1830 fut inaugurée une ère nouvelle caractérisée par le fait que le gouverneur de la cité était choisi pour ses compétences de gestionnaire. Il cumulait sa fonction avec celle d'administrateur du port et de régisseur des douanes et taxes portuaires. En outre, il était indépendant de l'arrière pays. Ce fut le règne des gouverneurs issus de vieilles familles Makhzen originaires généralement de Tétouan et rompues aux questions commerciales.

Nous citons ainsi :
- Abdelkhalaq Aachaach (1830-1833) : le premier gouverneur, en même temps administrateur du port et régisseur des douanes et taxes portuaires.
- Allal Az Zamrani (1833-1842) : ce gouverneur fut également le fondateur de la zaouia Nacirya sise à Derb Ahl Agadir. Il fut destitué et emprisonné à Marrakech en 1842 par le Sultan Moulay Abderrahman suite à un fâcheux incident avec la légation française qu'il avait provoqué et qu'il n'avait pas su dominer (1) ;

---

(1) Cf. Jean Serres, *Comment Pellissier de Reynaud ne fut pas consul de France à Mogador (1843)*, Mémorial Henri Basset, Paul Geuthner, Paris, 1928, tome 2, p. 243.

- Larbi At Torrès (1842-1854) : ce fut sous l'administration de ce fonctionnaire que Mogador fut bombardée en 1844 par les Français. Il décéda en 1854 et fut enterré au mausolée de Sidi Mogdoul ;
- Mohamed Bricha (1852-1858) ;
- Mohamed Ben Zakour (1858-1859) : le court passage de ce gouverneur fut marqué par une mutinerie de la garnison de la ville ;
- Abdelkarim Ar Razini (1859).

Les deux gouverneurs suivants étaient des frères, connus également pour avoir été des négociants patentés. Il s'agit de :
- Larbi Al Attar (1859-1860) ;
- Abdelkader Al Attar (1860-1861) : ce gouverneur fut témoin de l'assaut de la marine de guerre espagnole qui vint rançonner la ville en 1861 à la suite de la bataille de Tétouan.

Les gouverneurs suivants furent des fonctionnaires du makhzen sans appartenance particulière :
- El Mehdi Al Machaouri (1861-1868).
- Mohamed Ben Abdelaziz (1868).
- Amara Ben Abdessadeq (1868-1883).
- Regragui Daouiblabli (1883-1895).
- Driss Ben Zakour (1895) : il fut en outre caïd des Ida ou Gourd et Ida Ou Isarn.
- Ali Ben El Hadj Tétouani (1895-1897).
- Mohamed Ben El Hadj Tétouani (1897-1898).
- Abbès Al Marrakchi (1898-1899).
- Mohamed Bricha (1899-1901).
- Ayad El Manbehi (1901-1905) : ce gouverneur était le cousin du vizir El Mehdi El Manbehi.
- Abderrahman Bargach (1905-1907) : sous l'administration de ce fonctionnaire la ville fut occupée par le caïd Ahmed Anflous.
- Qaddour Ben El Ghazi (1907-1908) : ce fut un gouverneur de choc envoyé à Mogador pour rétablir l'autorité du Sultan Moulay Abdelaziz.
- Mohamed Essanoussi (1908) : ce gouverneur abandonna la ville pour se réfugier sur un bateau français dès que la garnison de Mogador proclama son allégeance au Sultan Moulay Abdelhafid le 9 septembre 1908.

- Abdessalam El Fachar (1908-1911).
- Mohamed El Qarqouri (1911-1912).
- Ahmed Es Saïdi (1912-1915) : la mise en place du système de protectorat français eut lieu sous l'administration de ce gouverneur.
- Mohamed El Majboud (1915-1942).

4. Le caractère général de la population

Au début du XXᵉ siècle la population citadine de Mogador était déjà constituée, avec sa personnalité originale et des caractéristiques qui lui étaient propres. Elle était le résultat d'un vigoureux brassage entre un fond populaire originaire de l'arrière pays et les différents apports humains en provenance des autres villes et tribus et qui s'étaient déversés dans la cité depuis sa fondation. La ville était donc un "melting pot" bien avant Casablanca.

Mais comment peut-on être Souiri ? Devant l'étonnement que peut susciter une telle question, on se demandera d'abord si, comme pour le Persan de Montesquieu, il n'y avait pas chez le Souiri et "dans sa physionomie quelque chose d'admirable". Existe-t-il un type souiri ? Il ne nous est pas indifférent de savoir à qui nous avions eu affaire dans toutes les pages qui ont précédé et si, ces Souiris que nous venons d'étudier par chapitres entiers, dans leur histoire et dans leur vie quotidienne avaient, et ont peut-être toujours, un air "sui generis", c'est-à-dire un air caractéristique et bien à eux.

Les habitants de Mogador, qu'ils fussent Musulmans ou Juifs, ont toujours été considérés par la bourgeoisie des autres villes du Maroc comme des citadins à part entière, raffinés et éveillés et dont le seul défaut était celui de constituer une communauté peu nombreuse ! Ils avaient leurs habitudes, leurs règles de conduite, leur cuisine, leur artisanat et leur parler à l'accent inimitable !

Des traditions d'une grande finesse avaient vu le jour dans la ville des alizés. Parmi les Souiris qui ont passé leur jeunesse dans la cité, qui ne se souvient pas de la "Fête des Dents" appelée également "Arbana", qu'on organisait pour les enfants dès l'apparition des premières dents d'adulte, et de la dînette que les bambins préparaient entre eux, le deuxième jour de l'Aïd el kébir et appelée "Taqdaïrout" ? On peut se remémorer encore les tournées dans les ruelles effectuées par les enfants et qui avaient lieu au cours de la semaine précédant la fête de l'Aïd el kébir. Des groupes de jeunes garçons allaient, chaque soir, frapper aux portes des maisons de riches en chantant quelque vieille rengaine populaire, ce qui leur valait deux ou trois morceaux de sucre ou une pièce de monnaie. C'était d'ailleurs moins pour les gratifier de leurs efforts que pour se défaire de leur attroupement bruyant et éviter leur charivari.

Les cérémonies de mariage étaient organisées suivant un rituel immuable où la fête de l'"Islan" était l'occasion d'une grande liesse entre les amis. Les funérailles étaient caractérisées par de la discrétion et de la pudeur, les personnes affligées étalaient rarement leur chagrin en public. L'habileté était la caractéristique principale des habitants de la ville, à tel point que pour renforcer la portée de cette qualité, on disait, dans le jargon populaire marocain, "être habile comme un Souiri" (Hadaq Souiri).

Déjà en 1826 le capitaine anglais G. Beauclerk qui visita la ville avec le docteur Brown venu de Gibraltar sur demande du Sultan Moulay Abderrahman, écrivit dans son livre, *A journey to Morocco in 1826*, Londres, 1828 :

« Les habitants de Mogador sont certainement de la plus belle race d'hommes que j'ai vue au Maroc. Le climat froid de leur ville a fortifié et tonifié leur physique, contrairement à ce que l'on constate habituellement chez les Maures. Comme ils sont en contact avec les étrangers, ils ont été fortement influencés par la civilisation européenne. Ils connaissent un peu les langues d'Europe et notamment les jurons anglais. Ils ont une conduite remarquable. Les membres de la haute classe sont d'une politesse raffinée. »

Quant à l'historien espagnol Manuel Castellanos qui vécut dans la cité de 1870 à 1875, à la tête de l'église franciscaine locale, il écrivit dans son ouvrage *Historia de Marruecos* que : « les Musulmans de Mogador sont très civilisés : le contact fréquent avec les Européens a transformé leurs habitudes en grande partie de sorte qu'ils se distinguent très nettement des gens de la campagne ; et nous pouvons affirmer, sans risque de nous tromper, qu'ils seront les premiers à entrer avec plaisir dans l'ère de la culture et à adopter toutes les réformes qui pourront contribuer à améliorer leurs situations morale et matérielle, car ils savent exactement où se situent leurs intérêts ».

Quant à la population juive et notamment l'oligarchie des deux casbahs, elle avait déjà, au début du XXe siècle, un pied dans les temps modernes, et une diaspora mogadorienne avait depuis longtemps essaimé dans les grandes villes du Maroc, d'Europe et même d'Amérique du Sud.

L'ère moderne surprit Mogador en plein déclin. Une partie de la population citadine prit le train des réformes, de la culture et du développement sous d'autres cieux !

5. La contribution de Mogador à la civilisation Marocaine

Une ville, quelles que soient son origine et son ancienneté, est toujours l'expression d'une certaine forme de civilisation. Mogador est une ville d'une certaine civilisation. Elle a incontestablement servi, et sert encore, la cause du progrès humain au Maroc. Beaucoup de choses sont nées sur son sol, d'autres s'y sont développées jusqu'à servir d'exemple au reste du Monde.

La cité des alizés a toujours été le creuset où se sont épanouies les cultures musulmanes et juives dans une harmonie totale. Durant deux siècles et demi, la ville a donné l'exemple d'une convivialité parfaite entre Musulmans et Juifs, dans une ambiance de tolérance et de respect de toutes les croyances religieuses.

Terre de tolérance et terre de paix, Mogador a été aussi une cité qui a vu naître des arts et se développer des métiers de grandes valeurs professionnelle et intellectuelle.

Les bijoutiers de Mogador ont donné naissance au "design mogadorien", recherché pour son raffinement et très prisé par les connaisseurs. Les marqueteurs ont su donner au travail du thuya une noblesse qui a dépassé les frontières du Maroc. De même les musiciens de la cité surent marquer de leur sceau la musique andalouse et celle du genre malhoun. Dès le début du XXe siècle, les environs immédiats de la ville ont servi de champ d'expérimentation à des techniques écologiques d'avant-garde de lutte contre la désertification. Le reboisement des dunes a été une réussite telle que de grands pays, comme les U.S.A., se sont inspirés de cette expérience et l'ont transposée sur leur territoire. La gastronomie marocaine est marquée par l'influence de la ville des alizés puisqu'on y trouve, outre la tafina à la mode de Mogador, diverses variétés de ragoûts souiris ; il suffit pour s'en convaincre de demander dans n'importe quel restaurant marocain de Casablanca ou même de Paris un "Tajine Souiri" !

Conclusion générale 319

Silhouettes inoubliables disparues depuis longtemps du paysage de la cité :
– Femmes musulmanes en haïk
– Vieux israélites tenant conciliabule un jour du sabbat

Bibliographie

Outre des archives publiques et privées examinées notamment à Essaouira, les ouvrages cités ci-après ont été consultés :

Actes du colloque international sur la communauté juive marocaine, Paris, 18-21 décembre 1978, *Juifs du Maroc, identité et dialogue,* éd. La Pensée sauvage, Paris, 1980.

Actes des journées d'études des 27 et 28 juin 1992, ASPDE, juillet 1992.

AFFA Omar, *Mas'alat An nouqoud fi tarikh Al Maghreb,* Université Cadi Ayyad, Agadir, 1988.

ARNAUD Louis, *Au temps des Mehallas,* éditions Atlantides, Casablanca 1952.

Ar RAGRAGUI Ahmed Ben Al Hadj, *Achoumous al mounira fi akhbar madinat As Saouira,* Rabat 1935.

As SIDDIQI Mohamed Ben Saïd, *Iqaz as Sarira li tarikh As Saouira,* Casablanca, 1961.

AUBIN Eugène, *le Maroc d'aujourd'hui,* Armand Colin, Paris, 1912.

BACH Pierre, *Petite histoire de Mogador,* Tapuscrit, La source, Rabat.

BADIA Y LEBLICH Domingo, *Voyages de Ali Bey El Abbassi en Afrique et en Asie,* P. Didot l'Ainé, Paris, 1814.

BAROJA Julio Caro, Estudios Saharianos, I.E.A., Madrid 1955.

BAZIN René, *Charles de Foucauld,* Plon, Paris 1921.

BEAUCLERK G., *A journey to Morocco in 1826,* Pool and Edwards, London, 1828.

BERTHIER Paul, *les Anciennes sucreries du Maroc et leurs réseaux hydrauliques,* MEN, CNRS, CURS, 1966.

BOOKIN J.B. and EL MANSOUR, « The Atlantic connection », EDINO, 1990.

BRIVES A., *Voyages au Maroc (1901-1907)*, A. Jourdan, Alger, 1909.

Bulletin de l'Afrique Française, de 1913 à 1938.

BURKE Edmund, *Prelude to protectorate in Morocco,* the University of Chicago Press, 1976.

CAILLE Jacques :
- « Auguste Beaumier, consul de France au Maroc », revue *Hespéris,* 1er et 2e trimestre, 1950.
- « La crise du logement à Mogador au XIXe siècle », *Gazette des tribunaux du Maroc,* n° 1114 du 10/10/1952.
- *les Français à Mogador en 1844,* Syndicat d'initiative, 1952.

CARCOPINO Jerome, *le Maroc antique,* Gallimard, Paris, 1943.

CASTELLANOS Manuel, *Historia de Marruecos,* Bermejo, Madrid, 1946.

De CASTRIES Henri :
- « Le Danemark et le Maroc », revue *Hespéris,* 4e trimestre, 1926.
- « Les sept patrons de Marrakech », revue *Hespéris,* 3e trimestre, 1924.

De CENIVAL P. et MONOD Th., *Description de la côte d'Afrique de Ceuta au Sénégal par Valentin Fernandez (1506-1507),* Paris, 1938.

CHARLES-ROUX François, *France et Afrique du Nord avant 1830,* Félix Alcan, Paris, 1932.

Capitaine CORNET, *A la conquête du Sud du Maroc,* Plon, Paris, 1914.

CRUCHET René, *la Conquête pacifique du Maroc,* Berger, Levrault, Paris, 1934.

CUNNINGHAME GRAHAM R.B., *Mogreb El Acksa, A journey in Morocco,* Duchworth, London, 1921.

DESJACQUES et KOEBERLE, « Mogador et les îles purpuraires », revue *Hespéris,* 1er et 2e trimestre, 1955.

DIDIER, Colonel, *Dar El Kadi,* Imprimerie Royannaise, Royan, 1923.

Direction des eaux et forêts, *la Fixation des dunes de Mogador,* Paris, 1931.

DOUTTE Edmond, *En tribu,* P. Geuthner, 1914.

DUNN Ross E., *Resistance in the desert,* University of Wisconsin,1977.

EL ABDARI Mohamed, *Ar rihla al maghribya,* Université Mohamed V, Rabat, 1968.

EL BEKRI, *Description de l'Afrique septentrionale,* Traduction de Slane, Alger, 1913.

EL OUFRANI, *Nouzhat Al Hadi,* Traduction Houdas, Paris, 1899.

Encyclopédie berbère, EDISUD, Aix-en-Provence.

Encyclopaedia britannica.

Encyclopédie du Maroc, Imprimerie de Salé.

EN NACIRI, *Kitab al istiqsa,* Dar Al Kitab, Casablanca, 1954.

Er RAGRAGUI Abdallah Ben Mohamed, *Assaïf al masloul,* Institut islamique achaabi, Essaouira, 1987.

« Essaouira : mémoire et empreintes du présent », Actes des journées d'études des 26, 27, 28 octobre 1990, université Ibnou Zohr, Agadir, 1994.

EUSTACHE Daniel, *Corpus des monnaies alaouites,* Banque du Maroc, Rabat, 1984.

FAROUK Ahmed, « Aperçu du trafic du port de Mogador avec les principales places européennes (1786-1787) », revue *Hespéris-Tamuda,* vol. XXVI-XXVII, 1988-1989.

FERNANDEZ RODRIGUEZ Manuel, *Espana y Marruecos en los primeros anos de la Restauracion (1875-1894),* éd. C.S.I.C., C.E.H., Madrid, 1985.

FLAMAND Pierre, *Diaspora en terre d'Islam : les communautés israélites du Sud marocain,* Imprimeries réunies, Casablanca, 2 volumes.

De FOUCAULD Charles, *Reconnaissance au Maroc,* Challamel, Paris, 1888.

GABRIELLI Léon, *Abdelkrim,* éd. Atlantides, Casablanca, 1953.

GENTIL Louis, *Dans le Bled Siba : exploration du Maroc,* Masson, Paris, 1906.

GODARD Abbé Léon, *Description et histoire du Maroc,* Paris, 1860, 2 volumes.

BRIGNON Jean et GROSRICHARD Ruth, *Histoire du Maroc (XVI-XIX),* Centre d'études arabes, Ambassade de France, Rabat, 1993.

GUILLEN Pierre, *l'Allemagne et le Maroc de 1870 à 1905,* PUF, Paris, 1967.

GSELL Stéphane, *l'Histoire ancienne de l'Afrique du Nord*, 8 volumes, Hachette, Paris, 1920.

HALL Luella J., *the United States and Morocco (1776-1956)*, Scarecrow Press, Metuchen, 1971.

JODIN André :
- *les Etablissements du roi Juba II aux îles purpuraires,* Editions marocaines et internationales, Tanger, 1967.
- *Mogador comptoir phénicien au Maroc atlantique,* Editions marocaines et internationales, Tanger, 1966.

JULIEN Charles André, *Histoire de l'Afrique du Nord*, Payot, Paris, 1975.

KHALID Ben Assaghir, *Al Maghrib oua Britania Al Oudma,* Ouilada, Rabat, 1989.

LAREDO Isaac, *Memorias de un viejo tangerino,* éd. Bermejo, Madrid, 1935.

LAREDO Abraham, *les noms des Juifs du Maroc,* CSIC, Madrid, 1978.

LAROUI Abdallah, *les Origines sociales et culturelles du nationalisme marocain,* Maspero, Paris, 1977.

LASKIER Michael M., *the Alliance israïlite universelle and the jewish communities of Morocco (1862-1962),* State University of New York Press, 1983.

LEON El Africano, *Descripcion de Africa,* imperio IGF, Madrid, 1952.

Le TOURNEAU Roger, *Fès avant le Protectorat,* SMLE, Casablanca, 1949.

Livre d'or du Maroc (1934-1935), édition A. Brochier, 1934.

MACKENZIE Donald, *the Khalifate of the West Simpkin,* Marshall, London, 1911.

MASSIGNON Louis, *le Maroc dans les premières années du XVIe siècle,* éd. Adolphe Jourdan, Alger, 1906.

MONTAGNE Robert :
- *les Berbères et le makhzen dans le Sud du Maroc,* éd. Félix Alcan, Paris, 1930.
- « Les marins indigènes de la zone française du Maroc », revue *Hespéris,* 2e trimestre, 1923.

Del MARMOL CARVAJAL Luis, *Descripcion general de Africa,* CSIC, Madrid.

MIEGE Jean-Louis :
- « L'espace économique d'Essaouira », revue *Maroc-Europe,* 1993, n° 4.
- *le Maroc et l'Europe,* 4 volumes, PUF, Paris, 1961.
- « Les missions protestantes au Maroc (1875-1905) », revue *Hespéris,* 1ᵉʳ et 2ᵉ trimestre, 1955.
- « Origine et développement de la consommation de thé au Maroc », *Bulletin économique et social du Maroc,* 1956.

PASCON Paul, *le Haouz de Marrakech,* 2 volumes, CURS, CNRS, INAV, Rabat, 1983.

PENZ Charles :
- *Personnalités et familles françaises d'Afrique du Nord,* édition SGAF, Paris, 1938.
- *les Captifs français du Maroc au XVIIᵉ siècle (1577-1699),* Institut des hautes études marocaines, Rabat, 1944.

PERICOT GARCIA Luis, Historia de Marruecos, Prehistoria, Editora marroqui, Tetuan, 1953.

PORCH Douglas, *the Conquest of Morocco,* A. Knopf, New York, 1983.

POTOUS MARTINEZ Juan, « Vida en Mogador hace 40 anos », *Revista mauritania,* 1940.

Comte de LA REVELIERE, *les Energies françaises au Maroc,* Plon, Paris, 1917.

RICARD Robert, « Instructions nautiques portugaises », revue *Hespéris,* 2ᵉ trimestre, 1927.

ROUSSEAUX M., « Hannon au Maroc », *Revue africaine,* tome 93, 1949.

SAINT RENE Taillandier, *les Origines du Maroc français,* Plon, Paris, 1930.

SAVINE Albert, *le Maroc il y a cent ans (souvenirs du chirurgien William Lemprière),* Louis Michaud, Paris, 1911.

SCHROETER Daniel J., *Merchants of Essaouira,* Cambrige University Press, 1988.

TARRADELL M. , *Marruecos punico,* Editora marroqui, Tetuan, 1960.

TERRASSE Henri, *Histoire du Maroc,* 2 volumes, éd. Atlantides, Casablanca, 1950.

THOMSON Joseph, *Travels in the Atlas and Southern Morocco,* Gorge Philip, London, 1889.

De TORRES Diego, *Histoire des chérifs,* traduction du duc d'Angoulême.

Brigadier général VASCO de Carvalho, *la Domination portugaise au Maroc,* éd. SPN, Lisbonne, 1942.

VIEUCHANGE Michel, Smara, Plon, Paris, 1932.

ZAFRANI Haïm, *Etudes et recherches sur la vie intellectuelle juive au Maroc,* Paul Geuthner, Paris, 1980.

Index des noms propres

Cet index regroupe, dans une classification alphabétique, la plupart des noms propres figurant dans l'ouvrage. Des noms tels que Essaouira, Maroc, Mogador, etc. n'ont pas été repris dans l'index du fait de leur usage répété.

A

Aachach (tribu)	: 226
Aachaach Abdelkhalaq	: 168, 314
Abbar, Mohamed	: 288
Abda	: 70, 76, 138, 157, 245
Abdallah Adnas	: 42
Abdallah El Battach (Sidi)	: 192, 193
Abdelaziz Et Tabba	: 82
Abdeljalil, Sidi	: 44, 46
Abdelkader (émir)	: 169, 176, 197
Abdulmajid	: 210
Abibou	: 296
Abi Serour, Mardochée	: 219
Abitbol	: 133
Abou Baker Achemmas	: 42
Abou Baker Ben Ali	: 175
Aboudarham	: 122
Abou El Hassan (mérinide)	: 46
Acoca	: 133
Adamiati Charaf Eddine	: 52
Ad Douaef	: 120
Aderdour, Brahim	: 246
Adouar	: 119, 226
Adki	: 61, 62
Aeropostale	: 301
Aflalo	: 122, 133
Afoughal	: 59, 75, 76
Afriat	: 123, 133, 143, 162, 182
Afriat (famille)	: 138, 140
Afrique	: 29, 35, 40, 45, 52, 149, 164
Agadir	: 10, 69, 100, 101, 118, 119, 122, 124, 152, 173, 240, 271, 272, 281, 282, 283, 285, 302

Aghbalou	: 192
Aghmat	: 53
Agouz	: 53, 54, 61, 67, 69, 70, 72, 73, 74, 81, 85, 311, 312
Ahmed Ben El Ayachi (caïd)	: 245
Ahmed ou Mohamad (mosquée)	: 107, 247, 294
Aïn El Hajar	: 31, 54, 60, 217, 264
Aïssa Ben Omar (caïd)	: 245
Aïssa Bou Khabia	: 42
Aïssaoua	: 120
Aït Aïssi	: 255
Aït Baïoud	: 61
Aït Daoud	: 63
Aït Idrasen	: 227
Aït Ouadil	: 31, 58, 62, 71
Aït Ouriaghal	: 300
Aït Ourir	: 53
Aït Tameur, Aït Tamar	: 18, 65, 240
Aït Zelten	: 76, 85, 249, 262
A.I.U. (Alliance Israïlite Universelle)	: 133, 136, 197, 198, 199, 216, 287
A.J.A. (Anglo Jewish Association)	: 133, 136, 137, 210
Akensous (lycée)	: 290
Akka	: 150, 220, 313
Aqqa	
Akra	: 28
Al Abdari (Abou Al Barakat)	: 47, 51, 52, 53, 56, 67
Al Attar, Abdelkader	: 179
Al Attar, Larbi	: 315
Al/El Baouakhir	: 109, 173, 187
Al Bustanji	: 94
Albuquerque, Al Busade	: 70
Aleman, Joseph	: 219
Al Fassi, Mohamed	: 52
Alger	: 52, 144
Algérie	: 122, 169, 173, 176, 197, 219, 221
Ali L'Farm	: 291
Al Istiqsa	: 117
Alktioui Ar Roudani, Abderrahman	: 147
Al Labadi	: 120, 133
Al Labar	: 120, 133
Allemagne	: 160, 216, 217, 233, 299
Allemands	: 216, 217

Index des noms propres

Al Machaouri, El Mehdi	: 315
Al Maghreb al Aksa (journal)	: 199
Al Marrakchi, Abbès	: 315
Almohades	: 51
Almoravides	: 51
Al Oualid Es Saadi	: 91
Al Ouarzazi Mohamed	: 120, 133, 182
Alpha (bateau)	: 162
Al Qadiri, Moulay At Taï	: 120
Alsace	: 142
Atlaras Caune et Cie	: 162
Alvares Cabral, Pedro	: 70
Al Youssi, Al Hassan	: 42, 48, 82
Amallah, Ammad Ben M'Bark	: 187
Amar	: 133, 237
Amérique	: 125, 149, 156, 318
Amogdoul (mouillage)	: 34, 54, 67, 81, 91, 94, 101
Amrane El Maleh	: 133, 198, 290
Amsaker	: 42
Amsterdam	: 122, 123, 155, 156
Anahori	: 122, 133
Andalousie	: 214
Anderson, John	: 202
André	: 190, 215
André, Marc	: 290
Anflous (famille)	: 240, 241, 243, 244, 245, 246, 248, 251, 253, 255, 256, 258
Anglais	: 92, 124
Angleterre	: 133, 143, 163, 186
Anjera	: 262
An Naciri	: 117
Antiquité	: 11, 192
Aqdim, Allal	: 289
Aqennour, Ahmed	: 247
Aqermoud	: 18, 42
Aqrich	: 122
Arabie	: 45
Arambys	: 28
Araucanie - Patagonie	: 219
Arcadie	: 93
Argentine	: 219
Argus (navire de guerre)	: 170

Arouan	: 164
Ar Ragragui, Ahmed	: 206
Ar Razini Abdelkrim	: 315
Aryanistes	: 42, 45
Ascension (Notre Dame)	: 200
Asmodée (navire de guerre)	: 170
As Siddiqi, Mohamed	: 10, 113, 196, 200, 207, 246
Association Sportive Souirie (ASS)	: 290, 291
Atlantique	: 26, 125, 222, 232, 253
Atlas	: 51, 65, 119, 220, 227
At Tanani, Mohamed	: 246, 250, 251
Attia	: 133, 211
Aubin, Eugène	: 160
Aurélie	: 253
Autololes (Gétules)	: 37
Avila	: 134
Azambuja, Diego de	: 70, 71
Azemmour	: 69, 75, 302
Azelf	: 307
Azghar	: 240
Azila	: 69
Az Zaari, El Houssain	: 251
Az Zamrani, Allal	: 168, 209, 314

B

Ba Ahmed Ben Moussa	: 225
Bab Aghmat	: 226
Bab Doukkala	: 44, 104, 190, 222, 248, 278
Bab Al Achour	: 104, 250, 281
Bab El Kemis	: 226
Bab Marrakech	: 104, 106, 112, 201, 222, 262, 263, 278, 287, 290, 297
Bab Sebaa	: 104, 190, 191, 218, 248, 262, 273, 282, 293
Badis	: 67, 69
Badia y Leblich, Domingo Ali Bey El Abbassi	: 304
Bana	: 291
Bani Antar	: 118, 176, 294
Banque d'Etat du Maroc	: 273

Index des noms propres

Baqqa (caïd)	: 246
Banou Hilal	: 50
Barabas, Hassan	: 277, 290, 292
Barcelone	: 104
Bargach, Abderrahman	: 243, 246, 315
Barid (poste)	: 232
Barisen	: 123
Bayrouk (cheikh)	: 139, 240
Bazin Gay et Cie	: 162
Beauclerk G	: 317
Beaumier, Auguste	: 131, 198, 200, 201, 215, 210, 229
Beau Rivage (hôtel)	: 268
Bel Abbès Es Sebti, Sidi	: 82, 208
Bel Ghazi, Mohamed	: 227
Bel Hadj Bihi, Mohamed	: 292
Beliout, Sidi	: 47
Belisha	: 133
Belisha (famille)	: 141, 142
Bellanger	: 170
Bella ou Zaroual	: 241
Belle époque	: 280
Belle-Poule (navire de guerre)	: 170, 174
Ben Abdelaziz, Mohamed	: 315
Ben Abdessadaq, Ali	: 197
Ben Abdessadaq, Amare	: 218, 315
Ben Amara, Omar	: 218
Benattar	: 133
Ben Azzouz Mokhtar	: 120, 133, 143, 162, 238
Ben Barukh, David	: 296
Ben Bihi El Hihi, Ibrahim	: 113, 313
Ben Bihi El Hihi, Abdelmalek	: 113, 168, 314
Ben Boubker Abdallah	: 218
Benchimol, Isaac	: 198
Ben Demnati	: 296
Ben Essaghir Essaouiri, Mohamed (musicien)	: 295
Benghazi	: 15
Ben Harroch	: 290
Beni Abbès	: 219
Beni Amghar	: 75
Benjumea, Fernando	: 218
Ben Messaoud, Ahmed	: 288

Ben Messaoud, Larbi	: 288
Ben Sabbat	: 285
Bensaoud	: 133, 240
Bensliman, Abdelkrim	: 262
Ben Taoudy, Omar	: 113, 313
Ben Toussef (mosquée)	: 107, 110, 111, 119, 208, 247, 289, 294
Benzaïd	: 295
Ben Zakour, Driss	: 315
Ben Zakour, Mohamed	: 208, 315
Berg	: 290, 291
Bermila, Hajoub	: 290
Berthier, Paul	: 83
Bessede (lieutenant)	: 253
Big Ben	: 280
Bitton	: 133
Blasco de Garay (navire de guerre)	: 218
Bohbot, Joseph	: 273
Boisselin	: 118
Bolleli	: 228
Bombay (cinéma)	: 298
Bonelli, Camillo	: 206
Bordeaux	: 216, 299
Bordj El Baroud	: 106
Bouabout	: 249
Bou Al Achrat, Abderrahman	: 240
Boubker Ben Abdelouafi	: 275
Boudad, Mohamed	: 285
Bouet, Adolphe	: 170, 173
Bouhillal Al Fassi	: 120, 133, 165, 237
Bou Hlassa	: 138, 197
Bou Ifanzi, Allal	: 240
Boujayda Ar Rabati, Taïeb	: 179
Boujnah	: 122, 133
Boulbregue	: 253
Boulle D R	: 215, 293
Bounjimi	: 292
Bou Regreg	: 28, 100
Bou Riqi	: 240, 253
Bou Tazart	: 253
Bouveret, Charles	: 288, 289
Bouyzim, Taïeb	: 290, 291, 292

Index des noms propres

Brahim ou Aïssa, Sidi	: 85
Brahim ou Farès	: 278
Brami, Victor	: 273, 290
Braïma	: 290
Brésil	: 70
Bretons	: 266
Bricha, Mohamed	: 168, 177, 315
Britanniques	: 213, 238
Broom, Georges	: 178, 190, 205, 231
Brosse	: 277
Brouzet	: 170
Brown	: 317
Brulard (général)	: 252, 253, 255, 262
Bugeaud	: 173

C

Cadix	: 155, 156, 162, 163, 171, 174
Caire (Le)	: 52, 149
Californie	: 15, 307, 308
Caligula	: 39
Canard (navire de guerre)	: 173
Canaries (îles)	: 37, 39, 152, 163, 311
Cap Cantin	: 77
Cap de Bonne Espérance	: 70
Cap Guir	: 77, 91
Cap Juby	: 239, 242
Cap Sim	: 281
Carcopino, Jérome	: 28, 29
Caroline du Sud	: 15
Carrel	: 267
Cartagena (bateau)	: 243
Carthage	: 28, 34
Carthaginois	: 27, 30, 31, 35, 39, 311, 313
Casablanca	: 47, 115, 153, 231, 239, 252, 265, 269, 270, 271, 272, 274, 277, 281, 282, 283, 285
Cassacia	: 212
Cassard (navire de guerre)	: 170
Castellanos, Manuel	: 10, 200, 206, 211, 317
Castello Real	: 69, 70, 71, 77, 104, 312

Catherine (la)	: 93
Castiel	: 274
Cazeneuve	: 190
Cerné (île)	: 29, 30, 31, 39, 311
Ceuta	: 57, 67, 69, 70
Chabeaud	: 253
Chabert	: 279
Chadilisme	: 75
Chaker, Chiker	: 49, 50
Chalard	: 93
Chalet de la plage	: 268
Cham (Syrie)	: 45
Chamand (lieutenant)	: 252, 253, 255, 256
Chaouia	: 231, 245
Charles V	: 54
Charleston	: 15
Chateau - Renaud	: 94
Chebanat	: 50, 119, 244
Cheikh Brik	: 275
Chénier	: 101
Cherafat	: 46
Cherbourg	: 174
Cherradi (Ahmed)	: 107
Chiadma	: 15, 18, 20, 21, 26, 41, 43, 46, 50, 58, 65, 70,74, 75, 119, 124, 150, 151, 175, 185, 189, 190, 192, 208, 209, 220, 230, 241, 244, 251, 252, 259, 262, 263, 264, 285, 299, 314
Chichaoua	: 54, 248
Chicht	: 304, 306
Chine	: 197
Clavaud	: 170
Chouahad	: 27
Chriqui	: 122
Chtouka	: 220
Chypre	: 295
Coffinière	: 170
Cohen et Cie	: 161
Cohen-Solal	: 122, 133
Compagnie Algérienne	: 273
Compagnie Marocaine	: 283
CTM (Cie de Transport Marocaine)	: 281

Index des noms propres

Conseil Sanitaire du Maroc	: 228
Constantinople	: 202
Constance II	: 29
Constant	: 40
Coran	: 45, 51, 74, 83, 196
Corcos	: 122, 133, 134, 182
Corcos, Abraham	: 133, 143, 162, 188, 210, 237
Corcos (famille)	: 134, 138
Coriat	: 133
Cornut, Theodore	: 101, 105
Coufourier	: 248, 261
Coupvent - Dubois	: 172
Court	: 212
Coutolle, Albert	: 273
Crémieux, Adolphe	: 197
Crimée (guerre de)	: 162
Croft	: 212
Croisades (les)	: 52
Culeihat El Muridin	: 63, 64
Curtis, James	: 192, 178
Cyrénaïque	: 30

D

Dahan	: 202
Dakhla	: 29
Da Mohamd (Si Mohamed)	: 291
Damonte, John	: 178
Damonte (Miss)	: 213
Danemark	: 123
Danois	: 124
Daouiblali, Regragui	: 315
Dar Ben Abdessadeq	: 287
Dar El Cadi (bataille)	: 252, 254, 255, 257
Dar El Makhzen	: 280, 281, 286
Dar Souiri	: 203, 293
Darmon	: 133
Darmouth	: 163
Darqaoua	: 120
Davian (sergent)	: 253
David (Roi)	: 63

Dawi Hassan	: 50
Debdou	: 221
De Guitaut	: 93
De Jalmes	: 93
De la Mar	: 122
De Lara	: 123
Delevante	: 133
Del Marmol Carvajal, Luis	: 66
Demensera (mont)	: 65
Demnat	: 120
Derb M'Sguina	: 287
Desjacques J.	: 37, 38
Des Roches	: 93
Dessoufleix	: 253
Détroit (Gibraltar)	: 69, 226, 232
Deutsche Seewarte (Hambourg)	: 233
Diabet	: 25, 30, 112
Diaz, Gala Bullon	: 302
Dirot (Adjudant)	: 253
Djamaa El Fna (place)	: 297
Do Hu (aviateur)	: 252, 253
Doukkala	: 75, 157
Doutté, Edmond	: 176
Draa	: 191
Drummond Hay, John	: 177, 229
Du Chayla	: 262, 276
Dufrénil	: 170
Dulac	: 190
Duparc	: 170
Dupuy	: 306
Duquesne	: 172
Durand-Brager	: 174
Duverger (lieutenant)	: 253

E

Ednadni, M'Hamed	: 288
Eglise (l')	: 200
Egypte	: 45, 52
Eitdeuet	: 63, 64
El Alja, Allal	: 275

Index des noms propres

El Alja, Abdelkader	: 276
El Alj, Ahmed	: 101, 103, 104
El Alj, Jilali	: 275
El Alj, Omar	: 275, 276, 277
El Alj, Sallam	: 275
El Antari Driss	: 275
El Baouakhir (mosquée)	: 107, 109, 112, 119, 208
El Baroudi	: 296
El Baz, Jilali	: 275
El Bekri	: 34, 53, 54, 312
El Belghiti (cadi)	: 247
El Boukhari	: 118
El Bouzerktouni El Bardaï, M'Barek	: 209
El Brihi	: 296
El Brija (Mazagan)	: 78
Eleusugaghen	: 61
Elf (bateau)	: 162
El Fachar, Abdeslam	: 247, 316
El Faïdi, Abderrazaq	: 277
El Fallah, Kaddour	: 190
El Farkhsi, Lahbib	: 289
El Farkhsi, Mohamed El Arbi	: 277
El Ghazi	: 278
El Ghazouani	: 82
El Glaoui, Thami	: 255
El Guellouli, Abderrahman	: 251, 252, 255
El Guellouli, Hassan	: 255
El Halfaouin	: 75
El Harrar	: 285
El Hiba Ben Maa Al Aïnaïn	: 251
Elias	: 292
El Jadiri, Abdelmajid	: 292
El Jazouli, Mohamed	: 64, 74, 75, 76, 82, 245
El Joua, Allal	: 246
El Joua, El Hadj Saïd	: 246
El Khattabi, Mohamed Ben Abdelkrim	: 226, 300, 301
El Ksar Es Saghir	: 69
El Mahboul, Ahmed Ben Hamou	: 301
El Majboud	: 262, 289, 290, 291, 293, 316
El Meknassi, M'Hamed	: 278
El Maleh, Joseph	: 240
El Maleh, Raphael	: 285

El Maleh Reuben	: 198
El Mansour, Ahmed (Saâdien)	: 83, 86, 89, 91
El Mazoudi El Marrakchi, Mohamed	: 113
El Menebhi (gouverneur) Ayad	: 243, 315
El Menebhi (vizir)	: 241
El Mesquini, Mohamed Ben Abdessadeq	: 314
El Mokri	: 250
El Mouassin (mosquée)	: 215
El Mrani, El Mekki	: 295
El Ouazzani Mohamed	: 246
El Oufrani	: 46, 83
El Qadirya (Zaouia)	: 246
El Qaïm Mohamed	: 57, 62, 66, 72, 75, 76
El Qarqouri, Mohamed	: 247, 250, 316
El Qori, Mohamed	: 218
El Yamani, El Mehdi	: 231
El Yazid (Raïss)	: 245
Enfifa	: 21
Ephratim	: 138
Er Raïssouni, Moulay Ahmed	: 226
Er Regragui, Abdallah	: 44, 45, 46
Escuadra, Hassan	: 290, 291, 292
Espagne	: 68, 103, 104, 169, 178, 182, 185, 187, 200, 214, 218, 245, 304, 313
Espagnols	: 69, 92, 124, 214
Es Sabounji, Moulay Abdallah	: 246
Es Safarin	: 75
Essanoussi, Mohamed	: 246, 247, 315
Essaouiri, Essadiq	: 295
Es Saïdi, Ahmed	: 250, 262, 316
Es Souheili	: 82
Estomo, Mohamed	: 193
Etats Unis	: 133, 136, 152, 307, 318
Eugène Etienne (hôpital)	: 288, 289
Europe	: 67, 122, 131, 132, 133, 149, 151, 157, 163, 164, 169, 178, 218, 219, 220, 238, 251, 318
Européens	: 177, 178, 189, 202, 222, 231, 302

F

Fairchild, David	: 307, 308

Index des noms propres

Farraud	: 268
Fedala	: 265, 266, 270, 271, 272
Ferkla	: 220
Fernandez Da Ataïda	: 76
Fès	: 44, 52, 57, 66, 67, 75, 118, 120, 134, 146, 165, 208, 246, 247, 265, 274, 275, 285, 295, 296
Figuig	: 262
Forwood (compagnie maritime)	: 163, 182, 183, 213, 232
Foucauld, Charles de	: 219, 220, 221, 229
Français	: 124, 169, 175, 215, 238, 299, 312
France	: 92, 93, 100, 101, 159, 160, 169, 170, 174, 177, 182, 198, 200, 229, 232, 247, 248, 261, 283, 299, 306
Franchet d'Esperey (général)	: 253

G

Gabrielli, Léon	: 301, 302
Gascogne	: 305, 307
Gassendi (navire de guerre)	: 170
Gazette de Mogador (journal)	: 199
Gênes	: 153, 157
Gênois	: 124
Gentil, Louis	: 25
Gétules Autololes	: 26
Gétulie	: 36
Geyling	: 219
Gharb	: 67, 265, 284
Ghazaoua	: 120, 213, 230, 286
Ghazil, Mekki	: 188
Ghissassa	: 67
Ghorad (dunes)	: 304
Gibert (pharmacien)	: 273
Gibraltar	: 101, 132, 157, 162, 163, 213, 219, 317
Gibraltariens	: 213
Ginsburg, Crighton	: 202, 229
Girbal	: 253
Godard, Léon	: 118

Goday, Manuel : 304
Gouiraut : 253
Grace, Henry : 19
Grace, William : 178
Braham W. : 213
Grana, Sallam : 278
Grand Atlas : 51, 65
Grande Bretagne : 19, 131, 132, 140, 154, 155, 158, 159, 160, 161, 169, 177, 178, 182, 205, 211, 213, 229, 232, 269, 313

Grecs : 27
Grey Jackson, James : 156, 205
Griffon (le) : 93
Grissolange (Caporal) : 253
Groenland (navire de guerre) : 170
Grognier : 290
Grognot, Valentin : 289
Gsell, Stephane : 28
Guedalla : 122
Guelmim : 139, 151, 163, 164, 240
Guennoun El Fassi, El Houssaïn : 179
Guénois, Paul : 273
Guessous (Hadj Boubeker) : 246
Guytte : 28
Gzoula : 50

H

Haddou Ben Hamou El Boccoyi : 300, 301, 302, 303
Hadecchis : 61
Hadida : 122
Hadj Oumad : 275
Hadrien : 40
Hafidi : 247
Haha : 15, 18, 20, 21, 26, 41, 46, 50, 51, 52, 53, 58, 59, 63, 64, 65, 70, 74, 75, 101, 119, 144, 150, 173, 175, 185, 189, 192, 208, 220, 229, 230, 231, 237, 240, 241, 243, 244, 248, 251, 252, 253, 255, 257, 259, 263, 285, 293, 298, 299, 314

Index des noms propres 341

Halevy	: 133
Hamadcha	: 120, 191
Hambourg	: 133
Hambourg (le)	: 93, 158
Hamdane Ben El Kahia	: 113, 313
Hamidouch	: 54
Hannon	: 28, 29, 30
Haouarioun	: 42
Haouz	: 83, 90, 150, 168
Haret	: 50
Harraz, Sidi	: 77
Hbala, Moulay Ahmed	: 277
Hemso, Graberg di	: 206
Henri le navigateur	: 57
Hernous	: 170, 173
Herodote	: 30
Hidjaz	: 52
Hohenzollern	: 218
Hoisnard	: 268
Holbecq (commandant)	: 253
Hersent	: 283
Hollandais	: 124
Horace	: 36
Houban	: 113
Houssein ou Hachem	: 240

I

Ibn Abi Zarh El Fassi	: 216
Ibn Zohr	: 10, 201
Ida ou Azza	: 21, 52, 53
Ida ou Bouzia	: 26, 252
ida ou Gourd	: 83, 231, 255, 262, 264
Ida ou Guelloul	: 251, 252, 253, 255, 262
Ida ou Isarne	: 26, 47, 52, 53, 231, 255, 262
Ida ou Kazzou	: 65
Ida ou Taghouma	: 65
Ida ou Tanane	: 26, 65
Ida ou Zemzam	: 61, 62, 63, 262
Ideuacal	: 65
Iflah, David	: 296

Ifni	: 218
Ighilinghighil	: 64
Igouzoulan	: 18, 64
Ilalen	: 220
Imi - N - Tanout	: 65
Imi n Taqandout	: 27, 245
Imintlit	: 264
Imsouen	: 192
Indes (les)	: 70
Irvine et Cie	: 190
Ishaq, Sidi	: 77
Islam	: 41, 42, 43, 49, 50, 63, 67
Isly (bataille)	: 169, 176
Israël	: 122
Italie	: 122, 134, 153, 251

J

Jabal Al Hadid	: 21, 31, 41, 42, 43, 65, 66, 81, 190
Jacquetty	: 190, 215, 231, 242, 268
Jaïdi	: 296
Jaussard	: 190
Jazoula (Gzoula)	: 74
Jazoulisme	: 75
Jean-Gérard	: 170
Jean I le Grand	: 57
Jebala	: 220, 226
Jabel El Allam	: 75
Jégo (père)	: 288
Jemmapes (navire de guerre)	: 170, 172
Jerusalem	: 15
Jésus	: 42, 13
Jmira, Mohamed	: 278
Jodin, André	: 10, 16, 31, 38
Johnston (hôtel)	: 268
Joinville (Prince de)	: 169, 170, 171, 172, 174
Juba II	: 10, 36, 37, 38, 311
Julien	: 29

K

Kaaba (Sainte)	: 113

Index des noms propres

Kacem El Boukhari : 107, 113, 313
Kaïraouan : 46
Kaouki, Sidi : 77, 192, 304, 306
Karikon, Teikhos : 28, 30, 35
Karim Bey : 219
Kénitra (Port Lyautey) : 265, 270, 273
Khoubban, Larbi : 251, 262
Kittaniya : 192
Knafo : 267
Knafo, Joseph : 290
Koeberlé P. : 37, 38
Korimate : 18, 61, 245
Koseïla : 46

L

Ladjabi, Omar : 268
Lagouera : 29
Lahmi : 290
Lalla Marnia : 175
Lalla Mira : 99
Lalla Taqandout : 27
Lambert (Paul) : 216
Lamtiri : 296
Lanke, Albrecht : 217
Las Palmas : 162, 163
Lapierre : 170
Larache : 27, 100, 153, 157, 158, 239
La Renardière : 93
La Rochelle : 93
La Selle : 93
Layoun : 15
Le Creusot : 253
Lamperière, William : 149
Leon : 134
Léon l'Africain (El Hassan El Ouazzan) : 19, 57, 58, 59, 62, 63, 66, 76
Léonardi : 212
La Paute, Henry : 279
Leven, Narcisse : 193
Levy : 141
Levy - Ben Soussan : 122

Levy, Isaac	: 274
Levy-Yuly	: 122, 133
Licorne (la)	: 93
Lisbonne	: 152, 155, 162
Livourne	: 122, 152, 155
Lixus	: 40
Loeb (famille)	: 141
Loeb, Nessim	: 274
London, Lisboa and North African Line	: 162
Londres	: 122, 143, 155, 156, 158, 162, 163, 202, 209, 210
Look	: 274
Lope Da Barriga	: 76
Loudyi, Abdeslam	: 247
Louis Philippe	: 170
Louis XV	: 101
Louxos (Loukos)	: 29, 100
Lybie	: 30

M

Maachou, Ali Ben	: 75
Maalem Driss Ottmani	: 268, 290, 291, 292
Mackenzie	: 242
Mac Nab, Katie	: 203
Madères (les)	: 163
Madrid	: 189
Ma El Aïnaïn	: 243, 302
Maghraoua	: 45
Maghreb	: 43, 44, 46, 52
Maissin	: 170
Majestic (hôtel)	: 263, 273
Maltais	: 213
Manabha	: 119
Manchester	: 202, 213
Mangin (colonel)	: 248, 249, 258
Manuel, Eugène	: 197
Manuel le Grand	: 70
Maqil	: 50
Marey, Georges	: 28
Marie, Georges	: 279

Index des noms propres

Marnia	: 285
Marrakech	: 15, 17, 48, 51, 66, 67, 72, 75, 76, 82 91, 120, 122, 124, 134, 135, 138, 146, 150, 157, 188, 191, 202, 208, 214, 216, 226, 227, 232, 241, 243, 245, 246, 248, 255, 265, 274, 275, 281, 285, 259, 290, 294, 295, 307, 313, 314
Marseille	: 139, 152, 155, 156, 158, 161, 162, 163, 215, 238, 269, 299
Marx, Hermann	: 217, 299
Masguina	: 119
Masmouda	: 26, 41, 43, 46, 49, 50, 311
Massa	: 54, 67, 81, 311, 312
Massoutier (commandant)	: 251, 252
Mauchamp (D^r)	: 227
Mauretanie Tingitaine	: 36, 37, 38
Maurin, Jean	: 190, 267
Mazagan	: 69, 153, 202, 220, 239, 265, 270, 271, 272, 285, 290
M'Barek Ou Addi (caïd)	: 253, 255, 262
M'Barek Ou Farès	: 193
M'Chich, Abdessalam Ben	: 75
Mecque (La)	: 42, 45, 67, 149, 163, 227
Médine	: 42
Méditerranée	: 69, 122, 228, 265
Mehdia	: 265
Meknès	: 104, 146, 265
Melitta	: 28
Menat, Germain	: 92
Mermoz	: 301
Merran	: 122
Mesbah (prison)	: 253
Meskala	: 21
Mexique	: 104
Miège, Jean-Louis	: 10, 138, 155, 162, 178, 212
Miscowitch	: 202
M'Jid	: 292
Mogdoul, Sidi	: 11, 34, 47, 103, 106, 114, 192, 245
Mogodor	: 54
Mohamed Ben Abdallah	: 46, 97, 99, 104, 112, 113, 117, 118, 120, 121, 124, 125, 134, 145, 149, 167, 196, 200, 313

Mohamed Ben Abderrahman	: 90, 137, 179, 185
Mohamed Ben Youssef (Mohamed V)	: 303
Mohamed Ben Ouasmin	: 60
Mohamed Ach Cheikh	: 70
Mohamed Ech Cheikh Essaghir	: 46, 81, 82
Mohammadia	: 29
Mokhtar Ben Hadj El Mekki	: 289
Montagniès de La Roque	: 170
Montefiore, Moses	: 210
Montel	: 220, 221
Montesquieu	: 316
Morocco Famine Relief Fund	: 229
Mouda Chaker	: 43
Moulay Abdallah	: 46, 116
Moulay Abdelaziz (Sultan)	: 225, 226, 233, 243, 245, 246, 247, 262, 275, 315
Moulay Abdelhafid (Sultan)	: 245, 247, 249, 250, 315
Moulay Abdelmalek Es Saadi	: 91
Moulay Abderrahman Ben Hicham	: 35, 113, 131, 135, 142, 143, 147, 152, 168, 169, 227, 228, 240, 278, 314
Moulay Ahmed El Ardj	: 75
Moulay Bou Zeregtoun (Moula Douraïn)	: 44, 49, 192 : 193
Moulay El Baz	: 291
Moulay El Hassan (Sultan)	: 144, 147, 186, 189, 213, 218, 226, 232, 240, 243, 251, 275
Moulay Er Rachid	: 89
Moulay Hicham Ben Mohamed	: 145
Moulay Idriss	: 103
Moulay Ismaïl	: 46, 48, 82, 107, 168
Moulay M'Hamed	: 225
Moulay Souleiman	: 46, 142, 145, 146, 152, 197, 200, 209, 314
Moulay Youssef (Sultan)	: 250, 251, 261, 296
Moulay Zidan	: 91, 93
Moyen Age	: 311
Mozambique	: 70
M'Tougga	: 62, 240, 244, 245, 249
M'Touggui, Abdelmalek	: 244, 245, 248, 249, 255

N

Naciriya	: 191
Nader	: 50
Nankin	: 178
Napoléon III	: 200
Narbonne	: 100
Nautilus (canonnière)	: 218
Navin, Cuthbert	: 202
Navin, Jessica	: 202
Neffis	: 54
Neknafa	: 27, 241, 248, 253, 255, 258, 262
New York	: 137, 152
Nicolas I (Tsar)	: 210
Nicolas II (Tsar)	: 262
Nicolas Paquet (compagnie de navigation maritime)	: 143, 162, 183, 213, 293
Norallah	: 202

O

Ohana	: 133
Ohana Dinar	: 138, 165
Ohayon	: 123
Ohayon, Georges	: 199
Ollive (D^r)	: 229
Omar Assaïaf	: 64
ONICA	: 265
Oqba Ben Nafi	: 44, 46, 49, 67
Oran	: 162, 163, 171
Orelie - Antoine	: 219
Orient	: 222
Othmane (calife)	: 45
Ouaknine	: 122
Oualidia	: 91
Ouasmin Ben Yaaza	: 42, 45, 47
Ouaziz, Mohamed	: 227
Ou Bihi (famille)	: 144, 240, 289
Oued Draa	: 265
Oued Massa	: 301
Oued Noun	: 100, 164, 242, 243

Oued Qsob	: 16, 18, 30, 31, 50, 62, 71, 83, 85, 90, 112, 239, 248, 253, 279, 281, 282
Oufrane (Ifrane)	: 138
Oulad Bou Sebaa	: 21, 124, 243, 248
Oum Er Rabia	: 39, 100
Oujda	: 221, 265, 285, 300
Ounara	: 264
Outsakat, Mohamed	: 194
Ouzla	: 21

P

Paix (hôtel de la)	: 268
Palestine	: 52
Pallary	: 27, 34
Palm Tree House	: 213, 268, 286
Pandour (navire de guerre)	: 170
Papillon	: 226
Paris	: 198, 216, 220, 268, 279, 283
Pena	: 122
Penz, Charles	: 222
Pepe el Cubano	: 214
Pérez	: 290
Perez, José Alvarez	: 218
Perou	: 104
Perry	: 162, 178
Persan	: 316
Phare (navire de guerre)	: 170, 171, 172
Phéniciens	: 27, 34
Picciotto, Moses Haïm	: 209
Pierre le Grand	: 125
Pinto	: 122, 133, 222
Pinto, Haïm	: 176
Pline l'Ancien	: 37
Pluton (navire de guerre)	: 170, 172
Pont Rose	: 282
Porro, Léandre	: 162
Port Lyautey	: 270, 271, 272, 283
Portugais	: 57, 61, 69, 70, 72, 76, 77, 124, 266, 312

Index des noms propres

Portugal	: 60, 68, 69, 266
Première Guerre Mondiale (1914-1918)	: 233, 272, 283, 299
Prophète, le (bateau)	: 162
Protectorat	: 222, 237, 255, 261, 283, 295, 299, 302
Ptolémée	: 38, 39, 40, 311
Purpuraires (îles)	: 37
Pygmalion	: 295

Q

Qaddour Ben El Ghazi	: 245, 246, 315
Qadi Ayad	: 82
Qassem	: 247
Quessada	: 190

R

Rabat	: 101, 122, 123, 146, 157, 158, 250, 265, 270, 271, 272, 275, 285
Raghoun, Mohamed	: 120
Rahala	: 119
Rahamna	: 225, 226
Raoudh El Qirtas	: 216
Ratto (manuel et José)	: 213, 214, 230, 293
Ravauc	: 253
Razilly, Isaac de	: 93, 312
Razon	: 273
Rebboh, Haïm	: 290
Reconnaissances au Maroc (livre)	: 220
Remparts (hôtel)	: 268
Renommée (la)	: 93
Retnana	: 42
Réveil du Maroc (journal)	: 199
Révolution Française	: 152
Riad El Aros	: 75
Richelieu (cardinal)	: 92
Rif (côte)	: 312
Rif (guerre du)	: 299, 300
Rio Martin	: 153

Romains	: 27, 36, 40, 311, 313
Romanelli	: 118
Rome	: 36, 39
Roque-Maurel	: 170
Roscoat (comte de)	: 154
Rosilio, Maclouf	: 273
Roussillon	: 101, 268
Rubis (navire de guerre)	: 170, 173
Russie	: 210, 262

S

Saadia (hôtel)	: 221
Sadaiges	: 170
Safi	: 69, 72, 75, 101, 122, 124, 153, 202, 232, 238, 245, 265, 270, 271, 272, 281, 290
Sahel	: 220
Sahara	: 117, 136, 149, 151, 157, 163, 135, 220, 239
Saïd Yebka	: 42, 45
Saillant, Antoine	: 268
St Anne (le)	: 93
St François d'Assise	: 200
St Jean (le)	: 93
St Louis (le)	: 93
Saint, Lucien	: 283
St Malo	: 101
St Petersbourg	: 125
St Siège	: 68
St René Taillandier	: 285
Sala	: 40
Salah Ben Abou Baker	: 42
Salé	: 67, 93, 100, 123
Salvador Steam Company	: 183
Salem	: 152
San Diego	: 15
Sandillon, Ferdinand	: 267, 293
Sanhadja	: 50
Santa Cruz de Aguer	: 69, 70, 77, 312
Santa Cruz de Mar Pequena	: 218

Saqat, Abdallah	: 275
Saquiat El Hamra	: 301
Sasportas, Abraham	: 290
Schoushoe	: 19
Sebag	: 122
Sefrou	: 220
Sénégal	: 23
Seville	: 39, 104, 213
Shanghaï	: 15
Sidi Denian	: 27
Sidi El Mokhtar	: 243
Sidi Lahcen (Zaouia)	: 253
Sidi Yamani	: 27
Sidna Mohamed (Prophète)	: 42, 44, 45
Sijelmassa	: 52, 66, 67
Sinaï	: 52
Smara	: 301, 302
Smimou	: 21, 252, 253, 254, 255
Solange - Bodin	: 215
Soudan	: 67, 149, 151, 159, 135, 220, 238
Souérah (bateau)	: 163
Souira Qedima	: 27, 70, 72, 85, 193
Souiri, Mohamed	: 112
Souq Al Jadid	: 112, 247, 279
Souq El Had du Dra	: 75, 264
Souq El Khamis des Aït Boubaker	: 138
Souq Ouaqa	: 247, 262, 279, 287
Souss	: 51, 54, 66, 67, 81, 83, 90, 100, 101, 120, 134, 136, 138, 150, 151, 193, 195, 196, 217, 218, 219, 220, 221, 229, 230, 237, 240, 242, 284, 314
Southern Morroco Mission (S.M.M.)	: 202, 203
Suétone	: 38
Suffren (navire de guerre)	: 170, 172
Sumbal	: 122
Syrie	: 114,
Syros	: 114
Syrtes	: 30

T

Tacalayate	: 54, 60, 61

Tadla	: 67, 157, 220, 245, 265
Tafdna	: 64, 192
Tafelmey	: 34, 67, 70, 72, 73, 91
Tafetacht	: 72
Tafilalet	: 221
Taghamaoui (frères)	: 288
Taghtessa	: 63
Tagouidert (hôtel)	: 213, 230, 268
Tagrioult	: 16
Tahar Ben Souleiman	: 226
Tajakant	: 220
Taleb Salah Ben Bihi	: 101
Talmest	: 18, 264
Tamanar	: 261, 264, 302
Tamazat	: 42
Tamusiga	: 40
Tanger	: 29, 67, 69, 70, 153, 157, 158, 162, 169, 170, 171, 174, 198, 199, 218, 219, 221, 228, 229, 232, 245, 246, 247, 262, 266, 271
Taodani	: 164
Taourirt	: 203, 301, 302
Tarfaya	: 243, 302
Taroudant	: 147
Tassourt Taqdimt	: 85
Tata	: 67, 221
Taza	: 52, 220, 265
Tazenakht	: 221
Tazeroualt	: 151, 240
Tazrout	: 59, 75
Tazzamouqat, Ahmed	: 290
Tednest	: 54, 60, 72, 76
Tefethna	: 64
Teneriffe	: 37
Tensift (oued)	: 18, 29, 42, 44, 46, 50, 53, 54, 58, 67, 69, 70, 72, 74, 81, 101, 265, 313
Terrasse, Henri	: 41, 222
Tesegdelt	: 62
Tetouan	: 120, 122, 153, 169, 177, 178, 185, 198, 208, 232, 275, 296, 314
Teüeut	: 62

Index des noms propres

Tetouani, Ali Ben El Hadj	: 219, 229
Thami	: 292
Thevenin (docteur)	: 216, 229
Thymiaterion	: 28
Tigmmi L'Ioda	: 257
Tigzirin, Lahcen	: 240
Tijania	: 244
Time of Morocco (journal)	: 199, 214
Tindouf	: 150, 163, 164, 220, 313
Tiout	: 58, 62
Tit	: 75, 76
Tiznit	: 144, 302
Tlemcen	: 52, 67
Tleta de Hanchène	: 54, 60, 61, 72, 241, 264
Toby	: 133
Todra	: 220
Tombouctou	: 149, 150, 159, 163, 164, 165, 220
Tordesillas (traité)	: 68
Torrès, Larbi AT Torrès	: 168, 171, 177, 315
Touat	: 165
Toufalaaz (famille)	: 142, 143, 144, 145, 162, 237, 290, 291
Toufalaaz, Mohamed	: 120, 133
Toulon	: 170
Tounsi, Mohamed	: 288
Tournaire	: 253
Treillebois	: 93
Tripoli	: 52, 149
Triton (navire de guerre)	: 170, 172
Tunis	: 52, 67
Tunisie	: 264
Turquie	: 210
Tyr	: 28, 34, 39, 114
Tyros	: 114

V

Valette	: 290
Valladolid	: 134
Vasco de Gama	: 70
Vauban	: 103

Vedette (navire de guerre)	: 170
Veloce (navire de guerre)	: 175
Vialatte	: 264
Victoria (reine)	: 213
Vieuchange, Michel	: 301, 302
Vieuchange, Jean	: 301
Volage (navire de guerre)	: 170
Von Linné Carl	: 19
Von Maur, Heinrich	: 217, 233, 299

W

Warrior (bateau)	: 162
Warspite (navire de guerre)	: 171
Wattier	: 306
Weiss und Maur	: 217

Y

Yaala Ben Ouatil	: 42, 47
Yahya Al Abdari	: 51
Yahya Ben Tafouft	: 70, 76
Yassine, Sidi	: 77
Youssef, Abou Yacoub	: 52
Youssef Ben Ali, Sidi	: 82

Z

Zagury	: 133
Zembsch	: 218
Zemmour	: 227
Zerari, Ahmed	: 290
Zerbib	: 202, 203, 215
Ziri	: 267
Ziz (oued)	: 220
Zozime	: 29
Zouiten	: 250

Sommaire

Préface 7

Avant-propos 9

Introduction : Les conditions naturelles 15

Première Partie : Le site de Mogador dans les temps anciens

Chapitre I : Le site dans l'Antiquité 25

Chapitre II : L'islamisation 41

Chapitre III : Les Portugais à Mogador 57

Chapitre IV : Le site et la région de Mogador de la fin
du XVIe siècle au début du XVIIIe 81

Deuxième partie : La fondation du port impérial

Chapitre V : La fondation de la ville de Mogador 99

Chapitre VI : Le peuplement de la cité 117

Troisième partie : Le rayonnement commercial de Mogador

Chapitre VII : Le port impérial 129

Chapitre VIII : Le commerce extérieur aux XVIIIe
et XIXe siècles 149

Chapitre IX : La politique du commerce extérieur
aux XVIIIe et XIXe siècles 167

Chapitre X : La vie économique et sociale au XIXe siècle 185

Chapitre XI : Les conditions de vie au XIXe siècle 205

Quatrième partie : Le déclin du port impérial

Chapitre XII : Le déclin, vers le Protectorat 237

Chapitre XIII : La vie économique à Mogador et dans sa région pendant les quatre premières décennies du XXe siècle 261

Chapitre XIV : Les activités sociale, politique et écologique pendant les quatre premières décennies du XXe siècle 287

Conclusion générale 311

Bibliographie 321

Index des noms propres 327